Arun Gandhi

Kasturbai und Mahatma Gandhi

Arun Gandhi

Kasturbai

und Mahatma Gandhi

Verlag Hinder + Deelmann

Gladenbach/Hessen

Aus dem Englischen übertragen von Rolf Hinder
unter Mitarbeit von Jürgen Genings
Mit 4 Bildtafeln nach Originalvorlagen aus dem Archiv des Verfassers
Titelfoto: Kasturbai. Aus dem Archiv des Verfassers
ISBN 3—87348—108—1

Druck: MBH Werbe- und Verlagsdruck Saarbrücken GmbH

Inhalt

Vorwort

Über Kasturbai gibt es nur sehr wenig Schrifttum. Sie wurde stets von ihrem berühmteren Mann überschattet. Und das Wenige an geschriebenem Material kann selbst bei Aufbietung aller Phantasie nicht als originär bezeichnet werden. Es ist meist nur eine Zusammenstellung von Auszügen aus Mahatma Gandhis Schriften. Zudem sind Inder nicht gerade berühmt für die Dokumentation von Geschichte. Dies macht es um so schwieriger, an die Tatsachen zu gelangen. Ein weiteres Problem war, daß Kasturbai kaum etwas geschrieben hat, weil ihr dazu die Voraussetzungen fehlten. Tatsächlich gibt es nur drei Briefe, die sie in ihrem Leben geschrieben hat und die etwas Einblick in ihr Denken gestatten. Überflüssig zu sagen, daß all dies in keiner Weise das Werk verkleinert, das sie vollbrachte, oder die Opfer entwertet, die sie auf sich nahm um Indiens Freiheit willen und, vor allem, um Mohandas Karamchand Gandhi dazu zu verhelfen, ein Mahatma zu werden. Im Gegenteil, die Rolle, die sie in der Geschichte spielte, darf als gewaltig bezeichnet werden.

Doch die glänzenden Erfolge des Mahatma beeindruckten die Welt so tief, daß Menschen in seiner Nähe wie Kasturbai im Schatten blieben. Selbst jene, die mit ihr die Tage und Jahre verbrachten, hatten sich gleichsam allem außer Mahatma Gandhi gegenüber verschlossen. Viele nahmen nicht einmal Notiz von Kasturbais Anwesenheit. Und jene, die davon Notiz nahmen, betrachteten sie kurzerhand als eine ungebildete und törichte Frau ohne Bedeutung. Das ist das Bild, das sich herausschälte, nachdem ich Monate damit verbracht hatte, in eine große Anzahl von Leuten einzudringen, die die Gelegenheit hatten, mit Kasturbai zusammenzuleben. In den meisten Fällen hatten die Leute nicht einmal erkannt, daß sie in den Ereignissen jener Epoche eine Rolle gespielt hat. Für sie war Mahatma Gandhi alles, es gab niemand anderen. Sie erkannten die Bedeutung von Kasturbais Beitrag erst dann, wenn ihnen dieser nachdrücklich bewußt gemacht worden war. Und auch dann akzeptierten sie ihn nur unwillig. Folglich sind die Eindrükke, die bei den Leuten zurückblieben, höchst ungenau und von starkem Vorurteil gefärbt. Wegen der Länge der Zeit, die inzwischen verstrichen ist, kann man sich auch nicht auf das Gedächtnis derer verlassen, die nun alt sind und deren Eindrücke verblaßten.

Ich habe mich durch all diese Schwierigkeiten hindurchgearbeitet, um die Biographie einer Frau zu schreiben, die für mich der größte Befreier ist, den dieses Jahrhundert gesehen hat. Es gibt zwangsläufig ein paar Ungenauigkeiten und strittige Interpretationen. Für die ersteren muß ich den Leser um Entschuldigung bitten. Wegen der letzteren kann ich nur sagen, daß die Ansichten und Deutungen, die in diesem Buch angeboten werden, meine eigenen und Ausdruck dessen sind, wie ich die Rolle meiner Großmutter und ihre Bedeutung für die Formung des Lebens meines Großvaters sehe. Wer damit nicht übereinstimmt, darf gern bei seiner Meinung bleiben.

Bombay, 20. März 1981 — Arun Gandhi

1. Kapitel

Die Hochzeit

Das Jahr 1869 war in vielerlei Hinsicht ungewöhnlich. Es war das zwölfte Jahr nach der Revolution von 1857. Sie hatte die verborgene Sehnsucht der Inder erweckt, von Fremdherrschaft frei zu werden. Obwohl der Aufstand unterdrückt wurde, lebte sein Geist fort und inspirierte andere, gegen die Briten zu revoltieren. Die Rani von Jhansi, die den Aufstand anführte, fiel wahrlich wie ein Soldat auf dem Schlachtfeld, obwohl sie eine Frau und zudem eine edle Königin war. Sie wurde bald zur Legende. Die Mütter erzählten ihren Kindern Geschichten über die Rani Laxmibai, nicht ohne daß ihnen Tränen des Stolzes die Wangen hinunterliefen. So manche Mutter wünschte sich heimlich, daß ihre Tochter eines Tages Rani Laxmibai nacheifern werde.

1869 jährte sich auch zum neuntenmal der Tag, an dem in Südafrika das System der vertraglichen Verpflichtung ausländischer Arbeiter eingeführt wurde. Schiffe verließen Indien voll mit Indern, die auf den Zuckerrohrfeldern der britischen Siedler in Südafrika künftig zu schuften hatten. Die meisten von ihnen waren arm und vom Kastensystem drangsaliert worden. Nach drei Jahren sollte es ihnen freigestellt werden, entweder nach Hause zurückzukehren oder als freie Bürger in der Provinz Natal zu siedeln. Aber wenn sie auf ein besseres Leben hofften, so sollten sie manche Überraschung erfahren und bald um Hilfe aus Indien ersuchen.

1869 war das Jahr, in dem Mahatma Gandhi und Kasturbai in der Stadt Porbandar, im Westen der Halbinsel Kathiawar, geboren wurden. Sie sollten später für die Unabhängigkeit Indiens und die Rechte der Inder in Südafrika kämpfen. Porbandar war immer eine kleine und unbedeutende Stadt gewesen. Wäre es nicht der Geburtsort Mahatma Gandhis und Kasturbais geworden, hätte niemand von seiner Existenz erfahren. Porbandar ist ein Streifen Land entlang der Küste des arabischen Meeres, nirgendwo breiter als 38 km. In jenen Jahren war es ein Staat, der von einem Hindu-Oberhaupt des Jethwa-Stammes der Rajputen regiert wurde. Die Rajputen erwarben Porbandar von der Moghul-Regierung und eroberten damals viel von dem anschließenden Gebiet der Jadejas. 1785 verlegte der Sultan seinen Regierungssitz nach Porbandar, das seitdem die Hauptstadt der Jethwa blieb. 1807 schloß er die üblichen

Verträge mit den Briten, die ihm das Anrecht auf einen elften Kanonen-Salut und den Titel eines Rana verliehen.
Porbandar ist eine Ebene, die sich von den Bharda-Hügeln zum Meere neigt und von zahlreichen Flüssen entwässert wird, von denen einige, wie Bhadar, Sorti, Vartu Minsar und Ojat, das ganze Jahr über Wasser führen. An der Küste dehnt sich das Marschland, das man dort „gher" nennt. Auf Teilen davon, die vom Meerwasser durchdrungen waren, gediehen nur Gras und Schilf, während auf anderen die Bauern gute Reis- und Linsen-Ernten einbrachten.
Die Stadt Porbandar war damals eine Festung mit starken, hohen Mauern, die ihre Einwohner vor Eindringlingen schützte. Später ordneten die Engländer an, die schützenden Mauern zu schleifen. Die Stadt selbst ist ein Haufen dicht gedrängter Häuser und enger Gassen. Wandert man durch eine dieser Gassen, hat man unwillkürlich das Gefühl, sich in einem Labyrinth zu befinden, wo jede Straße eine Gasse ohne Ausweg zu sein scheint. Die ein- und zweistöckigen Häuser mit ihren vorstehenden Balkonen scheinen sich über die Gassen hinweg aneinanderzulehnen. Wegen der Raumknappheit in einer Festung haben die Häuser nur winzige Zimmer, und die Durchgänge sind schlecht durchlüftet. So baute man absichtlich, um die heißen Sommerwinde und vielleicht auch um Eindringlinge fernzuhalten. Porbandar hat das Besondere, der einzige Ort in unserem Lande zu sein, wo man sein Haus ohne Zement bauen kann. Die Kalksteine, die in den Bharda-Hügeln gebrochen werden, haben die Eigenschaft von Ton, nach jedem Regen noch fester zusammenzubinden. Alles, was man damals zu tun hatte, war, die Kalksteine aufeinanderzuschichten, so wie man es wünschte, und auf den nächsten Regen zu warten. So waren auch die Häuser der Eltern von Kasturbai und Mahatma Gandhi gebaut.
Für einen, der praktisch der Bürgermeister von Porbandar war, machte Gokuldas Makanjis kleines Haus keinen besonderen Eindruck. Es öffnete sich geradewegs zu einer Seitengasse hinter Gandhis Elternhaus. Gokuldas Makanji war Kasturbais Vater. Er war ein reicher Kaufmann und ein guter Freund der Gandhi-Familie. Sein Haus bildete eine unabhängige Einheit in Form eines Bungalows, ohne Garten oder Hofraum. Die Kinder im Hause hatten daher keinen Platz zum Spielen. Entweder gingen sie hinaus und spielten in den Gassen, oder sie gingen in Häuser wie das der Gandhis und fanden dort etwas Spielraum innerhalb der Außenmauern.

Es ist daher gut möglich, daß Mahatma Gandhi und Kasturbai tatsächlich Jugendfreunde waren wie Drei- oder Vierjährige überall in der Welt, die Spiele wie „Haushaltung“ gespielt haben könnten. Allerdings wohnte die Gandhi-Familie dort nicht sehr lange. Sie verzog bald nach Rajkot, wo Karamchand Gandhi das Amt des Diwan (Ministerpräsidenten) übernahm. Der Grund, warum Karamchand den Dienst beim Rana von Porbandar quittieren mußte, ist nicht ganz ersichtlich. Mit Sicherheit aber weiß man, daß er wie sein Vater Uttamchand, ein Mann mit Grundsätzen war.

Uttamchand hatte sich zum Diwan von Porbandar emporgearbeitet und das Ansehen eines Mannes von höchster Integrität gewonnen. Einmal löste er das Mißfallen der Königin — die als Tyrann betrachtet wurde — aus, als er einen armen Krämer in seinem Haus unterkommen ließ. Sie befahl Uttamchand, den armen Mann wegzuschicken, damit sie sich mit ihm befassen könnte. Aber Uttamchand verweigerte ihr den Gehorsam. Die Königin befahl daraufhin, Uttamchands Haus mit Kanonen zu beschießen. In einer Feuerpause jedoch entkamen Uttamchand und der Krämer aus Porbandar und nahmen Zuflucht in Junagadh, einem nahegelegenen unabhängigen Staat.

Karamchand folgte seinem Vater als Diwan von Porbandar im Alter von 25 Jahren. Er indessen stieß mit einem kleinen britischen Beamten zusammen, der sich übel über den Rana von Porbandar ausließ. Karamchand stellte den britischen Beamten zur Rede, was ein ernstes Vergehen in jenen Tagen war. Wegen dieser Unverfrorenheit wurde er mehrere Stunden lang unter einem Baum „festgehalten“. Als Nachbar und enger Freund des Hauses Gandhi wußte Gokuldas Makanji um derartige Demütigungen, die die Gandhi-Familie um ihrer Aufrichtigkeit willen erlitten hatte. Er war daran interessiert, daß beide Familien einander näher kamen, und empfahl Karamchand Gandhi, dessen jüngsten Sohn Mohandas mit seiner Tochter zu verloben.

Es war damals nicht ungewöhnlich, im Alter von acht Jahren verlobt und mit 13 Jahren verheiratet zu werden. Ja, selbst heute, trotz gesetzlichen Verbots, sind Kinderehen in Indien noch weit verbreitet. Heirat unter Hindus ist gewöhnlich eine Vereinigung von Familien, insofern sich die Eltern über den Hintergrund der anderen Seite voll informieren, bevor sie ihren Sohn oder ihre Tochter auf die Heirat festlegen. Es war daher für Gokuldas ganz natürlich, seine Familie mit der Gandhi-Familie zu verbinden, über deren Rechtschaffenheit er alles wußte, was es zu wissen gab. Es gibt viele Gründe für das Überhandnehmen der Kinderehe — einige sind vertretbar, andere nicht —, so daß Mahatma Gandhi gewußt haben dürfte, daß sie zu seiner Zeit unentrinnbar war. In der Tat: wenn sie nicht geheiratet hätten, als sie es taten, hätten andere begonnen zu argwöhnen, es sei wohl mit einem von beiden oder mit beiden etwas nicht in Ordnung.

Die Sutras, die alten heiligen Schriften der Hindus, erwähnen eigentlich nicht das rechte Heiratsalter für den jungen Mann, während sie sehr genau sagen, daß ein Mädchen verheiratet werden sollte, während es noch nackt herumtollt, was so viel heißt wie: mit acht Jahren. Die Sutras sind jedoch sehr deutlich bezüglich der Studien, denen ein junger Mann nachgehen sollte, bevor er verheiratet wird. Was so viel bedeutet wie: Die alten Hindus waren nicht so sehr besorgt über die Heirat eines Jungen wie über die eines Mädchens.

Wenn ein Junge verheiratet werden sollte, nachdem er seine Ausbildung abgeschlossen hatte, mußte er warten, bis er etwa 24 oder 25 Jahre alt war. All dies bedeutete, daß ein vollreifer junger Mann ein acht Jahre altes Mädchen heiratet, das nicht einmal die Pubertät erreicht hat.

Da Gokuldas Makanji seiner Tochter Kasturbai gestattete, bis zum Alter von 13 Jahren heranzuwachsen, hat offenbar in den sechziger Jahren des vorigen Jahrhunderts — so darf man annehmen — ein gewisser Modernismus die Hindu-Eltern geleitet. Man darf unterstellen, daß Eltern das heiratsfähige Alter der Knaben herabsetzten, um den Unterschied zwischen dem empfohlenen Alter des Ehemannes und dem der Ehefrau zu mildern.

Bei einer Hindu-Hochzeit sind es auch heute noch die Eltern des Mädchens, die alle Vorbereitungen für die Hochzeit zur vollen Zufriedenheit der Partei des Jungen zu treffen haben. Die Hochzeit findet am Wohnsitz der Braut statt. Die Eltern des Jungen informieren gewöhnlich die Eltern des Mädchens über die Art der Maßnahmen, die zu treffen sind, um die Partei des Bräutigams unterzubringen und zu versorgen. Auf einer indischen Hochzeit sind der Bräutigam und vor allem seine Eltern die wichtigsten Personen. Gokuldas Makanji war bestrebt, seine Tochter mit Mohandas Gandhi zu verheiraten, weil er die Gandhi-Familie genauestens kannte und dessen gewiß sein konnte, daß sie zur Hochzeit nicht unvernünftige Forderungen stellen würde.

Hochzeitsbräuche der Hindus sind in der Tat so ungereimt und gefühllos, daß sie beinahe unglaublich sind. Heute noch schlecht genug, waren sie im vergangenen Jahrhundert, als Kasturbai verheiratet wurde, unendlich viel übler. Die Rate an Selbstmord, Mord, Marter, Abbruch der Ehe oder Unverheiratetbleiben der Frauen ist selbst heute am höchsten im Staate Gujarat, insbesondere in dem Gebiet von Kathiawad. Die Forderungen, die auf die Familie der Braut zukommen, sind nahezu grenzenlos. Und falls ihnen nicht entsprochen wird, kann man sicher sein, daß die Verbindung ein unglückliches Ende nimmt. Wenn dies für heute zutrifft, nach mehr als 30 Jahren Fortschritt und Reform, kann man sich vorstellen, um wieviel schlimmer es war, als Kasturbai verheiratet wurde. Natürlich war Gokuldas Makanji als Vater auf das Glück seiner Tochter bedacht, und er war dessen gewiß, daß man dies im Hause Gandhi voraussetzte.

Nach allem, was man weiß, scheint Kasturbai ein sehr intelligentes und lebhaftes Mädchen gewesen zu sein. Ihr Dasein ist so vollständig überschattet worden durch dasjenige Mahatma Gandhis, daß darüber so gut wie nichts vorliegt, während man vor einem ansehnlichen Berg an Zeugnissen und Dokumenten bezüglich des Mahatma steht. Niemand hat sich all die Jahre in die Geschichte der Makanji-Familie vertieft, und so ist nichts an Unterlagen und Belegen geblieben, das einem Biographen einen flüchtigen Einblick in das Leben dieser Familie gestatten könnte.

Man kann nur mutmaßen, weshalb Kasturbai niemals in die Schule geschickt und nicht zu Hause unterrichtet wurde: Weil Mädchen in jener Gegend normalerweise keine formale Ausbildung brauchten. Sie sollten auch nicht der Außenwelt, vor allem den Jungen, zur Schau gestellt werden. Zumindest empfanden dies ihre Eltern so. Mädchen sollten abgeschirmt werden, bis sie dem Ehemann nach der Hochzeit übergeben wurden. Hauptsache sie konnten kochen und andere Hausarbeiten verrichten sowie sich um die Notwendigkeiten des Ehemannes kümmern. Weiter gab es für sie nichts zu tun. Die Welt des Mädchens war sein Zuhause, sein Ehemann, seine Kinder und seine Verwandten. Darüber hinaus erwartete man nichts von ihm. Gokuldas Makanji erkannte wohl kaum, daß seine Tochter gleichsam berufen war, der Bewegung Women's Liberation den Weg zu bahnen, und daß sie als ihrem Ehemann Gleichgestellte kämpfen würde wegen der zahlreich erlittenen Demütigungen um der Rechte willen, die man den Indern im Lande selbst und in Südafrika genommen hatte. Wenn Kasturbai die Rolle der indischen Frau von einem Vasallen des Haushalts umwandelte in die einer Erbauerin der Nation und solch erstaunlichen Gipfel erreichte, obgleich sie keinerlei Ausbildung besaß, so war das trotz allem eine hervorragende Leistung. Gewiß haben diejenigen recht, die glauben, Kasturbai wäre nicht gewesen, was sie war, wenn sie nicht die Frau Mahatma Gandhis gewesen wäre. Es ist aber auch die Umkehrung wahr: Der Mahatma hätte nicht ohne Kasturbai solche Größe erreicht. Dies hoffe ich, im Verlauf des vorliegenden Buches ersichtlich zu machen.

Kasturbai und Mohandas waren altersgleich. Aber während ein Mädchen im alten Indien eher etwas über Haushalt und Ehe erfuhr, blieb ein Junge völlig unwissend hinsichtlich seiner Rolle als Ehemann, bis er es von selbst herausfand. Deshalb betrachtete der dreizehnjährige Mohandas Eheschließung lediglich als den Erwerb einer neuen Spielkameradin. Es gibt Grund zu der Annahme, daß Kasturbai in dieser Beziehung von ihrer Mutter mehr Unterweisung erhielt, als Mohandas von irgendwem erhalten haben könnte. Aber im allgemeinen sind 13 Jahre ein zu geringes Alter, um fleischliche Gelüste zu haben. Deshalb kann an der Behauptung einiger Biographen, daß die Frau seines älteren Bruders Mohandas einflüsterte, wie er seine Ehe zu vollziehen habe, nichts Wahres sein. Selbst heute sprechen auch die engsten Verwandten niemals über Dinge wie außerehelichen Geschlechtsverkehr. Kein Vater spricht zu seinem Sohn über solche Dinge. Und kaum ein älterer Bruder würde zu seinem jüngeren Bruder darüber sprechen, wie der Akt durchgeführt wird. Es ist deshalb kaum zu glauben, daß die Frau seines älteren Bruders Mohandas solche Geheimnisse mitgeteilt hat. Gandhi selbst deutet so etwas in seiner Autobiographie an. Aber man darf argwöhnen, daß er die ganze Episode aus Scham, die er empfand, so früh verheiratet worden zu sein, bemäntelt. Es ist bedauerlich, daß Gandhi kein überzeugendes Bild seiner Eheschließung hinterlassen hat, die unter allen Umständen das wichtigste Nebenereignis in seinem Leben war.

Man stelle sich vor, was wäre Gandhis Leben gewesen, wenn Kasturbai nicht gewesen wäre, als was sie sich erwies. Gesetzt der Fall, er hätte irgendeine andere geheiratet, die nicht seinen sexuellen Wünschen nachgekommen wäre, die ihn gezwungen hätte, zu Prostituierten zu gehen, bei denen er mit seiner Zustimmung durch seinen Freund eingeführt worden war. Gesetzt auch, daß später, als Mahatma Gandhi mit

seinen verschiedenen Experimenten anfing, seine Frau diese nicht akzeptiert, Selbstmord begangen oder den Mahatma in anderer Weise kompromittiert hätte, — was wäre aus seinem Leben geworden? Nichts von alledem sollte als Fiktion einer schriftstellerischen Phantasie zurückgewiesen werden. Schlimmere Dinge als diese haben sich ereignet und werden sich in Zukunft selbst bei weniger Herausforderung ereignen, als sie Mohandas Kasturbai bot. Es ist daher nicht abwegig anzunehmen, daß Mohandas nicht als Mahatma gestorben wäre, wenn sich Dinge dieser Art in seinem Leben ereignet hätten. Nur ein Anwalt von Rang wäre er weiterhin geblieben.
Obwohl Mohandas bedauert, so früh geheiratet zu haben, und „gern anderen eine ähnliche ‚Demütigung' ersparen" würde und obgleich man seine unterschwellige Enttäuschung begreift, daß Kasturbai nicht nur ungebildet war, sondern sich auch heftig weigerte, unterrichtet zu werden, hätte er zweifellos dankbar empfunden haben müssen, eine Frau mit Kasturbais Temperament gefunden zu haben. Das bedeutet nicht, sie sei ihm völlig ergeben gewesen oder hätte keine eigene Meinung gehabt. Was auch immer Mahatma Gandhi von ihr getan haben wollte, — sie tat nichts, ohne es zuvor verstanden und dann anerkannt zu haben.
Mohandas' Vater Karamchand wollte drei Hochzeiten gleichzeitig halten. Er wurde alt und fühlte sich nicht mehr wohl. Er fürchtete, er habe nicht mehr lange zu leben. Er hatte drei Jungen im heiratsfähigen Alter, darunter Mohandas, mit 13 der jüngste, und dachte, es wäre schön, sie alle unter die Haube zu bringen, solange er noch auf den Beinen war und an Feierlichkeiten teilnehmen konnte. Karamchand war angesehen als ein Mann von beträchtlichem Verstand und sittlichem Wertbewußtsein. Als Diwan von Porbandar und später von Rajkot vermittelte er zwischen dem Staat und dem einfachen Mann von der Straße und trat stets für das Recht ein. Er war ungemein geachtet, sowohl seitens der Fürstlichkeiten, denen er diente, als auch seitens der Menschen, mit denen er in Berührung kam. Er tat niemals bloß deshalb etwas, weil es für ihn bequem war, wie der Vorfall mit dem britischen Unterbeamten zeigt, bei dem Karamchand durch seine Gefangenhaltung in aller Öffentlichkeit gedemütigt wurde. Wäre das seine Art gewesen, hätte er leicht die Auslassungen des britischen Beamten ignorieren können, was möglicherweise niemand bemerkt hätte. Ganz gewiß hätte er sich selber allerlei Unbequemlichkeit erspart.
Von daher kann man nicht, wie das einige Schriftsteller getan haben,

im Hinblick auf seinen Charakter mit Fug annehmen, Karamchand habe sich entschlossen, alle drei Hochzeiten gleichzeitig zu veranstalten, um sich selbst die dreifachen Ausgaben zu ersparen. Davon abgesehen werden die Ausgaben für eine Hindu-Hochzeit weitgehend von den Eltern der Braut getragen. Die Ausgaben wären für den Haushalt der Gandhis minimal gewesen, was Kleidung für die Familie und die Lustbarkeiten betraf. Karamchands Absicht war vielmehr auch gut für die Eltern der Bräute. Deren Auslagen für Ausstattung, Saalmiete, Bewirtung der Gäste, Bestellung eines Priesters und all die anderen Formalitäten, die ein Hindu-Paar zu beachten hat, wenn seine Tochter heiratet, konnten unter drei Familien aufgeteilt werden. Das war es, was Karamchand am besten daran gefiel. Als Diwan war es ihm zur zweiten Natur geworden, durch mehr Rücksichtnahme und Kooperation die Nöte anderer zu lindern.

Nach den Vorabsprachen zwischen den zwei Familien fand eine formelle Verlobungszeremonie statt. Eine von dem rangältesten Karamchand angeführte Gruppe sprach im Hause des Gokuldas Makanji vor. In Anwesenheit aller Beteiligten machte Karamchand das Angebot, das von Gokuldas angenommen wurde. Dann brachte ein Priester eine große Messingplatte voll mit Früchten, Kichererbsen, Blumen und einigen goldenen Schmuckstücken, die die Familienmitglieder des Mohandas segnend zu berühren hatten.

Die Platte wurde schließlich auf Kasturbais Kopf gesetzt, wo sie der Priester segnete. Wahrscheinlich wußte die achtjährige Kasturbai nicht, was da vor sich ging. Aber sie erhielt einige prächtige Geschenke, die sie erfreuten. Man sagte ihr, sie habe nun ein weiteres gutes Zuhause. An den folgenden Tagen wurde die Familie Gokuldas' von den Gandhis, später die Gandhi-Familie von der Familie Gokuldas Makanjis zum Essen eingeladen. Das besiegelte die Verlobung.

Die beiden unschuldigen Kinder waren unwissend fürs Leben miteinander verbunden worden. Zu diesem Zeitpunkt waren die Gandhis bereits nach Rajkot umgezogen, während ihre Jungen mit Mädchen aus Porbandar verlobt waren. Die Reise zwischen diesen beiden Orten war anstrengend. Karamchand erkannte, daß er nicht in der Lage wäre, sie dreimal zu unternehmen.

Die Festlichkeiten in Kasturbais Elternhaus hatten mehrere Tage vor der Hochzeit begonnen. Frauen wurden eingeladen, um Hochzeitslieder zu singen, die sowohl lustig als auch lehrreich waren, und das Zube-

reiten der aufwendigen köstlichen Speisen begleiteten. Die Hochzeitslieder sollen der Braut oder dem Bräutigam eine Botschaft übermitteln oder spaßig sein und die andere Familie bespötteln. Die Aussteuer der Braut mußte gekauft, Schmuck und neue Kleider mußten angefertigt, die Speisefolgen mußten zusammengestellt werden und hundert andere Dinge mehr. Für Kasturbai war es eine Zeit der Gewissensbisse wie der Freude. Der Gewissensbisse, weil ihr bewußt war, daß sie bald die Geborgenheit ihres Elternhauses verlassen und, an eine fremde Person gebunden, in ein neues Leben, ein neues Zuhause eintreten würde. Es war ihr auch die ungeheure Verantwortung bewußt, die bald auf ihren jungen Schultern lastete. Für einen so jungen Menschen, dessen Leben gerade zu erblühen begonnen hatte, war all das unbegreiflich. Doch sie war glücklich, weil sich alles um sie drehte. Auch alle anderen waren fröhlich. Viele neue Kleider und Schmuck wurden für sie gekauft. Und viele liebe Verwandte nahmen an den Festlichkeiten teil.
Bevor er bei den Freunden und Verwandten vorbeikam, um sie zu bitten, an der Hochzeitsfeier teilzunehmen und das junge Paar zu segnen, schrieb Gokuldas im Namen der Familiengottheit mit roter Tinte eine Einladung, die er zusammen mit seiner Frau im Tempel zu Füßen dieser Gottheit niederlegte. Erst danach konnten jeweils einige Männer und Frauen nachmittags ausschwärmen, um persönlich Freunde und Verwandte einzuladen. Das hielt tagelang an. Obwohl die Stadt Porbandar klein war, der Kreis der Angesprochenen war groß, und man konnte es sich nicht leisten, einen zu übersehen. Die Arbeit war anstrengend, machte aber auch viel Freude.
Am Tage vor der Hochzeit fand in Anwesenheit einiger Freunde eine Zeremonie statt, die „mandap muhurat“ genannt wird.
Das „mandap“ ist eine viereckige Überdachung auf verzierten Stangen in jeder Ecke, jede mit Blumen und Blättern geschmückt. Manchmal werden anstelle von hölzernen Stangen die Stämme der Bananenstaude benutzt. In jeder Ecke dieses Zeltes sind Messingtöpfe in Form einer Pyramide aufgeschichtet. Hier findet die eigentliche Zeremonie statt. Es ist daher notwendig, daß das Zelt auch zur günstigsten Zeit errichtet wird. Gokuldas Makanji saß an der betreffenden Stelle, während der Priester der Familie einige unzusammenhängende Mantras sang. Zum genauen Zeitpunkt wurde ein Loch gegraben. Dort hinein gab man etwas rotes Pulver, eine Betelnuß, ein wenig Milch und Dickmilch sowie eine Kupfermünze. Dann wurde der Stab eingepflanzt.

Normalerweise werden die Hochzeitsfeierlichkeiten im Haus der Braut durchgeführt, was die Dinge etwas vereinfacht. Aber in diesem Fall erwartete Gokuldas mehr Leute, als sein Haus aufnehmen konnte. Davon abgesehen waren gleichzeitig zwei weitere Hochzeiten zu halten. In Anbetracht all dessen hatten sich die drei Elternpaare entschlossen, ein „wadi" zu mieten, einen Ort, an dem Hochzeiten gefeiert werden können.
Nach dem „mandap muhurat" im „wadi" mußte die Gruppe zurückeilen. Gokuldas hatte eine weitere Zeremonie zu Hause durchzuführen, die als „Griha Shanti" bekannt ist und eine Verehrung der Planeten bedeutet. Auf einem Hocker wurden neun Häufchen Reis plaziert, die oben mit einer Betelnuß versehen wurden. Die Betelnüsse stellen die neun Planeten der Hindu-Mythologie dar: Sonne, Mond, Merkur, Venus, Mars, Jupiter, Saturn, Rahu und Ketu. Die Planeten sollen dem Hause Frieden bringen und die Neuvermählten segnen.
Mit Näherrücken des Hochzeitstages steigerte sich die Erregung. Kasturbai hielt sich dauernd im Kreis ihrer Freunde auf, die sich, gut gestimmt, in Späßen ergingen. Am frühen Morgen des Hochzeitstages versammelten sich ihre Freundinnen und verheirateten weiblichen Verwandten, um Kasturbai ein zeremonielles Bad zu bereiten, das nach Kräutern und Parfums duftete. Zunächst trat eine der engsten Freundinnen vor und besprengte Kasturbais Kopf dreimal mit dem Wasser. Dann sangen alle zusammen Lieder und tanzten um Kasturbai herum, während sie gebadet wurde. Schließlich wurde sie in neue Kleider gehüllt und mit neuem Schmuck versehen.
Eine indische Braut ist gewöhnlich mit Blumen geschmückt. Mit einer Paste, die aus den Blättern des Henna-Strauchs gewonnen wird, werden ihr auf Hände und Füße komplizierte Muster gemalt.
Der Tag der Hochzeitszeremonie wurde von Gokuldas Makanji nach Beratung mit seinem Priester gewählt. Bei einer Hindu-Hochzeit soll nicht nur der Tag, sondern auch der Zeitpunkt bis auf die Sekunde genau, zu der das „hasta milap", das Sich-die Hand-Reichen stattfindet, glückverheißend sein. Hindu-Hochzeiten können nur bei nördlichem Umlauf der Sonne gefeiert werden, wenn der Planet Venus sichtbar ist.
Normalerweise wären am Morgen des Hochzeitstages einige Männer aus der Verwandtschaft Kasturbais an die Stadtgrenze gegangen, um dort die Ankunft der Prozession des Bräutigams zu erwarten und sie, wie es der Brauch vorschreibt, mit all den Fanfaren dorthin zu beglei-

ten, wo die Hochzeitszeremonie stattfindet. Aber die Entfernung zwischen Rajkot und Porbandar war groß, und Karamchand hatte beschlossen, alle anderen vorauszuschicken, so daß sie sich vorher ausruhen konnten. Er selbst hatte die Absicht, einige Tage früher einzutreffen, was aber nicht sein sollte.

Karamchand, der Rangälteste der Gandhi-Familie, mittlerweile Diwan des Staates Rajkot, wurde durch dringende Geschäfte aufgehalten. Er ließ die Familie rechtzeitig abfahren, was aber wenig tröstlich war, da die Hochzeit nicht stattfinden konnte, ohne daß der Vater anwesend war.

Bei der Entfernung von 190 km von Rajkot nach Porbandar braucht man heute nur wenige Stunden, aber damals dauerte es mit dem Ochsenkarren fünf Tage. Karamchand wollte mindestens sechs Tage vor der Hochzeit aufbrechen, so daß er vor der Hochzeit einen Ruhetag einlegen konnte. Doch der Fürst von Rajkot wollte nicht darauf eingehen. „Sie dürfen meine Pferde-Kutsche nehmen", sagte er. „Auf diese Weise können Sie die Reise in drei Tagen hinter sich bringen und drei Tage länger für den Staat arbeiten."

Loyal bis ins Mark, hatte Karamchand keine andere Wahl als zu gehorchen. Er arbeitete hart, um alle seine Aufgaben zu erfüllen und dann nach Porbandar zu eilen.

Auf dem rohen Lehmboden hüpfte die Kutsche unaufhörlich hin und her, während die Pferde dahineilten. Es war nicht gerade die bequemste Art zu reisen. Man spürte jeden einzelnen Knochen, und selbst der Robusteste hätte sich nach drei Tagen ununterbrochener Fahrt erschöpft gefühlt.

Karamchand sann über den Zustand nach, in dem er eintreffen würde, falls er den Ort, wo die Hochzeit stattfand, überhaupt pünktlich erreichte. Der bis auf die Sekunde vorausberechnete günstigste Augenblick für die eigentliche Zeremonie durfte nicht verfehlt werden. Es wäre ein schlechter Anfang für die Kinder gewesen, die er doch liebte.

„Können Sie die Pferde nicht rascher laufen lassen?" trieb er den Fahrer der Kutsche an.

„Wir fahren, so schnell wir können, Sir", war die Antwort.

Dann geschah es. In der Eile sah niemand den Geröllbrocken auf der Straße. Die rechten Räder der Kutsche trafen ihn genau.

Alle wurden entsetzlich durcheinandergeschüttelt. Karamchand war benommen und blutete. Er hatte mehrere Schnittwunden und Prellungen. Ärzte waren damals kaum verfügbar, erst recht nicht an den Fernstraßen. Mit Hilfe von ein paar Bauern stellte man die Kutsche wieder auf und beruhigte die Pferde. Karamchand zerriß einen dhoti (Lendentuch) und verband seine Wunden.

Irgendwie gelangte er nach Porbandar. Seine Leute waren erschrocken, als sie sahen, in welchem Zustand er eintraf, und alle Begeisterung für die Hochzeit war verflogen. Karamchand versicherte jedoch, daß er nicht ernstlich verletzt sei und bestand darauf, daß die Feierlichkeiten wie vorgesehen abgehalten würden.

Bevor Mohandas' Hochzeitszug aufbrach, trafen ein paar Frauen aus Kasturbais Elternhaus mit Süßigkeiten für den Bräutigam ein. Sie drängten die Familie, zum Ort der Hochzeitszeremonie zu ziehen.

Der Hochzeitszug ist stets ein eindrucksvolles Ereignis, das der Familie die Gelegenheit bietet, ihren Wohlstand und ihre gesellschaftliche Stellung herauszustellen. Alle sind aufs beste gekleidet und mit Schmuck versehen. Der Bräutigam wird rittlings auf ein geschmücktes Pferd oder auf einen Wagen gesetzt. Gewöhnlich wird der Zug von einer Kapelle angeführt, hinter der alle hermarschieren. Je mehr Leute dem Zug folgen, um so höher ist der Status der Familie des Bräutigams.

Aber Karamchand war nicht eitel. Er war stets für Einfachheit. Die drei Bräutigame wurden in einem schlichten Wagen zum „wadi" gefahren.

Im Hochzeitszug mußte Mohandas eine gesalbte Kokusnuß, eine Silbermünze und sieben Betelblätter mit sich führen. Darauf folgten seine Mutter und die anderen Frauen, die die Hochzeitslieder sangen.

Am Tor zum „wadi" wurde der Zug angehalten. Gokuldas Makanji und andere männliche Verwandte Kasturbais begleiteten die Frauen zu ihren vorgesehenen Plätzen, während die Empfangszeremonien eingeleitet wurden.

Kasturbais Mutter stand vor Mohandas mit einer Schale, in der Zinnoberpaste, einige Reiskörner und eine Öllampe lagen. Sie murmelte ein Gebet, während sie Mohandas mit der Paste salbte. Dann wurde Kasturbai von ihrem Onkel mütterlicherseits zum Tor geleitet, wo sie Mohandas' rechten Fuß berührte.

Nachdem diese Zeremonie beendet war, wurden die Bräutigame und die sie begleitenden Frauen in die Halle geführt, in der die Hochzeitsfeier stattfand. Bevor Mohan in die Halle eintrat, ließ man ihn mit dem rechten Fuß auf eine irdene Schale treten und sie zerbrechen. Niemand kennt die Bedeutung dieses Rituals genau. Es dürfte wohl eine symbolische Geste sein, mit der man von der Vergangenheit Abschied nimmt und ein neues Leben beginnt.

Von der Braut wird nicht verlangt, irgendwie aktiv an der Hochzeitsfeier teilzunehmen, noch macht sie irgendetwas ohne die Hilfe des Bräutigams. Die eigentlichen Hochzeitsriten der Hindus in Gujarat gehen zurück auf die Zeremonie, wie sie im Griha Sutra von Asvalayan beschrieben wird. Die Original-Verse dieses Buches werden nur von wenigen Brahmanen vorgetragen. Bei den übrigen bleibt die Zeremonie im allgemeinen dieselbe, nur die Verse unterscheiden sich. Stets ist es der Brahmane, der als Priester fungiert, aber seit das Priestertum erblich ist, ist es nicht mehr notwendig, daß alle Brahmanen Sanskrit können oder gelehrt genug sind, die rechten Verse zur rechten Gelegenheit vorzutragen.

Mohan wurde zu dem geschmückten Zelt gebracht, wo man ihn mit dem Gesicht nach Osten auf einem hölzernen Schemel sitzen ließ. Dann wurde Kasturbai von ihrem Onkel mütterlicherseits herangeführt. Er ließ sie ebenfalls auf einem Schemel, aber mit dem Gesicht nach Westen, Platz nehmen. Dann wurde ein Stück weißen Tuches zwischen den beiden aufgespannt. Dieser Vorhang trennte sie bis zur Zeremonie des „hasta milap", dem Ineinanderlegen der Hände, zu der die Braut dann aufsteht und ihren Platz an der rechten Seite des Mannes einnimmt.

Kasturbais Vater saß mit Blick nach Norden, seine Frau saß rechts neben ihm. Für sie wurde ein Gebet gemurmelt. Dann drängte man Gokuldas, die Götter zu bitten, den Vorgang zu leiten. Mit etwas Wasser in der rechten hohlen Hand und ein paar Grashalmen benannte er einzeln den Umlauf der Gestirne, das Alter, das Jahr, die Jahreszeit, die Stellung der Planeten, den Tag, den Erdteil, das Land, die Provinz, die Stadt und den Ort, wo die Zeremonie stattfand.

Nach genauen Anweisungen an die Götter erklärte Gokuldas, daß er seine gesunde Tochter dem Bräutigam überlasse und fortan auf alle Forderungen an sie verzichte. Dann nahm er Kasturbais rechte Hand und legte sie in Mohans rechte Hand, wobei nur ein Grashalm die beiden Handflächen voneinander trennte.

Das ist die Zeremonie, durch die Braut und Bräutigam für Mann und Frau erklärt werden. Unter Hindus, die die Astrologie ernst nehmen, ist wesentlich, daß sie exakt zu dem Zeitpunkt stattfindet, der vom Priester angeordnet wird. Aus mehreren Gründen kann es mitunter unmöglich sein, die Hände im rechten Augenblick zusammenzubekommen. Aber eine Verzögerung auch nur um den Bruchteil eines Augenblicks könnte verhängnisvoll sein. Von daher der Sinn des Grashalmes, der die beiden Hände getrennt hält: Zum genauen Zeitpunkt hat der Priester nichts weiter zu tun, als den Grashalm wegzuziehen, so daß die Hände für immer verbunden werden.

In diesem Augenblick des Wegziehens überschüttete die ganze Versammlung Mohan und Kasturbai mit Blumenblättern und Reiskörnern. Anschließend ging das Paar mit dem Priester und einigen Frauen beider Familien in einen anderen Raum zwecks einer weiteren Zeremonie. Man ließ das Paar nahe beisammen sitzen. Dann hatte Mohan den Schleier wegzunehmen, der Kasturbais Gesicht bis dahin bedeckte. Beide wurden gebeten, einen roten Faden um das Handgelenk des anderen zu binden, einander zu salben und Betelblätter auszutauschen. Während sie dies taten, murmelte der Priester ein paar Verse.

Mohan und Kasturbai hatten in dieser Zeremonie zahlreiche kleine Dinge zu tun, die ein paar Stunden in Anspruch nahmen.

In einer bestimmten Phase der Zeremonie ließ man Kasturbai auf einem Stein stehen, während Mohan einen Vers wiederholte, der lautete: „Komm, tritt auf diesen Stein! Sei fest wie ein Stein! Zertrete die Widersacher! Überwinde alle deine Feinde!“

Bei anderer Gelegenheit ließ man Kasturbai viermal um das geweihte Feuer gehen, von Mohan geführt. Jedesmal, wenn sie eine Runde beendet hatte, legte ihr Bruder einige Körner Reis in ihre Hände, die sie dem Feuer zu opfern hatte.

Den Abschluß der eigentlichen Hochzeitszeremonie bildet folgender Vorgang: Das Paar tut sieben Schritte und wiederholt bei jedem ein Gelübde. In Nordost-Richtung werden sieben Häufchen Reis angelegt. Bei jedem Gelübde, das Kasturbai murmelte, hatte sie ihren rechten Fuß auf eines dieser Häufchen zu setzen. Niemand kennt den genauen Sinn des Reises und der Notwendigkeit, mit dem rechten Fuß daraufzutreten. Es wird behauptet, die Reishäufchen würden angelegt, um für die Ungebildeten und auch für Kinder, die in sehr jungen Jahren verheiratet werden, die sieben Schritte deutlich zu markieren.

Obgleich die Hochzeit vorüber war, gingen die Feierlichkeiten für mehrere Stunden weiter, gefolgt von einem prächtigen Mahl, das von den Eltern der drei Bräute bereitet war. Die Gandhi-Familie und all jene, die mit ihr gekommen waren, wurden aufgefordert, zum Essen zu bleiben, während diejenigen, die zum Gefolge der Bräute gehörten, bedienen mußten. Gäste zum Essen zu nötigen, ist in diesem Teil von Gujarat stets ein Ritual gewesen. Selbst heute würde ein Gast keine Mahlzeit einnehmen, wenn er nicht hinreichend zum Essen überredet worden ist. Das Gefühl einer Frau für Gastfreundschaft wird gemessen an der Menge der Nahrung, die sie ihren Gästen aufschwatzen kann. Das führt naturgemäß zu erheblichem Verschleiß, ist aber stets Brauch gewesen.

Nachdem die Zeremonie vorbei war, brachte Kasturbais Mutter eine Platte mit Kansar, einer aus Weizenmehl bereiteten Süßspeise. Kasturbai wurde gebeten, etwas davon zu nehmen und mit den Fingern in Mohans Mund zu führen. Das wurde fünfmal wiederholt, woraufhin Mohan Kasturbai zu füttern hatte. Der Sinn dieser Handlung liegt — wie es ein Brahmane erläutert — darin, daß Kasturbai fortan essen soll, nachdem sie ihren Mann gut gefüttert hat, und daß Mohan erkennt, er habe fortan seine Frau gut zu versorgen.

Nachdem das Fest vorüber war, erhob sich das Paar und verbeugte sich vor dem Bildnis der Familiengottheit, anschließend vor allen älteren Verwandten beiderseits. Jedesmal, wenn es sich vor einem Verwandten verbeugte, hatte er oder sie es zu segnen und etwas Geld oder etwas anderes zu geben. Dann nahm Kasturbai unter viel Tränen Abschied von ihrer Familie und bestieg mit Mohan den Wagen. Wäre der Bräutigam zu Pferde gekommen, hätte sie mit ihm auf dem Rücken des Pferdes sitzen müssen.

Mohan nahm seine Braut mit nach Hause. Unterwegs hielten sie beim Tempel der Gandhi-Familie an, um den Göttern Ehrerbietung zu erweisen. Zu Hause erwartete sie Mohans Mutter Putlibai. Sie hatte Aschekugeln in den Händen, die sie um die Gesichter des Paares schwenkte und dann in vier Richtungen warf. Das geschah, um jedweden bösen Blick abzuwehren, den irgendeiner auf ihrem Heimweg auf sie geworfen haben könnte.

Normalerweise wären die Türen von Mohans Elternhaus von seiner jüngeren Schwester oder einer nahen Verwandten, die jünger war als er, verschlossen worden. Das Mädchen verweigert dem Paar den Eintritt ins Haus, bis beide versprochen haben, ihr ein Geschenk zu geben. Ob Mohans einzige Schwester dies getan hat oder nicht, ist unbekannt. Mohan und Kasturbai wurden in das Zimmer geleitet, in dem die Familien-Gottheit verehrt wird. Beide verbeugten sich tief zum Empfang des Segens. Dann wurden sie zu einem kleinen Spiel mit Geraden und Ungeraden gebeten. Sinn all der Spiele ist, das Paar einander näherzubringen, das sich in vielen Fällen noch bis vor kurzem völlig fremd war. Ein großer irdener Krug mit gefärbtem Wasser wurde gebracht. In ihn ließen sie einen Ring und einige getrocknete Datteln fallen. Dann wurden Mohan und Kasturbai gebeten, gleichzeitig nach dem Ring zu suchen. Derjenige, der am häufigsten mit ihm auftaucht, wird als Sieger betrachtet. Nach weiteren solcher Spiele wurde Kasturbai zusammen mit Verwandten, die wegen einer anderen Runde von Zeremonien nach ihr gerufen hatten, nach Hause zurückgeschickt. Schließlich wurde Mohan mit anderen männlichen Verwandten weggeschickt, um die Braut wieder zurückzuholen.

In jener Nacht „wurden zwei unschuldige Kinder unwissentlich in den Ozean des Lebens geworfen". Mohan behauptet, durch die Frau seines älteren Bruders über sein Verhalten in der ersten Nacht sorgfältig aufgeklärt worden zu sein. Aber das bedeutet nicht unbedingt, sie hätten an jenem Tag die Ehe vollzogen.

Es ist ganz unwahrscheinlich, daß jemals zwei Dreizehnjährige aus streng religiösen Familien in diesem zarten Alter genug über das Geschlechtsleben wußten. Auch ist nicht wahrscheinlich, daß fleischliches Begehren aufkam. Denn von indischen Kindern ist bekannt, daß sie die Geschlechtsreife nicht vor dem 15. Lebensjahr oder — in Ausnahmefällen — etwas früher erreicht haben.

Nach anfänglicher Scheu begannen jedoch beide zögernd, miteinander zu sprechen, und als der Zeitpunkt herankam, wo man nach einem anstrengenden Tag zu Bett ging, kannten sie einander besser. Mohandas war bewußt, wahrscheinlich durch seine Schwägerin belehrt, daß er als Ehemann der Herr war und Autorität gegenüber seiner Frau auszuüben hatte.

Während der nächsten paar Jahre wechselte das Leben Kasturbais zwischen dem Hause Gandhi in Rajkot und dem Heim ihrer Eltern in Porbandar hin und her. Mohandas war besitzgierig, die häufige Trennung verdroß ihn sehr. Als jüngste Schwiegertochter hatte Kasturbai im Hause Gandhi wahrscheinlich zu vielen „Herren" zu dienen. Wenn das so war, so beklagte sie sich doch niemals darüber. Das wurde damals wie jetzt akzeptiert. Jedermann ist der jüngsten Schwiegertochter übergeordnet, die ohne Zögern zu tun hat, was immer sie tun soll.

Mohandas' Mutter Putlibai war eine sehr fromme Frau. Täglich befolgte sie mehrere Rituale. Sie hätte nie gegessen, ohne vorher ihr Gebet zu

sprechen und nicht gebetet, ohne vorheriges Bad und nicht gebadet ohne vorherigen Stuhlgang. Dies war sehr wichtig. Zur Toilette zu gehen, wurde als unrein betrachtet. Und jeder, der in der Küche zu arbeiten hatte, mußte sich baden und alle seine Kleider wechseln, bevor er ein Mahl bereitete. Hatte eine Frau die Regel, erwartete man von ihr, daß sie fünf Tage lang in der Ecke sitzt. Wer sie während dieser Zeit berührte, galt als befleckt und eines reinigenden Bades und Kleiderwechsels bedürftig.
Das war gewiß nicht neu für Kasturbai, deren Eltern ebenfalls sehr religiös waren. Aber es dürfte sehr unbequem gewesen sein. Obwohl es sich durch Aufzeichnungen nicht beweisen läßt, scheint doch ziemlich sicher, daß sie ihre Geschlechtsreife erst nach der Hochzeit erlangte. Und der Gedanke, sich dieser Wirklichkeit allein in einem fremden Haus stellen zu müssen, dürfte sie seelisch erschüttert haben. Es galt viel leichter, wenn Mädchen, die diesen seelischen Wandel durchzumachen hatten, in ihrem Elternhaus waren, wo sie Trost und Führung seitens einer rücksichtsvollen Mutter finden konnten. Das soll nicht heißen, Putlibai sei weder rücksichtsvoll noch von Sympathie erfüllt gewesen, aber wie jedermann weiß, ist es stets etwas anderes mit einer Schwiegermutter.
Doch wenn Putlibai streng war, so auch unbedingt gerecht. Sie arbeitete Kasturbai gut in die Hausarbeiten ein, was damals als Bereich der Frau betrachtet wurde. Es gab damals das System des „Purdha“. Die Frauen kamen niemals in die vorderen Räume des Hauses, wo die Männer saßen. Sie hatten sich auf den hinteren Hausteil zu beschränken. Falls Kasturbai gezwungen war, einen der vorderen Räume, in dem die Männer saßen, zu durchschreiten oder in ihm zu erscheinen, hatte sie Kopf und Gesicht mit dem Ende ihres Saris zu bedecken. Man betrachtete es damals als schrecklich anstößig, wenn Mann und Frau am hellichten Tag zusammenkamen und sei es auch nur, um zu plaudern.
Von daher konnte Mohandas Kasturbai nie unterrichten, obwohl er so sehr darauf aus war, daß sie Lesen und Schreiben lernte. Sie waren niemals zusammen, mit Ausnahme nachts, wenn Kasturbai zu müde war, um sich unterrichten zu lassen, wozu ihr Mann gern bereit gewesen wäre.
Kasturbai war schlank und klein und äußerst hübsch. Wenn sie keine formelle Ausbildung genossen hatte, wie es Gandhi anscheinend wünschte, so beunruhigte sie dies nicht sonderlich. Sie hatte vieles

durch Erfahrung aufgenommen. Sie konnte Recht und Unrecht unterscheiden, manchmal besser als Gandhi selbst. Jeder Versuch, sie als eine unbesonnen handelnde, sklavische, unwissende Frau darzustellen, ist daher unhaltbar. Kasturbai verfügte über einen angeborenen, ringenden Geist, für den Gandhi erst das Lehrgeld bezahlen mußte.

2. Kapitel

Die Kinderehe

Bald nachdem er Kasturbai geheiratet hatte, versuchte Gandhi die Rolle des herrschenden Ehemannes zu spielen. Zwar schien sich Kasturbai ihrem niedrigeren Bildungsstand entsprechend zu fügen, doch nur bis zu einem gewissen Punkt. Darüber hinaus erlaubte sie niemandem, sie zu beherrschen. Das machte sie auch Mohandas innerhalb weniger Monate nach ihrer Hochzeit bewußt.

In den frühen Jahren seiner Ehe war Mohandas ein eifersüchtiger und besitzgieriger Ehemann, der versuchte, Kasturbais Bewegungsfreiheit einzuschränken. Nach seiner Hochzeit hatte er kleine Schriften gekauft, die neugebackene Ehemänner in ihre neue Rolle einweisen sollten. Vieles darin gefiel ihm nicht. Zwar las er es, eignete sich aber nichts davon an. Was jedoch in sein Bewußtsein eindrang, war die Ermahnung, daß ein Ehemann seinem Weibe stets treu sein muß. Je mehr er hierüber nachdachte, um so mehr kam er zu der Überzeugung, daß auch das Weib dem Ehemann seine Treue verpfänden sollte. Als Dreizehnjähriger hatte er noch nicht begriffen, daß die Hochzeitsschwüre, die sie in Gegenwart von Freunden, Verwandten und dem Priester geleistet hatten, gegenseitige Treue von ihnen erwarten ließen.

Aber Mohandas' Vorstellung von Treue war anders. Seiner Auslegung nach bedeutete sie, daß Kasturbai sich ihm zu unterwerfen habe. Sie dürfe nicht ohne seine Erlaubnis aus dem Hause gehen und ohne daß er informiert darüber wird, wen und warum sie jemanden besucht. Kasturbai erschien das als Unterdrückung und gab nicht nach. In seiner Autobiographie gibt Mohandas zu, daß sie hierüber häufig erregte Auseinandersetzungen hatten, aus denen aber schließlich Kasturbai als Sieger hervorging. Ihr sprühender Geist konnte nicht unterdrückt werden, nicht einmal von einem Ehemann, der gebieterisch sein wollte. Je mehr er versuchte, sie zu beschränken, um so mehr trat sie ihm entgegen, und oft weigerten sich beide tagelang, miteinander zu reden.

Das war nichts Unsinniges. Das war die typische Reaktion von Kindern überall in der Welt. Beachtlich ist Kasturbais Reaktion. Unter gewöhnlichen Umständen wäre sie als normal zu bezeichnen. Aber die Umstände in Porbandar in den achtziger Jahren des vorigen Jahrhunderts wa-

ren keineswegs normal gemessen an dem, was wir einhundert Jahre später darunter verstehen.
Damals wurde einer Ehefrau wiederholt bewußt gemacht, daß sie das Besitztum ihres Mannes sei. Er war der Gebieter, und sie hatte jedem seiner Befehle zu gehorchen. Das war auch Kasturbai von ihren Eltern und Verwandten eingehämmert worden. Aber es war etwas, das ihrem Geist nicht gefiel. Sie wollte eine treue Ehefrau sein, den gerechten Anordnungen ihres Mannes Folge leisten, aber sie wollte ganz sicher nicht ein Sklave sein, wie man es von anderen jungen Frauen jener Zeit weiß.
Man kann nicht sagen, daß Kasturbai häufig den Wunsch hatte, um des Spaßes und der Spiele willen von zu Hause fort zu sein. Sie hatte ein paar Freunde, die sie gern besuchte, aber am liebsten besuchte sie den Tempel. Sie gehörte einer religiösen Familie an und machte sich die Frömmigkeit ihrer Mutter zu eigen. Sie erfreute sich mit ihrer Schwiegermutter und den anderen Frauen des Hauses der Tempelbesuche, sah aber keinen Grund, zu ihrem Mann zu rennen, um ihn zu informieren. Ja, sie empfand es als peinlich, da keine der anderen Frauen, die älter und verheiratet waren, jemals nach ihren Männern suchten, um denen zu sagen, daß sie ausgehen.
Gegenüber Mohandas war sie respektvoll und zurückhaltend, und sie glaubte, es gebe in ihrem Ehedasein einiges, das er einfach zu leben und zu lernen habe. Eines davon war die Tatsache, daß sie ihm und der Familie gegenüber ihr eigenes Leben zu leben und ihre eigenen Pflichten zu erfüllen habe und daß sie dabei war, das so gut wie möglich zu tun.
Es dürfte kaum möglich sein, Kasturbai als Dummkopf zu beschreiben, der gerade diejenigen Lektionen nicht aufnehmen konnte, die Mohandas sie zu lehren versuchte. Wiederholt beklagt Gandhi in seiner Autobiographie die Tatsache, daß er nicht in der Lage war, sie zu unterrichten, und daß sie nicht in der Lage war zu lernen. Er führt seinen Mißerfolg auf seine Lust an ihr zurück. Da Unterricht nur nachts erteilt werden konnte, war er eher geneigt, mit ihr ins Bett zu gehen, als ihr Bildungsgut zu vermitteln.
Für Kasturbai war das anders. Ihr Tag war lang und anstrengend. Einen Haushalt jener Größenordnung mitzuleiten, zu kochen und sich um die Notwendigkeiten einer Schwiegermutter zu kümmern, war eine hinreichend anspruchsvolle Aufgabe. Davon abgesehen war die Familie

Karamchands groß. Da er Diwan von Rajkot war, gab es viel Besuch für ihn. Zu jeder erdenklichen Tageszeit sollten dem, der gerade kam, Tee und Snacks gereicht werden. Dies kam zur Arbeit der Hausfrau hinzu, so daß Kasturbai, zumal als jüngste Schwiegertochter, viel Verantwortung auf sich zu nehmen hatte. Es überrascht daher nicht, wenn ihr keine Kraft verblieb, ihre Gedanken auf den Unterricht zu lenken.
Darüber hinaus muß man berücksichtigen, daß Kasturbai einer Generation indischer Frauen angehörte, die im Hause zu sein hatte. Selbst wenn sie die Kraft gehabt hätte, den Unterricht durchzustehen, fühlte sie wahrscheinlich den Spott, dem die anderen Frauen sie aussetzten, sobald sie erfuhren, daß Kasturbai Unterricht erhielt. Auch befürchtete sie eine Veränderung ihres eigenen Verhaltens durch ein Leben als Gebildete. Zwar war sie von einem unbezähmbaren Geist beseelt, aber sie war nicht geneigt, einer Revolution den Weg zu bahnen. Ihre Reise nach Rajkot, das damals kaum größer war als Porbandar, war ihre erste größere Reise. Ihre Welt reichte daher vermutlich nicht weiter, als ihre Augen zu sehen vermochten. Deshalb zog sie es vor, ungebildet zu bleiben. In ihrem späteren Leben lernte sie ein wenig Schreiben und Lesen und Korrespondenz zu bewältigen, wenn es absolut notwendig war.
Aber Kasturbai verfügte über einen leidenschaftlichen und unbestechlichen Gerechtigkeitssinn. Leichter als Mohandas fand sie heraus, wer rechtschaffen und wer unwürdig war. Sie war die erste, die Mohandas vor einer Freundschaft in der High School warnte, die später in einer Tragödie endete. Vom ersten Augenblick an mißtraute sie dem jungen Mann von schlechtem Charakter, und sie belehrte Mohandas entsprechend. Aber Mohandas glaubte, er könne den Freund verändern, und beharrte auf seiner Freundschaft.
Kasturbai mochte das nicht, aber als Ehefrau konnte sie nicht mehr tun. Mohandas war ihr Mann und daher ihr Gebieter, der die Absichten des anderen besser durchschauen sollte. So blieb ihr bloß, wann immer sie in den Tempel ging, Gott zu bitten, er möge ihren Mann führen. Erst sehr viel später dämmerte es Mohandas, so daß er sich entschloß, die Freundschaft aufzulösen.
In seiner Autobiographie bekennt Mohandas, daß ihn seine Furcht vor Dunkelheit, Dieben und Schlangen beschämte, da er wußte, daß Kasturbai solche Furcht nicht kannte. Sie ging bei Dunkelheit aus, wo Mohandas sich fürchtete, ihr zu folgen, und sie schlief tief, während Mohandas von Schlangen und Dieben träumte und wachlag vor Angst.

Er bekannte dies offenbar seinem Freund, der die Furchtsamkeit dem Vegetarismus zuschrieb. In seiner Begierde, die Schwäche zu überwinden, erkannte Mohandas nicht, wie offenkundig töricht dieses Argument war. Wenn seine Ängste durch Fleischessen gebannt werden konnten, wie kam es dann, daß Kasturbai, die ein standhafter Vegetarier wie er war, solche Ängste gar nicht hatte? Wie konnte sie ebenso furchtlos sein wie der fleischessende Freund?
Mohandas war von der Behauptung des Freundes beeindruckt und willigte ein, sich am Experiment des Fleischessens zu beteiligen. Das Experiment erstreckte sich über ein Jahr, ein Zeitraum, in dem Mohandas gemäß seinen eigenen Angaben oftmals seine Mutter belügen mußte: er habe wegen Verdauungsproblemen keinen Hunger auf das Abendessen. Da er sich zur Geheimhaltung verpflichtet hatte, brachte er vermutlich dieselbe Entschuldigung gegenüber Kasturbai vor. Aber es kann sein, daß sie ihm nicht geglaubt hat. Angesichts ihrer Liebe und Nähe zu ihm sowie ihres scharfsinnigen Wahrnehmungsvermögens wußte sie wahrscheinlich oder vermutete sie stark, was vor sich ging. Aber noch einmal: Sie war bloß eine Ehefrau, die bereits ihre Befugnis überschritten hatte, indem sie ihn vor dieser Freundschaft warnte. Wenn er jetzt wünschte, Fleisch zu essen, konnte sie nichts tun, um ihn daran zu hindern. Darüber hinaus geschah dies alles in einem Alter, in dem man nicht mit übermäßiger Weisheit und Mut ausgestattet ist.
Kasturbai wußte, daß Fleischessen gegen ihre Religion verstieß und daß Mohandas' Eltern äußerst verletzt wären, falls sie davon erfuhren. Aber eine indische Ehefrau hatte damals und auch heute klar abgesteckte Grenzen, die sie nicht überschreiten darf. Das Klügste, was Kasturbai tun konnte, war zu schweigen und zu beten.
All dies bedeutet nicht, es habe keine Liebe zwischen den beiden gegeben oder sie hätten unaufhörlich gegeneinandergestanden. In Wirklichkeit liebten beide einander zutiefst trotz der Verschiedenheiten in Denken und Handeln.
In Wahrheit liebte Mohandas seine Kasturbai so sehr, daß er selbst in der Schule an sie dachte und sich nach der Nacht sehnte, wenn er mit ihr allein sein konnte. Kasturbai war gleichermaßen in ihn verliebt, aber die Liebe blieb, wie bei indischen Ehefrauen üblich, eher passiv. Das hat Mohandas anscheinend sehr verdrossen.

Er konnte nicht verstehen, weshalb sie für seine Annäherungen unempfänglich blieb, selbst wenn sie in ihrem Zimmer allein waren. Er erwartete von ihr, daß sie in Liebesdingen ebenso heißblütig und überschwenglich war wie er. Er fragte sich, ob mit ihm etwas nicht in Ordnung sei. Er war außerstande, ein Verlangen in ihr zu erwecken, wie sie es in ihm zu erwecken vermochte. Das brachte ihn zur Verzweiflung, so daß er, wie zu erwarten war, seine Freunde um Rat fragte. „Ich verstehe nicht, warum sie so kalt ist", sagte er. Sein Freund, der eine Chance sah, Mohandas mehr zu beherrschen und tiefer in den Sumpf zu ziehen, antwortete: „Sei unbesorgt! Die Frauen sind oft sehr schüchtern, oder vielleicht hat sie einen anderen, den sie mehr mag als Dich."
Das erschütterte gewiß Mohandas. Aber sein Freund beruhigte ihn. Durch seine unheimliche Beschreibung von Sex mit einer Prostituierten legte er ihm Spaß und Erfahrung nahe, die ihn erwarteten.
An Mohandas Wunsch nach einem aktiveren Partner im Bett war nichts Verwerfliches. Es war die normale Reaktion eines gesunden jungen Mannes. Gleichermaßen war normal, wie sich Kasturbai in sexueller Hinsicht verhielt. Trotz des Kamasutra und der erotischen Tempel des alten Hinduismus werden die indischen Frauen dazu erzogen, den Beischlaf zu verabscheuen. „Er ist sündhaft", wird ihnen gesagt, und darf nur mit einem gesetzlich angetrauten Ehemann und allein zwecks Fortpflanzung ausgeführt werden. Es sei ein Zeichen von Primitivität, ihn jederzeit nur um des Vergnügens willen zu wünschen oder um übermäßige Freude im Akt hervorzukehren. Kasturbai kam aus einem strengen Haus, in dem ihr die Furcht vor Gott, vor der Gesellschaft und vor Älteren tief eingefleischt worden war. Wie konnte sie da Mohandas' Liebe in einer Art erwidern, die als äußerst schändlich betrachtet wurde?
Mohandas' Freund hatte offenbar ein verlockendes Bild von der Verwegenheit einer Prostituierten gezeichnet, um von Mohandas die Einwilligung zu erhalten, eine von ihnen zu besuchen. Der Freund war geschickt und der geborene Unhold, der sich an beidem ergötzte: an seiner Hingabe an die Todsünden wie am Mitreißen anderer. Wahrscheinlich traf er Verabredungen mit einer Frau, die er häufig aufsuchte, bezahlte sie im voraus, begab sich dann zu Mohandas, den er in Sachen sexuellen Vollzugs unterwies. Schließlich begleitete er Mohandas frohlockend zu der Lasterhöhle und wünschte ihm Glück.
Mohandas überkam Angst. Er konnte nichts machen, nicht einmal reden. Da die Prostituierte im voraus bezahlt und möglicherweise durch

den „Freund“ instruiert war, versuchte sie ihr Bestes, Mohandas sexuell zu erregen. Aber je mehr sie es versuchte, um so eingeschüchterter war er. Schließlich hatte sie die Nase voll von solch einem impotenten Dummkopf und warf ihn hinaus. Nun wurde Mohandas von zweifacher Schmach überwältigt: Zum einen erlag er der Überredungskunst seines verschlagenen Freundes und ließ sich herab, ein Bordell zu besuchen. Zum anderen war er wegen des Bordellbesuches nicht fähig, den Beischlaf zu vollziehen, wie es von einem Mann erwartet wird. Dennoch tröstete ihn, daß Gott ihn dank eines tiefinneren Angstgefühls vor dem sicheren moralischen Unheil bewahrt hatte.

In welchem Stadium Mohandas den Mut fand, seiner Frau über diese Tat zu berichten, ist nicht bekannt. Noch wissen wir, was Kasturbais Reaktion war, als sie davon erfuhr. Sie dürfte erleichtert gewesen sein, daß Mohandas am Rande der Katastrophe bewahrt wurde, und betete wahrscheinlich noch inbrünstiger zu Gott.

Aber während dieser Zeit und wegen des Mißtrauens, das hinsichtlich Kasturbais Treue in Mohandas erweckt worden war, durchschritt das junge mißgeleitete Paar eine Periode tiefer seelischer Qual. Mohandas verspottete sie, sagte grobe Dinge zu ihr, um sie zu verletzen, bis hin zu dem Vorwurf, sie sei untreu. Aus unerklärlichem Grund war er so gänzlich beeinflußt von jenem Freund, daß er dessen Glaubwürdigkeit nicht anzweifeln konnte.

Kasturbai ging durch eine Periode der Marter und Qual. Sie wußte, wer hinter diesem Unheil stand. Es war ihr schmerzlich, daß ihr Ehemann ihre Gefühle für ihn bezweifelte, aber sie wußte sich nicht zu helfen. Was konnte sie anderes tun als hoffen und beten, daß der gesunde Menschenverstand die Oberhand gewinne und ihr Mann seine Narretei erkennen werde. Trotz der Eifersüchteleien und nagenden Zweifel in Mohandas‘ Seele machten sie noch Liebe, wobei Kasturbai fortfuhr, eine passive Rolle zu spielen.

Viel später, als er über diese Ereignisse nachdachte, schrieb Mohandas: „Ich habe mir niemals die Gewalt verziehen, deren ich mich schuldig gemacht habe, indem ich meine Frau öfter quälte, weil ich auf seine (des Freundes) Information hin handelte. Vielleicht kann nur eine Hindu-Frau solche Härten ertragen. Und das ist der Grund, weshalb ich Frauen als eine Inkarnation der Duldsamkeit betrachtet habe. Ein Diener, der zu Unrecht verdächtigt wird, kann seinen Dienst aufgeben, ein Sohn kann im selben Fall seines Vaters Haus verlassen, und ein Freund kann der Freundschaft ein Ende setzen. Die Frau wird stillhalten, wenn ihr Ehemann ihr mißtraut. Aber wenn der Ehemann ihr mißtraut, ist sie ruiniert. Wo soll sie hingehen? Eine Hindu-Frau darf nicht vor einem Gericht um Scheidung ersuchen. Das Gesetz hat keine Abhilfe für sie bereit. Und ich kann mir niemals vergessen oder vergeben, meine Frau in jene Verzweiflung getrieben zu haben."

Kasturbai litt im stillen. Sie konnte zu niemandem sprechen, es sei denn, um durch ihr Bekenntnis insgeheim Trost zu finden vor dem Götterbild, das in ihrer Seele das Inbild Gottes war.

In jener Zeit war es üblich, daß junge Ehemänner und -frauen sechs Monate lang im Jahr getrennt wurden. Sobald Kasturbai heim zu ihren Eltern ging, wurde Mohandas von großem Verlangen nach ihr erfüllt. Er schäumte vor Wut, konnte aber kaum mehr tun, um die Sitte zu ändern.

In ihrem 16. Lebensjahr wurde Kasturbai zum erstenmal schwanger. Im selben Jahr erkrankte Karamchand ernstlich. Bald darauf starb er. Er hatte an einer Fistel gelitten, die allen Arzneien trotzte. Ein britischer Arzt empfahl als letzten Ausweg eine Operation, was aber der Hausarzt wegen des Alters und der Schwäche des Patienten verwarf. Karamchand wurde immer schwächer und schließlich bettlägerig. Man überließ es Mohandas und dessen Mutter, ihn zu pflegen. Mohandas bekennt, daß er seine Gedanken nicht von seiner Frau, die im Schlafzimmer auf ihn wartete, abwenden konnte, während er ehrerbietig seine Pflicht dem Vater gegenüber erfüllte. Geschlechtsverkehr während der Schwangerschaft wird von der religiösen, medizinischen und sozialen Ethik verboten. Aber das waren unwesentliche Erwägungen für einen Jungen von 16 Jahren. Die brennende sexuelle Begierde war überwältigend, so daß er jede Nacht ungeduldig auf seines Vaters Erlaubnis wartete, das Zimmer zu verlassen.

Mohandas erinnert sich lebhaft jener Nacht, in der sein Vater starb. Wie üblich hatte er den ganzen Tag über und den Abend hindurch bei ihm gesessen. Einige Tage vorher war sein Onkel von Porbandar eingetroffen. Als er die Neuigkeiten über die ernste Erkrankung seines geliebten Bruders vernahm, entschloß er sich, an der Seite des leidenden Bruders zu bleiben, dem er sich so sehr verbunden fühlte.

Offenbar gab es keine Anzeichen dafür, daß es mit Karamchand rasch zu Ende ging. Wie üblich hatte er sein bescheidenes Abendmahl eingenommen. Danach lag er zu Bett. Mohandas saß ihm zur Seite und massierte seine Beine, die vor Schwäche schmerzten. Mohandas führte seine Aufgabe ehrfürchtig aus. Da sie aber keine besondere Geschicklichkeit erforderte, waren seine Gedanken durch die verschiedensten Gegenstände in Anspruch genommen.

Die Nacht schleppte sich dahin, einer nach dem anderen zog sich zurück. Kasturbai war bereits in ihr Schlafzimmer gegangen. Mohandas saß an der Seite seines Vaters und versuchte, sich all die Dinge vorzustellen, die er zu tun pflegte, bevor er sich schlafen legte. Er empfand ein Verlangen nach ihr und war gespannt, ob er noch zu ihr kommen könne, bevor sie eingeschlafen war.

Der Gedanke daran ärgerte ihn. „Wie kann sie einschlafen, während ich noch hier draußen bin?" fragte er sich. „Sie täte besser daran, auf mich zu warten. Andernfalls wecke ich sie auf."

Die Zeit verrann. Er fragte sich, ob sein Vater ihm jemals erlauben würde, das Zimmer zu verlassen. „Was ist, wenn er in Schlaf gesunken ist?" dachte er.

Sein Onkel saß in einem Stuhl in der Nähe des Bettes. Wenn er gekommen war, hatte er stets im selben Zimmer wie sein Bruder geschlafen für den Fall, daß er in der Nacht etwas brauchte. Es gab auch einen Diener, der für Notfälle erreichbar sein sollte. Er schlief außerhalb des Zimmers.

Hätte man geahnt, daß sein Vater binnen einer Stunde sterben würde, niemand wäre schlafen gegangen, alle wären an seinem Bett geblieben, und auch die Ärzte wären herbeigerufen worden.

Es war gegen 10 Uhr nachts, daß Karamchand seine Augen öffnete und mit undeutlicher Stimme sagte: „Das wär's für heute, mein Sohn, Du kannst zu Bett gehen!"

Das war es, worauf Mohandas seit etwa einer Stunde gewartet hatte. Er stand auf, zog die Laken über die Beine seines Vaters und sagte: „Gute Nacht!" Er verabschiedete sich auch von seinem Onkel und ging dann geradewegs in sein Zimmer.

Kasturbai war rasch eingeschlafen. Sie war von der Arbeit und auch wegen ihres Zustandes erschöpft. Ihr schmächtiger Körper, im Bett zusammengerollt, erfüllte Mohandas mit unwiderstehlichem Verlangen nach ihr, aber ebenso mit einem Anflug von Zorn. „Wie konnte sie ohne mich einschlafen", dachte er.

Er weckte sie auf, zog sich aus und huschte schleunigst unter die Dekken. Kaum hatte er damit begonnen, sein schönes und begehrenswertes Weib zu liebkosen, als es an der Tür klopfte.

„Was gibt es?“ rief er laut und ungeduldig.
„Komm schnell! Vater ist nicht mehr“, drängte ihn der Diener.
Im Rückblick glaubt Mohandas, er hätte die Ehre gehabt, dem sterbenden Vater zur Seite zu stehen, wenn es da nicht die Lust auf sein Weib gegeben hätte. Er konnte dieses Schuldgefühl sein ganzes Leben lang nicht abschütteln. Inder haben einen ausgeprägten Sinn für Liebe und Achtung des Kindes gegenüber den Eltern, die oft bis ans Unglaubliche und Lächerliche grenzt. 99 Prozent der Inder leben wie Mohandas mit dem bedrückenden Schuldgefühl, sie hätten während der letzten Augenblicke ihrer Eltern nicht an deren Bett gesessen. Sie glauben, sie seien unfähig gewesen, sich um sie zu kümmern oder ihnen das Glücksgefühl zu geben, das sie verdienten.
Dies war eine entsprechende Situation. Und wenn Mohandas meint, er hätte an der Seite seines Vaters gewesen sein können, wenn es nicht wegen Kasturbai anders gekommen wäre, so stimmt auch das Gegenteil: Er hätte sein sexuelles Verlangen befriedigt haben und zu Bett gegangen sein können, glücklich bei dem Gedanken, daß er seinen Vater einen weiteren Tag lang wohl betreut hat und dies morgen ebenso tun werde.
In welchem Umfang sein Schuldgefühl sein Leben mit Kasturbai beeinträchtigt hat, ist nicht bekannt. Aber es spielte eine bedeutende Rolle für seinen späteren endgültigen Entschluß Brahmacharya (volle Enthaltsamkeit) zu üben.
Wenn Mohandas auch dann mit Kasturbai verkehren wollte, als sie schwanger war, war sie nicht in der Lage, ihm das zu verweigern. In einer ungleichen, vom Manne dominierten Partnerschaft wird die Unpäßlichkeit der Frau selten in Betracht gezogen, es sei denn, sie habe ihre Tage. Doch diese Passivität Kasturbais gleicht ihre militante Art aus, mit der sie sich seinen früheren Anordnungen gegenüber, das Haus nicht ohne seine Genehmigung zu verlassen, verweigerte.
Zutreffend ist auch, daß sie während ihrer ersten Schwangerschaft sexuellen Kontakt gehabt haben müssen, denn das Kind starb bald nach der Geburt. Man kann nur zwei Schlußfolgerungen wagen: Entweder mochte Kasturbai den Geschlechtsakt genauso sehr wie Mohandas, auch wenn sie es nicht zeigte. Oder ihr war Mohandas‘ früherer glückloser Besuch bei einer Prostituierten gegenwärtig, und sie fürchtete, er könne solcher Gewohnheit anheimfallen, wenn sie ihm das körperliche Vergnügen verweigerte.

Kasturbai war schlank, schmächtig und sehr schön, aber sie war auch robust und gesund. So gibt es keinen Grund, weshalb sie mit 17 Jahren nicht ein normales sexuelles Verlangen gehabt haben sollte.
Es war nicht ihr Fehler, daß sie in sechs Monaten tun mußten, was andere während eines ganzen Jahres taten. Mohandas stellt fest, daß sie in den ersten fünf Jahren ihrer Ehe nur insgesamt zweieinhalb Jahre zusammenlebten, da es für ein Mädchen Brauch war, die Zeit zwischen dem Haus ihres Mannes und dem ihrer Eltern aufzuteilen. Wenn etwas, dann diente nur dieses Zusammenraffen des sexuellen Verlangens von einem Jahr auf ein halbes Jahr dazu, Mohandas den irrigen Eindruck zu vermitteln, er sei abnorm wollüstig, wofür er sich ein Leben lang bestrafte.
Mit 16 Jahren Mutter zu sein und das Kind binnen weniger Tage zu verlieren, muß für das junge Mädchen ein seelisch erschütterndes Erlebnis gewesen sein. Aber sie war gut genug erzogen, um solche persönlichen Verluste, so schmerzhaft sie auch waren, nicht ihr Familienleben beeinträchtigen zu lassen. Sie bewältigte den Verlust und hat, soviel man weiß, nie in ihrem Leben etwas darüber gesagt.
Beide erkannten, daß es ein hoher Preis für ein wenig Unüberlegtheit war. „Wenn wir nur vorsichtiger gewesen wären!" jammerten sie einander vor. Manche Lektionen mußten erlernt werden. Dies war eine davon. Bald jedoch, mitten im 17. Lebensjahr, war sie erneut schwanger. Diesmal machten sie keinen Fehler. Ein Knabe wurde geboren.
Im Hause Gandhi brach ungeheure Freude aus. Die Geburt eines Sohnes, eines Erben, bot Anlaß zum Feiern. Unter Freunden und Verwandten wurden Süßigkeiten verteilt. Zu Hause wurde ein Fest vorbereitet. Am sechsten Tag nach der Geburt wurde im Rahmen einer komplizierten religiösen Zeremonie der Knabe auf den Namen Harilal „getauft" — der Sohn Gottes.
Hindus Glauben, daß Gott am sechsten Tag nach der Geburt den Lebenslauf festlegt, der dem jungen Leben vorbestimmt ist. So muß dem Kind ein Name gegeben werden, was Gott hilft, dessen Persönlichkeit festzustellen.
Kasturbai wurde in ihrem Leben aufgerufen, zahlreiche Opfer zu bringen. Dazu gehört auch dasjenige ihres ersten Kindes Harilal.

3. Kapitel

Die erste Trennung — Das Studium in England

Bald nach der Geburt Harilals bereitete sich Mohandas darauf vor, nach England zu gehen. Er hatte seine Reifeprüfung abgelegt und versucht, am College in Bhavnagar zu studieren, aber die Unterrichtsstunden waren zu schwierig. Er konnte nicht damit zurechtkommen und kehrte deshalb nach Abschluß des ersten Semesters nach Rajkot zurück, wo er sein Unvermögen zur Fortsetzung seines Studiums erläuterte.

Kasturbai war glücklich, ihn wieder dazuhaben. In der Zurückgezogenheit ihres Zimmers tadelte sie ihn dafür, daß er nicht in der Lage war, seine Studien fortzusetzen. „Ich weiß", sagte sie scherzhaft, „Du wärest nicht fähig, von zu Hause weg zu sein." Gutaufgelegt erwiderte Mohandas: „Ja, wie könnte ich!"

In diesem Augenblick ahnte noch keiner von beiden, daß sie bald für lange Zeit getrennt sein sollten und daß sie beide künftig langen Trennungszeiten ausgesetzt sein würden.

Der Gedanke, nach England zu gehen, stammte nicht von Mohandas oder einem Mitglied seiner Familie. Schon Mohandas nach Bhavnagar zu schicken, das knapp 100 km von Rajkot entfernt liegt, war eine finanzielle Anstrengung für sich. Wie konnte man jemals an England denken! Abgesehen von dem Mangel an Mitteln, man tat das nicht. Ein Mitglied einer orthodoxen Hindu-Familie konnte nicht einmal davon träumen, den Ozean zu überqueren und befleckt zu werden von der Berührung mit einer fremden Gesellschaft und ihrer andersartigen Kultur.

Ein alter Freund der Familie, Mavji Dave, der auch nach dem Tode Karamchands der Familie verbunden blieb, empfahl, Mohandas die Rechte studieren zu lassen. Dave war ein weitherziger und weitblickender gebildeter Brahmane. Er schätzte es, mit der Zeit zu gehen. Seinen eigenen Sohn hatte er bereits zur Ausbildung nach Übersee geschickt.

Seine Begründung war: Mohandas sei der einzige unter den Brüdern, der die Ministerpräsidentschaft des Staates anstreben könne. „Vorbei sind die Tage", sagte er, „da die Leute solche Ämter dank ihrer Geburt festhalten können. Falls er wünscht, in die Fußtapfen seines Vaters zu treten, muß er ausgebildet werden."

Eile sei geboten, betonte er. Es gebe viele junge Leute, die ausgebildet und sich bald für Karamchands Posten bewerben würden.
Seine Argumente waren vernünftig und logisch. Putlibai, Mohandas' Mutter, wurde hin- und hergerissen zwischen ihren orthodoxen Überzeugungen und der Versuchung, das ehrenwerte Amt des Premierministers in der Familie zu halten.
Aus verschiedenen Gründen wurde auch Kasturbai in Unruhe versetzt. England war etwas, worüber sie niemals gehört hatte. Dennoch sollte sie ihren Mann zu solch entferntem und unbekanntem Land weggehen lassen? Wenn er schon im eigenen Land einer schlechten Person zum Opfer fallen konnte, was würde ihm erst widerfahren, wenn er so weit weg war? Wer würde ihn beschützen? Wer würde sich um seine Bedürfnisse kümmern? Tausend Gedanken gingen ihr durch den Kopf. Aber mit wem konnte sie sprechen, und wer würde sie trösten?
„Ich bange um Dich, wenn Du von hier weggehst", weinte sie in Mohandas' Armen.
„Du darfst keine Angst haben!" tröstete er sie. „Ich selbst werde auf mich achten und bald zurückkommen."
Die Beruhigung war ein geringer Trost für Kasturbai. Fürs erste verwünschte sie sich selbst, weil sie nicht Lesen und Schreiben gelernt hatte. „Wie kann ich mich mit ihm verständigen?" fragte sie sich. Doch wußte sie, daß sie dazu nicht in der Lage wäre, auch wenn sie gelernt hätte zu schreiben. Es wurde als äußerst seltsam angesehen, wenn eine Frau private Mitteilungen von ihrem Mann erhielt oder an ihn sandte. Man tat das damals nicht.
Kasturbai weinte oft leise bei dem Gedanken an seine lange Reise ins Unbekannte. Trennung konnte sie ertragen. Als beschlossen war, daß Mohandas in Bhavnagar studiert, hatte sie sich gedanklich damit abgefunden, getrennt zu leben. Er war wenigstens in der Nähe und konnte einmal im Monat, zumindest alle zwei Monate einmal kommen. Mit England war das völlig anders. Er würde für eine Reihe von Jahren weg sein.
Was Kasturbai offenbar am meisten beunruhigte, war sein Ausgeliefertwerden an eine fremde Kultur. Sie hatte keinerlei Erfahrung mit dieser Kultur, aber das wenige, das sie wußte und gesehen hatte, gefiel ihr nicht. Hinter ihren Gedanken stand auch die Angst, daß Mohandas ihr gänzlich entfremdet sei, wenn er von England zurückkäme, da er bereits etwas enttäuscht war, weil sie nicht lesen und schreiben konnte.

Was würde sie dann tun? Der Gedanke stimmte sie traurig. In ihrem Herzen hoffte sie, Putlibai würde sich nicht erweichen lassen.
Obwohl bereits Mutter, war Kasturbai erst 18 Jahre alt. Sie hatte keinerlei Ausbildung und stammte aus einem wohlbehüteten Haus. Doch als sie erkannte, daß sie kaum eine Chance hatte, die Entscheidung im Hause zu beeinflussen, entschloß sie sich, sie gelassen zu tragen, und hoffte, Mohandas werde nicht von einem Wirbelwind hinweggetragen. Kasturbai hatte Vertrauen zu sich selbst. Ihr Glaube an Gott war unerschütterlich. Sie wußte, Mohandas würde behütet sein, und was immer für eine Lage später eintreten werde, sie würde damit fertig werden.
Seit der Abreise Mohandas' wurden ihre Nächte lang und einsam. Sie dankte Gott für den kleinen Harilal, der sie beschäftigt hielt. Mit dem Baby und der Hausarbeit hatte sie den ganzen Tag genug zu tun, aber die Leere, die durch Mohandas' Abwesenheit entstanden war, schien ihr unerträglich zu sein.
Noch schlimmer war, daß sie ihm nicht einmal schreiben konnte, daß sie ihre Gedanken und Gefühle keinem Tagebuch anvertrauen konnte, was oftmals eine gute Methode ist, um von emotionalen Spannungen frei zu werden. Seine Briefe waren an seinen Bruder adressiert. So waren die Nachrichten, die bis zu ihr durchdrangen, nur jene, die ihre ältere Schwägerin ihr übermittelte. Sie wagte es nicht, Mutter oder Bruder zu fragen, was Mohandas geschrieben habe.
Nach Karamchands Tod hatte sich der Lebensstil der Gandhi-Familie wesentlich verändert. Der Premierminister des Staates hatte Heim und Leben seiner Stellung angepaßt. Man hatte zahlreiche Besucher, viel Unterhaltung und ein sorgenfreies Dasein. Mit Karamchands Tod war all dies vorbei. Obwohl sie weiterhin dasselbe Haus besaßen und in geschlossener Familie lebten, hatten sie doch nicht viel Besuch und kaum Vergnügungen. Die älteren Brüder hatten es in der Tat schwer, hinreichend Geld zu verdienen, und die Lage wurde noch kritischer, als sie eine größere Anleihe aufnehmen mußten, um Mohandas' Passage nach England, seine Studien und seinen Aufenthalt dort zu finanzieren.
Normalerweise hätte der Regent des Staates einem der Söhne Karamchands in Würdigung dessen langer und ehrenvoller Dienste einen wichtigen Posten, wenn nicht sogar den des Ministerpräsidenten selbst gegeben. Aber es waren keine normalen Zeiten. Die Engländer hatten bereits weite Teile Indiens kolonisiert und in jedem Fürstenstaat einen „Residenten" ernannt, der den Regenten „beriet". Der „Resi-

dent“ war genau genommen der De-facto-Herrscher des Staates. Er bestand ausnahmslos darauf, daß wichtige Stellungen mit gebildeten Persönlichkeiten besetzt wurden, vorzugsweise mit solchen, die Englisch beherrschten. Das machte es leichter, mit ihnen zu verkehren, das war der Hauptgrund. Ob die Person geeignet war oder nicht oder ob sie Beziehungen zu den Menschen herstellen konnte, mit denen der „Resident“ es zu tun haben würde, war von sekundärer Bedeutung. Im Grunde genommen waren die indischen Untertanen für die Briten eine Art Hammel-Herde. Sie bedurften keiner Achtung und keiner Erwägung.
Keiner von Karamchands Söhnen konnte sich daher für eine Stellung in der Staatsverwaltung qualifizieren. Darum hatten sie ihre Hoffnung auf Mohandas gesetzt. Bis er soweit war, schlugen sie sich mit bescheidener Lebensführung durch.
Drei Jahre gingen ins Land, in denen Kasturbai einer Tragödie beiwohnte, von der Mohandas nichts wußte, bis er nach Indien zurückkam. Putlibai, Mohandas' Mutter, war gestorben. Mohandas war der jüngste und ihr am nächsten stehende Sohn, aber die Familie entschied, es gebe keinen Anlaß, ihn über den Tod zu informieren, da er allein in einem fremden Land und niemand in der Lage war, ihn in seinem Gram zu trösten.
Kasturbais Einsamkeit wurde noch größer. Unter den Fittichen ihrer Schwiegermutter hatte sie sich sicher und beschützt gefühlt. Nun war auch sie nicht mehr an ihrer Seite. Sie wartete geduldig auf Mohandas' Rückkehr, damit er die Sorge für eine Familie übernehmen konnte, die sich in raschem Zerfall befand.
Am 18. Juni 1891 bestand Mohandas sein juristisches Examen, am folgenden Tag wurde er im High Court von London als Mitglied aufgenommen. Ohne weitere Zeit zu verlieren reiste er dann, mit kurzem Zwischenaufenthalt in Paris, um dort die Weltausstellung zu besuchen, nach Hause. Es blieben eine Menge guter Freunde und seltsamer Erinnerungen zurück.
Er war nicht gerade begeistert bei dem Gedanken, heimzukehren, um die Verantwortung zu übernehmen, die man von ihm erwartete. Er fühlte sich noch unzulänglich. Er sah ein, daß er noch nichts über Indisches und Moslem-Recht wußte und noch nicht die Kunst kraftvoller öffentlicher Rede beherrschte trotz der dreijährigen Übung in England. Jedermann zu Hause, besonders seine Brüder, erwartete, daß er sich den Posten des Diwans in Rajkot oder Porbandar sichern werde. Sollte das

fehlschlagen, würde er zumindest eine gutgehende Anwaltspraxis haben. Die Familie hatte enorme Opfer gebracht, um diesen Tag der Erfüllung zu erleben. Das war für Mohan eine nervenaufreibende Lage, über der er brütete, statt sich der langen, angenehmen Seereise zu erfreuen.
Am Ballard Pier in Bombay erwartete ihn sein älterer Bruder. Er konnte seinen jüngeren verwestlichten Bruder in dessen englischer Ausstattung kaum wiedererkennen. So hatte seine Freude, Mohandas wiederzusehen, einen Anflug von leichter Besorgnis. „Wird er sich wieder unserer östlichen Lebensart anpassen können?" fragte sich Laxmidas.
„Wie geht es Mutter?" wollte Mohandas sogleich wissen, nachdem er seinen älteren Bruder begrüßt hatte. Aber Laxmidas wehrte die Frage ab und begleitete Mohandas zum Hause eines Freundes in Bombay.
Auf dem Wege heim nach Rajkot brachte dann Laxmidas die traurigen Neuigkeiten seinem Bruder schonend bei. „Mutter ist nicht mehr", sagte er, „sie starb letztes Jahr. Wir wollten Dir in dem fremden Land kein Leid zufügen mit diesen traurigen Nachrichten", erklärte er.
Mohandas war sprachlos vor Schreck. Der Kummer überwältigte ihn. „Die meisten Hoffnungen, die ich hegte, sind zerschlagen", schrieb er. Aber er wußte, daß es viel zu tun gab. Der Tod seiner Mutter hatte noch größere Verantwortung auf seine Schultern geladen. Er nahm sich zusammen und fügte sich still dem wohlgemeinten Rat seines Bruders.
Da war das Problem der Wiederaufnahme in die Kaste. Um seinetwillen sorgte er sich nicht sehr um das Ritual, aber er mußte es für die Familie tun, die aus der Modh Vania Kaste ganz ausgeschlossen worden war, weil man ihn unterstützt und begünstigt hatte.
Die Kasten-Ältesten legten ihm nahe, zur Buße und Versöhnung ein Bad im heiligen Fluß zu nehmen und die Kastenangehörigen zum Essen einzuladen. Das erschien Mohandas zwar als dummes Zeug, aber seine älteren Brüder redeten ihm gut zu. So wurde die Familie wieder zugelassen.
Bezweifelte Mohandas nach seiner Rückkehr von England auch seine Fähigkeit, ein hohes Amt zu begleiten oder Geld zu machen, so war er doch entschlossen, Kasturbai zumindest im Lesen und Schreiben zu unterrichten. Kasturbai erschien es, als ob sie die Lebensfäden dort aufnehmen würde, wo sie sie vor drei Jahren liegengelassen hatten. Erneut begannen ihre Auseinandersetzungen. Ihr völliges Unwissen und ihr darin begründetes Unvermögen, die Würde seines Berufs zu begreifen, nagten an ihm. Kasturbai indessen erschien die Kluft, die sie trenn-

te, nun, nach seiner Ausbildung in England, nicht geringer als jene, die als Kinder zwischen ihnen war. Wie damals bezauberte ihn auch jetzt ihre Schönheit, konnte er nichts gegen ihr offenkundiges Mißfallen gegenüber den Unterrichtsstunden machen. Kasturbai fuhr fort, ihre passive Rolle zu spielen.

Der Familie war klar, daß Mohandas mit westlichem Gehabe und westlich gekleidet zurückkehren und bestrebt sein würde, die altindische Atmosphäre daheim zu verändern. Sein älterer Bruder Laxmidas, der seinen hochgebildeten Bruder beschwichtigen wollte, hatte seine Frau ersucht, so etwas wie westliche Atmosphäre im Hause zu verbreiten. So fingen sie damit an, die Mahlzeiten statt auf dem üblichen Messinggeschirr auf China-Porzellan zu reichen. Aber das stellte Mohandas noch nicht zufrieden. Er wollte englischen Kakao und Haferbrei zum Frühstück und trug weiterhin gut gebügelte westliche Hosen und Hemden mit steifen Kragen.

Kasturbai sagte er, ihr Sohn Harilal solle künftig wie ein englisches Kind erzogen und auch alle anderen Kinder im Haus sollten abgehärtet und widerstandsfähig gemacht werden. Er arbeitete einen Stundenplan für Übungen aus und begann damit, die Kinder allmorgendlich zu unterweisen. Kasturbai sagte nichts. Wenn er es so wollte, gab es für sie keinen Grund zu protestieren. Sie war in der Tat glücklich, daß er ihr für die Dauer der Übungen Harilal abnahm.

Für kurze Zeit war Mohandas frei von der Angst, seinen Lebensunterhalt verdienen zu müssen. Nach einer langen Arbeitszeit in England war er zurückgekehrt und verdiente es, das Leben leicht zu nehmen. Ein paar Wochen später machte ihm Kasturbai seine Verpflichtungen gegenüber der Familie bewußt. In der Intimsphäre ihres Schlafzimmers sagte sie ihm, daß seine Brüder von ihm erwarteten, zu den Haushaltsausgaben beizutragen. Die waren dank der Neuerungen, die Mohandas eingeführt hatte, noch größer geworden.

Trotz der drei Jahre Arbeit in England, fürchtete Mohandas, sei er noch immer untauglich für das Berufsleben. „Wer wird töricht genug sein", teilte er vertraulich mit, „eine Person wie mich zu beschäftigen, die nicht einmal das Wissen eines Justizsekretärs hat?" Kasturbai tröstete ihn und bat ihn dringend, den Rat seines älteren Bruders und den von Freunden zu suchen: „Sie werden Dir gewiß für den Anfang helfen."

Während er sich über sein Problem Klarheit verschaffte, war Kasturbai wieder einmal schwanger. Und wiederum sollten sie getrennt werden.

Alle schienen zu glauben, Mohandas sei zu hochgebildet, um in Rajkot oder Porbandar zu arbeiten. Selbst die Hoffnung auf Übernahme des Amtes des Premierministers des Staates wurde vereitelt, denn die Familie hatte den Kontakt zum Fürsten und zu dem englischen Residenten verloren.
Mohandas selbst hatte einen peinlichen Wortwechsel mit dem englischen Residenten von Porbandar. Er war ihm in London begegnet, wo sich beide miteinander bekannt gemacht hatten. Dieser Mann war jetzt wütend auf Laxmidas, der nach Ansicht des Engländers dem Rana falschen Rat erteilt habe. Da Laxmidas seinen Lebensunterhalt vorwiegend vom Staate Porbandar bezog, bat er seinen jüngeren Bruder inständig, seinen Einfluß bei seinem englischen „Freund" zu nutzen. Mohandas war zurückhaltend. Er war nicht sicher, ob er diese Freundschaft für solche Zwecke nutzen konnte. Doch er brachte es nicht übers Herz, die erste Bitte seines älteren Bruders abzuschlagen.
Wie vorauszusehen war, wurde der Engländer rüde und beleidigte Mohandas. Er donnerte heraus, Laxmidas sei ein Intrigant und könne keine Arbeit vom Staat Porbandar erwarten. Dann befahl er, Mohandas aus dem Hause zu werfen. Mohandas war ärgerlich. Er schrieb seinem „Freund" und forderte ihn auf, sich zu entschuldigen. Andernfalls werde er ihn verklagen.
Mohandas wußte nichts von den Methoden der Kolonialherren. Seine Freunde rieten ihm, die Sache nicht weiter zu verfolgen. Die ganze Angelegenheit würde besser vergessen. Vor diesem Hintergrund kam es dann dazu, daß Mohandas nach Bombay abreiste, um herauszufinden, ob er den Traum der Familie, ein erfolgreicher Advokat zu werden, erfüllen könne. Aber dem sanften und frommen Mohandas war es nicht beschieden, sich dort auch durchzusetzen. Als ihm nach sehr viel Kampf ein Fall übertragen wurde, war er im Gerichtssaal stumm vor Verlegenheit, als er mit seinem Plädoyer an der Reihe war. Alle lachten über seine Verwirrung, er selbst entfloh dem Gericht in großer Verlegenheit. Das schien das Ende seiner Karriere zu sein. Er arbeitete hart, um sie zu einem Erfolg zu führen, aber niemand traute ihm, daß er Wort hielt.
Laxmidas hatte seine eigenen Probleme. Es war schwierig genug, das Haus in Porbandar zu halten. Beinahe unmöglich wurde es, für den Aufenthalt Mohandas' in Bombay Geld aufzubringen. Er bat Mohandas dringend, zurückzukommen und sein Glück in Porbandar oder Rajkot zu versuchen, selbst wenn das hieß, die Arbeit eines Sekretärs zu verrich-

ten. Mit Mißerfolg, der sich über ihm auftürmte, kehrte Mohandas zurück. Bald danach gebar Kasturbai ihren zweiten Sohn Manilal.
Die Geburt Manilals wurde mit den herkömmlichen religiösen Festlichkeiten begangen. Süßigkeiten wurden verteilt und feierliche Bräuche vorgeführt. Mitten in der Freude spürten Mohandas und Kasturbai jedoch ernste Besorgnis. Hier gab es eine Seele mehr, für die gesorgt werden mußte. Das zwang Mohandas nur um so mehr, Brotarbeit zu finden.
Nach wochenlangen Bemühungen wurde er schließlich von einer armen Bäuerin bevollmächtigt, sie zu vertreten. Sie wollte die Grundsteuer erlassen oder zumindest ermäßigt bekommen. Die Steuer bringe sie um. Die Fürsten und die Krone nahmen mehr als zwei Drittel der Produktion weg. Den Bauern verblieb so wenig, daß sie Schwierigkeiten hatten zu überleben. „Sie sind unsere einzige Hoffnung", machten sie geltend. Mohandas war bewegt. Er übernahm den Fall in erster Linie als Herausforderung, um sein Können zu prüfen, sodann, weil er die Sache als solche wertvoll fand.
Er gab sich große Mühe, mit dem politisch zuständigen Engländer zusammenzutreffen, doch ohne Erfolg. Er wurde ersucht, mit dem indischen Verwaltungsbeamten Vorlieb zu nehmen. Mohandas erläuterte diesem den ganzen Fall, aber der Mann war überheblicher und unnachgiebiger als der Engländer. Er hätte Mohandas beinahe aus seinem Büro gejagt.
Mohandas war wieder gescheitert. Die Last wurde erdrückend, und er verzweifelte jetzt. „Was soll ich tun?" klagte er.
Dann kam aus heiterem Himmel ein Brief von Porbandar. Er stammte von zwei Moslem-Geschäftsleuten, die alte Freunde des Hauses Gandhi waren. Sie hatten von Mohandas und seiner Qualifikation als Rechtsanwalt gehört. Sie glaubten, er könne ihnen beim Durchfechten einer Sache in Südafrika nützlich sein. Er könnte ihre dortigen Anwälte beraten. Seine Bezahlung werde sich auf 105 Pfund Sterling belaufen zuzüglich einiger Spesen, sogar einer Hin- und Rück-Passage in der Ersten Klasse nach Südafrika.
Das war eine einzigartige Gelegenheit für einen in bedrohlicher Lage, dessen Umstände schlechter waren als diejenigen eines hungernden Menschen in der Wüste. Er wußte zwar wenig über Südafrikanisches Recht, aber irgendwie fühlte er sich beruhigter, dort zu arbeiten als in Indien. Obwohl es eine weitere Trennung von der Familie und insbeson-

dere von Kasturbai bedeutete, entschied er sich für die Annahme des Angebots.
Er konnte das Angebot nicht zurückweisen, obwohl er wußte, daß er eher als ein herausgeputzter Angestellter einer Handelsgesellschaft denn als qualifizierter Anwalt dorthin ging. 105 Pfund waren damals kein großes Gehalt, aber es würde ihn zumindest in die Lage versetzen, seinen Brüdern etwas Geld als Beitrag zu den Haushaltskosten zu senden. Und dann dachte er insgeheim an das Versprechen, das er seiner Mutter und seinen Brüdern gegeben hatte. Mit einer englischen Ausbildung erwartete man, daß er sich durchsetzen werde.
Noch einmal gab es den Trennungsschmerz. Kasturbai war rasch von der Notwendigkeit überzeugt, daß er gehen mußte. Sie machte ihm Mut, den Entschluß zu fassen. Er schrieb jedoch den Moslem-Freunden und fragte: „Wie lange, nehmen Sie an, werde ich von hier abwesend sein?" Sie rechneten damit, daß das ganze Geschäft innerhalb eines Jahres abgewickelt sei. Dies war ein Trost.
Noch empfand er die Trennung schrecklich. Er hinterließ eine Frau und zwei Söhne. Trotz ihrer häufigen Streitereien wegen ihrer Weigerung, sich unterrichten zu lassen, und des Gefühls, daß sie nicht, wie die englischen Damen, denen er begegnete, zu der von ihm gefundenen neuen Gestalt paßte, liebte er sie innig. Es fiel schwer, sie wiederum um einer weiteren unsicheren Zukunft in einem unbekannten Land willen zu einem Zeitpunkt zu verlassen, da seine Stimmung auf dem Tiefstand war. Als sein Schiff von Bombay aus in See stach, fragte er sich, was seine Mutter wohl über sein Weggehen als Sekretär in ein fremdes Land gedacht hätte, nachdem ihre Träume, ihn als nächsten Diwan von Porbandar oder Rajkot zu sehen, vereitelt waren. Er wußte, ihr wäre das Herz zerbrochen, schon wegen der vielen Opfer, die sie gebracht hatte. Von daher war Mohandas froh, daß sie seine traurige Lage nicht mehr mitansehen mußte.

4. Kapitel

Die zweite Trennung — Südafrika. Mohandas setzt sich durch

Für Kasturbai begann eine weitere lange, einsame Nachtwache. Sie hatte sich um die zwei Söhne zu kümmern, mit denen sie von den älteren Brüdern Mohans unterstützt wurde. Es quälte sie, daß ihr Mann, der Befähigteste unter den Brüdern und einer, auf den die ganze Familie ihr Vertrauen gesetzt hatte, sich draußen noch nicht durchsetzen konnte. Sie fing an, sich zu fragen, ob er es jemals könnte.

Regelmäßig ging sie zum Haveli-Tempel und betete für Mohandas und ihre zwei Kinder. Es waren unruhige Zeiten für sie. Es war nicht leicht, von Laxmidas abhängig zu sein, zumal sie wußte, daß er selbst mit seinem kleinen Einkommen und einer hohen Verschuldung, die aufgenommen worden war, um Mohandas Geld nach England zu schicken, und nun zurückzuzahlen war, harten Zeiten gegenüberstand. Sie versuchte, mit ganz wenig Dingen auszukommen. Sie band sich durch Gelübde wie zum Beispiel ein- oder zweitägiges Fasten pro Woche. Ihre Begründung lautete: die Religion ermahne sie zum Fasten. In Wahrheit empfand sie so: „Je weniger wir verbrauchen, um so mehr erleichtern wir dem Bruder die Bürde."

Alle wußten, daß der Auftrag für Südafrika Mohandas' letzte Chance war. Falls es ihm nicht gelang, sich durchzusetzen, würden sie alle verloren sein. Diese Befürchtungen sprach keiner aus, aber sie beherrschten die Gedanken jedes einzelnen von ihnen.

Kasturbai wußte, welche Last ihr Mann trug. Sie wollte ihm helfen, sie zu tragen, aber sie fühlte sich dazu nicht in der Lage. Traurig empfand sie, daß ihr Mann ganz allein in einem fremden Land sein mußte zu einer Zeit, da er sie, davon war sie überzeugt, so nahe wie möglich bei sich gebraucht hätte. Sie konnte ihm auch nicht schreiben, um ihm in seinem Kampf Mut zu machen. Sie tat das nächstbeste: Sie betete inbrünstig und war gewiß, Gott werde ihre Botschaft zu ihm bringen.

Für Mohandas waren die ersten Eindrücke und Erfahrungen in Südafrika nicht ermutigend. War er dabei, erneut zu scheitern? Er war bestürzt durch das, was er sah. Als sein Schiff in Durban landete, stand er auf Deck und konnte sofort das Rassenvorurteil wahrnehmen, das bei den Weißen bestand. Es war so aufdringlich, daß er nicht erst an Land zu

gehen brauchte, um es festzustellen. Das war ein schlechter Anfang. Er war nicht einer, der sich mit Demütigungen abfindet, so sanft und fügsam er auch sein mochte.
Er spürte auch die seltsamen Blicke, die seine Moslem-Angestellten ihm zuwarfen, als er schließlich von Bord ging. Seine unmännliche Kleidung und seine einwandfrei englische Art vermittelten ihnen den Eindruck, daß er dabei war, ein „weißer Elefant" zu werden. Sie hatten erwartet, daß ein verzweifelt arbeitsloser Sekretär kommt, der bereitwillig mehr Arbeit tut, als von ihm gefordert wird.
Auch Mohandas' erster Tag in einem Gericht in Durban war nicht sehr ermutigend. Er trat mit seiner indischen Kopfbedeckung, die er nicht aufgegeben hatte, obwohl er westliche Bekleidung trug, in den Gerichtssaal. Im seltsamen Kontext Südafrikas war das Privileg, im Gerichtssaal eine Kopfbedeckung zu tragen, nur Weißen und Moslems vorbehalten. Mohandas war beides nicht. Der Richter befahl ihm, sie sofort abzusetzen.
Das war für Mohandas demütigend. Er verließ das Gericht und schrieb einen Protestbrief an den Herausgeber der Lokalzeitung. Die Kontroverse verbreitete sich wie ein Buschfeuer. Viele Hindus und Moslems unterstützten ihn. Mohandas gewann seine erste Schlacht. Aber es sollten noch weitere Demütigungen folgen, die die Schlacht um die Kopfbedeckung („Battle of the Pugree") zur Bedeutungslosigkeit verblassen lassen.
Binnen einer Woche seit Ankunft in Südafrika war er von Reue überwältigt und fragte sich, wie er Kasturbai gegenübertreten und ihr sein Versagen mitteilen könne. Er war sicher, daß er für immer verloren war.
Er hatte seine erste Reise nach Pretoria, dem heutigen Regierungssitz von Südafrika, angetreten. Sie entpuppte sich als ein beängstigendes Erlebnis. Mohandas war der festen Überzeugung, daß ein Mann von seiner Gestalt und Bildung in nicht weniger als der Ersten Klasse reisen sollte.
„Aber in Südafrika geht das nicht!" versuchten seine Moslem-Angestellten ihn davon abzubringen.
„Warum nicht?" fragte Mohandas ungläubig.
„Weil wir Farbige sind und Farbige in Südafrika in der Ersten Klasse nicht zugelassen werden", entgegneten sie.
„Unsinn", erwiderte Mohandas. „Ich bestehe darauf, in der Ersten Klasse zu reisen!"

Abdullah Sheth hatte keine andere Wahl und mußte für Mohandas eine Fahrkarte Erster Klasse kaufen.
Da er noch nie der ganzen Skala rassistischer Demütigungen ausgeliefert war, wußte Mohandas nicht, was das bedeutete. Er war überzeugt, daß seine Angestellten entweder überängstlich oder Pfennigfuchser waren. „Sie wollen wahrscheinlich nicht den Erster-Klasse-Tarif bezahlen“, dachte er.
Der Zug hatte kaum seine lange Nachtfahrt begonnen. Mohandas hatte es sich im Abteil bequem gemacht. Es war kalt, und die Nacht würde lang werden. Er hatte die Fenster geschlossen. Da er allein war, holte er ein Buch hervor und las.
In Pietermaritzburg, etwa 80 km vor Durban, kam ein weißer Südafrikaner in das Abteil. Beim Anblick Mohandas' schreckte er zurück.
„Sie!“ bellte er, „was machen Sie hierdrin?“
Verblüfft durch diese beleidigende Bemerkung, war Mohandas für einige Sekunden sprachlos.
„Wieso? Ich reise nach Pretoria“, stotterte er.
„Wissen Sie nicht, daß Schwarze hier nicht zugelassen sind?“ schrie der Weiße.
„Ich habe eine Fahrkarte Erster Klasse“, sagte Mohandas und griff mit der Hand in die Tasche, um sie dem empörten Weißen zu zeigen.
Für den war es schlimm genug, einen Farbigen in der Ersten Klasse anzutreffen. Aber einen solchen vor sich zu haben, der scharf zurückgibt und auf seinem Recht besteht, war noch schlimmer. Der Weiße war nicht bereit, sich damit abzufinden. Er stürmte aus dem Abteil und suchte den Eisenbahnschaffner.
Auch der Eisenbahnbeamte war nicht bereit, dem Farbigen sein Recht zu gewähren, in der Ersten Klasse zu reisen. Er und der Weiße warfen die Gepäckstücke von Mohandas einfach hinaus, und schließlich packten sie ihn selbst und warfen ihn ebenso hinaus.
In jener kalten, bitteren Nacht saß Mohandas da und fragte sich, wo hinein er geraten war. Alle möglichen Gedanken gingen ihm durch den Kopf. Sollte er die Niederlage hinnehmen und nach Indien zurückgehen? Sollte er hierbleiben und gegen die Ungerechtigkeit kämpfen? Oder, wie die anderen Inder, einfach vergessen, was geschehen war, und sich an die normalen Geschäfte begeben?
Die meisten Inder ignorierten die Beleidigungen und lernten, mit ihnen zu leben. Aber Mohandas konnte das nicht. Er mochte von Natur aus

sanft und fügsam sein, doch konnte er sich nicht mit Ungerechtigkeit, gleich in welcher Form und wo, einfach abfinden. Sich geschlagen geben, war ebenso gegen seine Art. Er hatte weitaus zu oft im Leben versagt. Er dachte an Kasturbai und ihre Ermahnungen: „Wir können nicht so weitermachen. Du mußt anfangen, etwas zu verdienen." Das hatte sie noch gesagt, als er sie verließ.

Obwohl die Familie verständnisvoll und mitfühlend war, wurde sie doch gereizt und ungeduldig. Man hatte so viele Hoffnungen auf Mohandas gesetzt. Nun schien es, als ob keine von ihnen erfüllt werde.

„War es klug, Mohandas um solch hohen Preis nach England zu schikken?" fragte sich jetzt sein Bruder Laxmidas. Er war ein ehrgeiziger Mann. Er wollte Geld, Namen und Ruhm, und er war einst dessen gewiß, daß Mohandas dies alles beschaffen werde. Aber die Fehlschläge nach dessen Rückkehr von England und schließlich die Annahme des Sekretärsposten in Südafrika waren große Enttäuschungen für ihn.

Ganz sicher hatte Kasturbai daheim die Hauptlast dieser Enttäuschungen zu tragen. Die Frauen der älteren Brüder Mohandas' verspotteten sie aller Wahrscheinlichkeit nach wegen der Fehlschläge ihres Mannes, was auch heute noch in jedem indischen Haus gang und gäbe ist. Doch muß festgehalten werden, daß Kasturbai weder den Mut verlor, noch zusammenbrach, wie weit auch die Verhöhnung ging. Sie richtete auch keinen Zorn gegen ihren Mann, was ebenfalls im allgemeinen üblich war. Sie blieb gelassen, und wo immer sich die Gelegenheit ergab, spornte sie ihren Mann an und machte ihm Mut, mit dem fortzufahren, was immer er tun wollte.

Dieses ganze Panorama seines Lebens stand in jener langen, einsamen kalten Nacht in Pietermaritzburg vor seinen Augen, Tausende Meilen entfernt von seinen Lieben. Mohandas erkannte: jetzt oder nie! Und er entschloß sich zu bleiben, seine Arbeit zu tun und die Ungerechtigkeit zu bekämpfen.

Am nächsten Tag gelang es ihm, in einen anderen Zug einzusteigen und Charlestown zu erreichen, wo freilich ein anderer Kampf auf ihn wartete. Diesmal wurde er von einem weißen Rassisten, einem Postkutschen-Beifahrer, tätlich angegriffen. „Du wirst draußen beim Fahrer sitzen, Kuli", wies er Mohandas zurecht. Das machte Mohandas wütend. Er hatte eine ordentliche Fahrkarte mit Reservation und Anrecht auf einen Sitz im Innern der Kutsche wie die anderen weißen Mitreisenden auch.

Aber er befand sich in einem Dilemma. Sollte er nicht weichen und für sein Recht kämpfen, würde die Postkutsche ihn einfach zurücklassen und weiterfahren. Das bedeutete den Verlust noch eines weiteren Tages. Schließlich war er Angestellter eines Geschäftsmannes, und es lag im Interesse seines Arbeitgebers, daß er so schnell wie möglich nach Pretoria gelangte, um bei einem Rechtsfall behilflich zu sein. Seine Zeit wurde von anderen bezahlt, und es wäre nicht fair, wenn er sie damit zubrächte, seine eigenen, persönlichen Schlachten zu schlagen. Für die Inder, die in Südafrika lebten, waren die Beleidigungen ein tägliches Ereignis. Sie hatten gelernt, damit zu leben. Sooft Mohandas seine Schwierigkeiten Indern mitteilte, die sich üblicherweise regelmäßig versammelten, vernahm er erstaunt, daß jeder einzelne von ihnen weitaus grauenhaftere Geschichten über rassistischen Fanatismus zu berichten hatte. Es war klar: Er würde nicht die Sympathie seines Arbeitgebers gewinnen, falls er seine Zeit dafür verwendete, die Krebsgeschwulst von rassischem Vorurteil zu bekämpfen. Davon abgesehen war das Vorurteil in Bezug auf Hautfarbe und Rasse so tief verwurzelt und weit verbreitet, daß jede Opposition dagegen massiv und wohldurchdacht zu sein hatte.

Mohandas kochte vor angestauter Wut und Empörung, erhob sich aber still und nahm neben dem Fahrer Platz.

Er war nun durch seine mißliche Lage völlig erdrückt. In was hatte er sich da eingelassen! Solche Demütigungen hatte er nicht einmal in England erlebt.

Die kühle Winterbrise besänftigte ihn ein wenig, als plötzlich von drinnen das Kommando kam, die Kutsche anzuhalten.

Der Postkutschen-Beifahrer sprang heraus, bat den Fahrer um ein Sacktuch, breitete es nahe der Fußstütze aus und sagte zu Mohandas gewandt: „Du wirst dort sitzen, Sami, weil ich Deinen Platz haben möchte!“ Mohandas war verblüfft. Was für eine Art Land war dies? Konnte hier ein anständiger, gesetzestreuer Mensch keine kleine Reise unternehmen, ohne gekränkt zu werden? „Ich werde es nicht!“ sagte er und bot all seinen Mut auf. „Erst beraubten Sie mich meines rechtmäßigen Platzes drinnen, und ich ertrug diese Beleidigung stillschweigend. Jetzt wollen Sie, daß ich zu Ihren Füßen sitze, weil Sie rauchen möchten. Es tut mir leid, ich werde Ihnen den Gefallen nicht tun.“

Niemals trat ein Farbiger einem Weißen auf solche Art entgegen. Der Beifahrer war außer sich. „Wie kannst Du es wagen, Kuli, so mit mir zu

sprechen?“ sagte er und fing an, empfindliche Schläge auf Mohans Kopf niederprasseln zu lassen. Auch versuchte er, Mohandas hinabzuziehen, um ihn besser mißhandeln zu können.
Aber Mohandas klammerte sich am Wagen fest, als gelte es das Leben. Er war von Angst erfüllt. Ihn durchzuckte der Gedanke, daß dieser brutale Riese ihn töten und in die Wildnis hinabstoßen könnte. Er glaubte fest an Gott und die Gerechtigkeit. So betete er inbrünstig.
Die übrigen weißen Fahrgäste beobachteten eine Weile die Szene, dann protestierten sie, eher zaghaft gegen den Beifahrer und seine Brutalität gegenüber einem Menschen, der sich im Recht befand. Sie erboten sich, Mohandas nach drinnen zu nehmen, falls der Beifahrer partout draußen sitzen wollte. Der Mann wollte jedoch beides nicht.
Vielleicht bewahrten Mohandas seine eigene Frömmigkeit und die Jahre, die Kasturbai für ihn gebetet hatte, vor weiterer unmenschlicher Bearbeitung mit Fäusten.
Der weiße Beifahrer saß schließlich draußen. Er verschaffte sich Platz, indem er einem Zulu-Arbeiter befahl, auf dem Boden zu seinen Füßen zu sitzen.
Den ganzen Weg nach Standerton starrte der weiße Rassist auf Mohandas und kündigte drohend an, ihn „zu Brei zu schlagen, wenn wir dort angekommen sind“.
Äußerlich ruhig habe er dagesessen, schreibt Mohandas in seiner Autobiographie bei der Schilderung dieses Vorfalls, aber innerlich habe sein ganzes Wesen vor Furcht gebebt. Denn der Mann wahr wahrlich ein Riese von Gestalt mit brutaler Veranlagung, der wohl ausführen konnte, was er androhte. Damals wie auch heute begünstigen die Gesetze Südafrikas die Weißen. Wenn dieser Mann Mohandas getötet hätte, wäre er leicht mit einem milden Urteil davongekommen.
Kasturbai und ihre zwei Söhne in Porbandar wußten von alledem, was Mohan in Südafrika zustieß, nichts. Sie hakte still die Tage ab und wartete gespannt auf seine Rückkehr. Vor allem hoffte sie, er werde bald etwas verdienen und heimschicken, damit sie nicht von seinem Bruder abhängig sein müsse hinsichtlich der eigenen und der Bedürfnisse der Kinder. Wenn Mohandas anfinge, zur Haushaltskasse beizusteuern, würde sie wieder aufblicken können und hier berechtigtermaßen leben. Am idealsten wäre, sie hätten ihr eigenes Haus. Aber da stand vor ihr schon das nächste Problem, das auch Laxmidas bewegte. Mohandas' gegenwärtige Aufgabe war nur für ein Jahr angesetzt. Aber was dann?

„Er kam mit vielen englischen Sitten und Gebräuchen von England zurück. Wie wird er aus Südafrika zurückkommen?“ fragte sie sich.
In den Briefen an seine Brüder war Mohandas vorsichtig. Er schrieb nicht allzu viel über das Rassenproblem, dem er sich konfrontiert sah. „Es gab keinen Grund, sie unnötig zu beunruhigen“, dachte er.
Erster beruflicher Erfolg für ihn war die außergerichtliche Schlichtung des langen und sinnlosen Streits. Er brachte es fertig, beide Parteien davon zu überzeugen, daß voraussichtlich keine von beiden etwas gewinnt. „Wenn überhaupt einer, dann werden es nur Ihre Anwälte sein, die Geld verdienen“, führte er an, „solange Sie den Rechtsstreit fortsetzen.“
Zum erstenmal konnte er sein Ziel eindrucksvoll erreichen und beide Parteien überzeugen. Das gab ihm selber mächtig Auftrieb. Er gewann ganz sicher etwas von dem Vertrauen zurück, das er während der aufeinanderfolgenden Fehlschläge der vergangenen Jahre verloren hatte. Als er darüber der Familie nach Indien berichtete, konnte man ein Gefühl berechtigten Stolzes wahrnehmen. Kasturbai fühlte sich ermutigt und eilte, wie üblich, zum Tempel, um Gott für die Antwort auf ihre Gebete zu danken. Es wäre schlimm für sie geworden, wenn sich ihr Mann als völliger Versager erwiesen hätte. Aber sie vertraute auf Gott und wußte, er würde sie nicht im Stich lassen.
Das Jahr ging rasch zu Ende. Kasturbai wartete nun immer sehnlicher auf Mohandas’ Rückkehr. Gleichwohl war ihr Verlangen nach ihm von einiger Besorgnis getrübt. Ganz gewiß würde er nicht mehr nur darauf bestehen, daß sie Lesen und Schreiben lernt, er würde gewiß auch fremde Sitten mitbringen und ihnen aufnötigen. Sie wußte noch nicht, wieviel sie davon annehmen könnte.
Als seine Frau war ihr bewußt, daß es ihre Pflicht war, ihm wie ein Schatten zu folgen, wo immer er hinging und was immer er machte. Aber sie hatte ihren eigenen Willen und betrachtete auf Grund ihrer Erziehung jeden Wandel in ihrem Lebensstil und ihren Anschauungen mit finsterem Blick.
Seit Mohandas seinem Moslem-Freund in der Schule leichte Beute geworden war, fragte sich Kasturbai, ob er nicht auch in den fremden Ländern von den Menschen dort fehlgeleitet würde. Und was würde aus ihrem Leben, wenn er sich tatsächlich Sitten und Gebräuche zu eigen gemacht hätte, die Hindus zuwider sind.

Erst viele Jahre später hatte Kasturbai erfahren, daß Mohandas tatsächlich bei vier verschiedenen Gelegenheiten in Häuser von Prostituierten geführt worden war, aber unversehrt zurückkam. Wenn Mohandas wirklich so von Sex besessen war, wie er sich anklagt, ist kaum zu verstehen, wie er für solch lange Perioden ohne Verkehr gelebt haben kann, zumal er der schwülen Atmosphäre in Freudenhäusern ausgesetzt gewesen war.

Kasturbais Angst entbehrte keineswegs jeder Grundlage. Aber das Vertrauen hielt sie aufrecht. Sie war überzeugt, sie könnte Mohandas zurückholen, falls er in irgendwelche Abgründe gefallen war.

Ebenso beunruhigte sie die Überzeugung, daß er wiederum darauf bestehen werde, sie zu unterrichten, wenn er aus Südafrika zurückkehrte, eine Schlacht, die ihr ganzes Leben unentschieden blieb.

Aber während man sich im Hause in Porbandar darauf einrichtete, Mohandas zu empfangen, trugen gewisse Ereignisse in Südafrika dazu bei, ihn dort länger als vorgesehen festzuhalten. Tatsächlich sollte von einer größeren Anzahl von Freunden für Mohandas eine Abschiedsparty veranstaltet werden. Einen Tag später wollte er abreisen. Es war ein aufregender Tag gewesen, und niemand hatte die Zeit gefunden, auch nur einen flüchtigen Blick in die Morgenpresse zu werfen.

Da nahm, kurz vor dem Mittagessen, Mohandas zufällig eine Zeitung in die Hand und überflog die Seiten, als sein Auge auf eine für ihn wichtige knappe Meldung fiel, die am Fußende der Seite kaum auffiel. Die Meldung bezog sich auf die indische Gemeinde: Ein Gesetz sollte verabschiedet werden, das die Inder ihres Wahlrechts beraubte.

„Hallo, was ist das!“ rief er aus. „Habt Ihr diese Zeitungsnotiz gelesen?“ fragte er die Freunde, die sich versammelt hatten.

„Welche Zeitungsnotiz?“ wollten einige von ihnen wissen.

Er las den Absatz laut vor. Wie Abdullah Sheth meinte, könnten sie keinen Sinn darin finden.

„Wir sind Geschäftsleute. Wir erhielten keine Ausbildung. Die meisten von uns kaufen die Zeitung nur, um die Marktpreise zu lesen“, erläuterte er.

Mohandas hatte mit ihnen ein Jahr zusammengelebt, aber dieses Bekenntnis setzte ihn in Erstaunen. Wie konnten diese Leute so völlig hilflos sein! „Da habt Ihr so viele junge Leute, die gebildet sind. Lesen die nicht die Zeitung und sagen Euch, was die Regierung unternimmt, um Euch Eure Rechte wegzunehmen?“

„Wir haben nichts mit ihnen zu tun. Sie sind Christen geworden und werden vom weißen Klerus beherrscht", erwiderte Abdullah Sheth verärgert.
Mohandas fiel es wie Schuppen von den Augen. Er hatte von Indern gewußt, die zum Christentum übergetreten waren, aber er hatte nicht gewußt, daß sie ihren eigenen Leuten so völlig entfremdet waren. Bedeutete der Religionswechsel auch einen Wechsel in der Nationalität? Hörten sie auf, Inder zu sein? Mohandas erkannte, daß es notwendig war, diese Leute für die indische Sache zurückzugewinnen.
Warum war er aber von alledem betroffen? Er sollte doch am nächsten Morgen abreisen, nachdem er erfolgreich die Mission erfüllt hatte, um derentwillen er angestellt worden war. Einen Augenblick lang sagte er nichts. Zweifellos dachte er an Kasturbai und die Kinder. Falls er jetzt seine innere Anteilnahme bekundete, dachte er, würden diese Leute hier ganz sicher darauf bestehen, daß er zurückbleibt und ihnen hilft, gegen die Tyrannei der weißen Regierung zu kämpfen.
Mohandas wurde zwischen der Treue zu seiner Familie und der gegenüber seinen Freunden hin- und hergerissen. Es tauchten die Erinnerungen an die Beleidigungen wieder auf, die man ihm zugefügt hatte, einfach weil er dunkelhäutig war, und er erkannte, daß er nicht stillhalten durfte, was auch die Folge oder das Opfer sein mochte.
Den Freunden, die sich versammelt hatten, erklärte er: „Wenn dieses Gesetz durchkommt, ist es der erste Nagel zu unserem Sarg. Es wird unser Leben sehr schwierig gestalten. Wir werden hier in der Tat nicht mehr mit Selbstachtung leben können."
Das Wahlrecht in Südafrika hatte seine Grenzen. Die Inder konnten ihre Stimme abgeben, durften sich aber nicht selbst zur Wahl stellen. Sie hatten für einen weißen Abgeordneten zu stimmen, der vorgab, ihre Interessen zu vertreten. Die Inder waren im allgemeinen zu unwissend, ganz in ihre Geschäfte vertieft und unglaublich unterwürfig. Ohne Murren akzeptierten sie, was immer die weißen Abgeordneten taten.
„Nun", fragte Abdullah Sheth Mohandas, „was ist Ihr Rat?"
Bevor Mohandas antworten konnte, rief jemand aus dem Hintergrund: „Sie sagen Ihre Abreise ab und bleiben für einen weiteren Monat hier. Wir versprechen dafür, unter Ihrer Leitung zu kämpfen."
Alle anderen fielen in den Kehrreim. Sie baten Abdullah Sheth inständig, seinen Einfluß auf Mohandas geltend zu machen und ihn zum Bleiben zu überreden.

Aber da war kein Einfluß erforderlich. Mohandas glaubte bleiben zu müssen, teils weil er Südafrika lieben gelernt und ein Band zu der leidenden indischen Gemeinde geknüpft hatte, teils, weil ihn bereits der Gedanke an das beunruhigte, was er tun würde, wenn er in Indien lebte. Er würde ganz von vorn anfangen müssen. Da waren seine früheren Erfahrungen nicht sehr ermutigend. Er wollte zu seiner Familie zurückgehen, aber er würde gewiß nicht beruflich erfolgreich sein.

In ihm steckte das angeborene Verlangen, für die Unterdrückten zu kämpfen. Das war etwas, das er vom Vater und vom Großvater ererbt hatte. Hier war eine Gelegenheit, für die Leute etwas zu tun, sie in den Kampf um Selbstachtung zu führen. Er würde eine Gelegenheit finden, die Demütigung wettzumachen, die er erlitten hatte.

Eine weitere Stimme unter den Anwesenden meinte, die indische Gemeinde sollte die Vergütung für Mohandas' Tätigkeit übernehmen.

„Bei Öffentlichkeitsarbeit kann es keine Vergütung geben", protestierte Mohandas. Aber man werde beachtliche Geldbeträge und menschliche Arbeitskraft benötigen, wenn man gegen die Regierung vorgehen wolle, erklärte er.

„Das Geld und die menschliche Arbeitskraft werden verfügbar sein", meinte Abdullah Sheth, „nur führen müssen Sie uns."

Und so blieb Mohandas für weitere zwei Jahre in Südafrika.

Die Nachricht über Mohandas' Entschluß dürfte Kasturbai sowohl mit Enttäuschung als auch mit Erleichterung aufgenommen haben. Mit Enttäuschung, weil sie das einsame Leben mit ihren beiden Söhnen für unbestimmte Zeit fortzuführen hatte. Mit Erleichterung, weil ihr Mann schließlich eine Arbeit gefunden hatte, die ihm lag.

Über Mohandas' Erfolge drangen Nachrichten bis zu Kasturbai durch. Sie entnahm ihnen, daß die indische Gemeinde in jenem fremden Land Hochachtung vor ihm empfand. Sie konnte zwar nicht verstehen, worum es in Südafrika ging, aber sie war froh, daß dort alle von ihrem Mann Hilfe und Anleitung erwarteten.

Nach seinen erfolglosen Bemühungen in Indien, eine Rechtspraxis aufzubauen, war die Familie der Verzweiflung nahe. Erst recht, nachdem Mohandas es nicht vermocht hatte, seinen englischen „Freund" zu beeinflussen, was für Laxmidas Ungemach heraufbeschwor. Unter den Brüdern wuchs das Gefühl, das auch die Frauen nicht unangefochten ließ, Mohandas tauge zu nichts.

Für Kasturbai gab es bittere Kritik zu schlucken, sie war die jüngste und dazu eine Schwiegertochter. Die Behauptungen der anderen konnte sie kaum widerlegen. Sie konnte nur gleichmütig ausharren. Zwar sehnte sie sich nach einem eigenen Heim, wo sie bestimmen konnte, aber das waren Träume, die ihr Mann vielleicht nicht erfüllen konnte.
Nun gab es einige Schimmer von Hoffnung. Wenn die indische Gemeinde in Südafrika an ihrem Mann etwas finden konnte, hatte er gewiß die Möglichkeit in sich, sich im Leben durchzusetzen. Mohandas hatte damit begonnen, etwas Geld nach Hause zu schicken. Das war für Kasturbai eine große Entlastung. Sie brauchte sich nicht mehr wegen ihrer Abhängigkeit beschämt zu fühlen. Freilich würde es einige Zeit dauern, bis Mohandas alle Schulden, die sein Bruder aufgenommen hatte, um Mohandas Geld nach England zu senden, und all das zurückgezahlt haben könnte, was die Brüder für ihn und seine Familie taten.
Die Monate gingen vorüber, die Kinder wuchsen heran und nahmen Kasturbais Zeit mehr und mehr in Anspruch. Oft fragte sie sich, ob sie dazu bestimmt seien, für immer getrennt zu leben. Während sie darauf aus war, ein eigenes Haus zu besitzen, fand Mohandas die Gelegenheit, sich Häuser einzurichten. Zuerst in London, wo er während des Studiums wohnte. Dann in Bombay, wo er sich allein aufhielt, um eine Praxis aufzubauen. Nun hörte sie, daß er ein großartiges Haus in einem der eleganten Viertel von Durban in Südafrika erworben habe.
Es waren jetzt drei Jahre vergangen, seit er weggegangen war, aber er erwähnte noch nichts von Plänen, etwa zurückzukommen oder seine Familie nachkommen zu lassen, um wieder mit ihr zusammenzuleben. So konnte sie nicht umhin, über sein Leben und Tun in dem fremden Land beunruhigt zu sein, obwohl sie volles Vertrauen in ihn und in Gott setzte.
Von Jugend an hatte Mohandas sich als unfähig erwiesen, sich von schlechten Charakteren fernzuhalten. Entweder konnte er die schlechte Anlage in einigen seiner Freunde nicht erkennen, oder er mühte sich ab in der irrigen Annahme, dazu in der Lage zu sein, sie von dieser Anlage abzubringen. Kasturbai wußte, daß er geneigt war, edle Taten zu vollbringen, und war daher um so mehr beunruhigt.
In seiner Jugend war Mohandas mit dem bekannten Taugenichts zusammengekommen, der Mohandas nicht nur zu Zigaretten und nichtvegetarischer Kost, sondern auch zu Prostituierten geführt hatte. Daß er vor der kardinalen Sünde des Verkehrs mit Prostituierten bewahrt blieb,

spricht Bände über seine eigene charakterliche Kraft. Sie wurde in den folgenden Jahren wiederholt geprüft. Doch fiel er weiterhin Menschen zum Opfer, die Vorteil aus seiner angeborenen Tugend zogen.

Ein solcher Fall ereignete sich auch in Durban. Möglicherweise beschleunigte dieser Fall Mohans Entschluß, Kasturbai und die Kinder herüberzuholen und mit ihnen zusammenzuleben.

Mittlerweile hatte Mohandas eine blühende Anwaltspraxis. Er verfügte über einen wachsenden Kreis von Freunden, und seine Aktivitäten im politischen und sozialen Bereich waren größer geworden. Er konnte nicht mehr als Junggeselle in engen Unterkünften wohnen. Endlich hatte er beruflichen Erfolg und sah mehr und mehr ein, daß sein Status als indischer Anwalt von ihm verlangte, ein eigenes Heim zu haben, das seiner Position entsprach. Aber ein großes und geschmackvoll möbliertes Haus zu führen, in dem niemand außer ihm lebte, war närrisch. Außerdem hatte er stets das Bedürfnis gehabt, mit menschlichem Verhalten und zwischenmenschlichen Beziehungen zu experimentieren. Deshalb entschloß er sich, seine Mitarbeiter und Gefährten einzuladen, sein Haus mit ihm zu teilen, bis er in der Lage sei, seine Familie kommen zu lassen. Es sollte eine Form von Wohngemeinschaft sein, zu der auch einige Sekretäre gehörten, die für ihn im Büro arbeiteten. Doch war Mohandas zu vertrauensselig, so daß manche seiner Gefährten selbstsüchtig Vorteile daraus zogen.

Ähnlich wie in Rajkot, wo er sich eines charakterlich schwachen Jungen angenommen hatte, um ihn zu bessern, nahm er sich in Durban einen Genossen ins Haus, der seines Vertrauens und seiner Freundschaft unwürdig war. Anstatt ihn zu wandeln, ließ sich Mohandas durch das Urteil dieses Mannes beeinflussen und entließ einen wirklich guten und hart arbeitenden Schreiber, bloß weil dieser Mann darauf bestand.

Kurze Zeit später nahm sich Mohandas' Koch einen Monat Urlaub. Ein anderer Mann wurde gefunden, der den Platz des Kochs einnahm. Seine Kochkunst war scheußlich.

Doch eines Tages stürzte er in Mohandas' Büro. „Bitte, kommen Sie sofort mit nach Hause!" verlangte er.

„Was ist los?" fragte Mohandas. „Warum sind Sie so aufgeregt?"

„Bitte kommen Sie sofort nach Hause, ich werde es Ihnen zeigen!" beharrte der Koch.

„Hat das nicht eine Stunde Zeit? Ich werde auf jeden Fall um ein Uhr zum Mittagessen dort sein", entgegnete Mohandas.

„Das ist zu spät! Sagen Sie mir dann nicht, ich hätte Sie nicht gewarnt!“ sagte der Koch ultimativ. Etwas in seiner Stimme verriet Mohandas, daß es wichtig für ihn sei, sofort nach Hause zu gehen. Und so tat er auch. Er nahm einen Schreiber mit für den Fall, daß Hilfe benötigt würde.

Das Haus war nur ein paar hundert Meter entfernt in einer ruhigen Gasse in der Nähe der Esplanade. Der Koch führte die zwei in den ersten Stock hinauf zum Schlafzimmer und bat Mohandas, es zu öffnen.

Das Zimmer war von innen verschlossen. Mohandas klopfte an, zuerst versuchsweise mit den Fingern. Dann trommelte er mit den Fäusten gegen die Tür.

Kurz darauf wurde die Tür geöffnet, und Mohandas fand seinen Freund in Begleitung einer Prostituierten.

Mohandas warf die Dirne aus dem Haus. Dann forderte er auch seinen Freund auf, das Haus unverzüglich zu verlassen.

Der Freund weigerte sich jedoch zu gehen. „Ich denke nicht daran!“ sagte er in arroganter Weise. Mohandas war stets als sanft und gefügig betrachtet worden, als einer, der leicht einzuschüchtern ist. Auch dieser Freund glaubte, er könne ihn einschüchtern.

Gelassen rief Mohandas dem Schreiber unten zu, er solle die Polizei holen. Das hatte seine Wirkung auf den Mann. Er willigte ein, sofort zu verschwinden.

Später erfuhr Mohandas, daß dieser Freund regelmäßig Prostituierte in sein Haus gebracht hatte, daß alle davon wußten, aber niemand den Mut fand, ihn zu informieren.

Alle hatten das Gefühl, daß Mohandas seinem Freund mehr vertraute als irgend jemand sonst und ihm wahrscheinlich eher geglaubt hätte als ihnen. Und in der Tat war jener Schreiber, den Mohandas entlassen hatte, bereits dabei, alles zu enthüllen, als er merkte, daß Mohandas schon von diesem „Freund“ beeinflußt war.

Etwa zur selben Zeit widerfuhr Mohandas noch ein anderes Mißgeschick. Da er seine Frau und seine Kinder sehr vermißte, hatte er Trost im Hause einer Methodisten-Familie gesucht und gefunden, bei der er jeden Sonntag zu Mittag aß. Das Ehepaar hatte einen kleinen Sohn, mit dem Mohandas stundenlang spielte.

Wie es bei Kindern üblich ist, war der Junge neugierig und wollte gern wissen, warum Mohandas niemals Fleisch und andere nicht-vegetarische Kost aß. Mohandas erklärte dem Jungen, daß er es als eine Sünde

betrachte, Tiere um der Nahrung willen zu töten. Später, als der Junge sich den Eltern gegenüber weigerte, Fleisch zu essen, wurde seine Mutter zornig.
Am folgenden Sonntag kam Mohandas wie gewöhnlich. „Es ist schlimm genug, daß Sie nicht den Wert des Fleischessens begreifen", meinte die Mutter des Jungen schroff zu ihm. „Aber jetzt haben Sie auch noch versucht, meinen kleinen Sohn zu beeinflussen. Ich bestehe darauf, daß Sie nicht mehr mit ihm sprechen."
Mohandas verstand den Wink. Er war niedergeschlagen, da er den kleinen Jungen liebte, gern mit ihm spielte und redete. Wenn das nun fortan verboten war, sah er keinerlei Grund mehr, an den regelmäßigen Besuchen festzuhalten. Er bedankte sich bei den Eheleuten für die denkwürdigen Sonntage in der Vergangenheit und erklärte, er werde sie fortan nicht mehr aufsuchen.
Beide Vorfälle verstärkten Mohandas' Wunsch, seine Familie nach Südafrika kommen zu lassen. Es waren bereits drei Jahre vergangen, seit er sie zum letztenmal gesehen hatte. Wie sich die Dinge in Südafrika entwickelten, würde er wohl, das konnte er absehen, noch für unbestimmte Zeit bleiben müssen. Getrennt zu leben, wurde ihm schmerzlich.
Er schlug daher seinen indischen Freunden vor, ihm zu gestatten, für sechs Monate nach Indien zu gehen. Danach wolle er mit Frau und Kindern zurückkehren. Er würde die Zeit in Indien nützen, um den Menschen dort und den indischen Führern die Probleme zu erläutern, denen sich ihre Brüder in Südafrika konfrontiert sahen. Er war überzeugt, daß man in Indien die Lage der Inder in Südafrika niemals wirklich verstand. Die indische Gemeinde willigte ein, Mohandas wurde wie nie zuvor mit Geschenken überschüttet.
Schließlich reiste er ab. Noch ein langer Monat lag vor dem Wiedersehen mit Frau und Kindern. Er war gespannt, wie die Reaktion seiner Kinder sein würde. Am meisten war er gespannt auf Kasturbai. Wie würde sie auf seine Heimkehr reagieren? Wie würde sie über die Reise mit ihm nach Südafrika denken, zumal sie kaum jemals über die Grenzen von Rajkot hinausgekommen war? Und wie würde sie sich schließlich in den kosmopolitischen Kreis seiner Freunde einfügen?
Diese letzte Frage beunruhigte Mohandas am meisten. Er erinnerte sich all seiner gescheiterten Anstrengungen in der Vergangenheit, Kasturbai zu unterrichten. Würde er jetzt in der Lage sein, ihr westliche

Sitte und Umgangsformen beizubringen? Die Seereise von 24 Tagen war erfüllt von Sehnsucht und Angst.
Bald kam er in Kalkutta an, von wo er den Zug nach Bombay nehmen mußte. Er trat die lange Reise nach dort am selben Tag an, an dem er mit dem Schiff eingetroffen war. In Allahabad hatte der Zug 45 Minuten Aufenthalt. Das war für die meisten Fahrgäste genügend Zeit, um ein bißchen von der Stadt zu sehen. Mohandas ging in die Stadt und sah sich um. Dann fiel ihm ein, daß er etwas Medizin benötigte. Der Apotheker war zu langsam und gewissenhaft mit dem Ergebnis, daß Mohandas den Bahnhof erreichte, als der Zug sich schon in Bewegung gesetzt hatte. Der freundliche Beamte hatte eine Minute über die Abfahrtszeit hinaus gewartet. Da Mohandas nicht gekommen war, hatte er sorgsam dessen Gepäck ausgeladen und auf dem Bahnsteig aufgestapelt.
Da blieb nichts, als auf den nächsten Zug, der erst am nächsten Abend ging, zu warten. Mohandas begab sich in ein Hotel. Da er sich seines Versprechens gegenüber den Indern in Natal erinnerte, entschloß er sich, den aufgezwungenen Ferientag sinnvoll zu nutzen.
Allahabad hatte eine ziemlich einflußreiche Tageszeitung „The Pioneer". Mohandas suchte nach dem Namen des Herausgebers, einem Mr. Chancey jun., dem er eine Nachricht mit der Bitte um eine Zusammenkunft sandte.
Den ganzen nächsten Vormittag verbrachte er mit dem Herausgeber der Zeitung, der ihm geduldig zuhörte. Er erläuterte umfassend die Lage der Inder in Südafrika. Der Herausgeber war bereit, alles zu drukken, was Mohandas über die Lage dort schreiben würde, setzte aber voraus, daß er nicht alle Forderungen der indischen Gemeinde unterstützen werde.
Das war ein größerer Erfolg, als ihn Mohandas erwartet hatte. Er war glücklich und verbrachte den Rest des Tages damit, die Sehenswürdigkeiten der Stadt zu besichtigen.

5. Kapitel

Zusammenarbeit in Indien — Gemeinsam nach Südafrika

Mohandas verlor keine Zeit, um nach Rajkot zu gelangen. Die Reise von Bombay nach Rajkot war lang und umständlich. Aber er brannte darauf, seine Frau, seine beiden Söhne und die übrige Familie wiederzusehen. Mit viel Wärme und Zuneigung wurde er von Kasturbai und den Kindern empfangen.

Kasturbai war sehr glücklich, ihren Mann zurückzuhaben, doch sie zügelte ihre Freude und verbarg sie. In Indien zeigt eine Frau ihre Gefühle nicht öffentlich, am wenigsten in einer Stadt wie Rajkot. Die Freude, die sie nicht in körperlichen Formen auszudrücken vermochte, verriet sie im Kochen besonderer Gerichte, von denen sie wußte, daß Mohan sie gern aß. Sie konnte nicht einmal aus der Küche herauskommen, um Mohan die Speisen zu reichen, die sie so liebevoll bereitet hatte, geschweige denn mit ihm zusammensitzen und essen.

Das Essen in das Eßzimmer zu bringen und die Mannsleute zu bedienen, war Aufgabe der ältesten Schwägerin, die nach dem Tode von Putlibai automatisch an die Spitze des Haushalts aufgerückt war. Die gehobene Position gestattete ihr, in das Zimmer zu kommen, das von den Männern im Haus in Anspruch genommen wurde. Kasturbai hatte noch einen langen Weg vor sich, um in diese Lage zu kommen. Daher wußte sie niemals genau, ob Mohan die Gerichte, die sie für ihn zubereitet hatte, mochte. Das erfuhr sie erst spät in der Nacht, wenn sie allein in ihrem Zimmer waren. Da gab es so vieles, das sie von ihm wissen wollte, aber nur so wenig Zeit, einander zuzuhören.

Drei Jahre hatte sie von ihrem Manne getrennt gelebt, im Grunde genommen abgeschnitten vom Kontakt mit der Außenwelt. Das war nicht leicht für sie. Briefe konnten sie einander überhaupt nicht schreiben, was auch nicht geschah. Die Briefe, die Mohan seinen Brüdern schrieb, waren skizzenhaft und enthielten nur geschäftsmäßige Informationen. Er konnte es nicht wagen, sich in seinen Briefen auch nur im geringsten auf seine Frau zu beziehen, und sie konnte ihm nicht schreiben, zum einen, weil sie nicht Schreiben gelernt hatte, zum anderen, weil Frauen ihren Männern damals nicht schrieben.

Diese drei Jahre der Trennung wegen Südafrika waren jener früheren dreijährigen Trennung gefolgt, als Mohan in England war und Rechtswissenschaft studierte. Nach seiner Rückkehr von dort war er ein Jahr zu Hause gewesen, hatte aber mehr als die Hälfte davon in Bombay verbracht, wo er versucht hatte, eine Anwaltspraxis zu eröffnen. Es war deshalb ganz verständlich, wenn Kasturbai buchstäblich an den Fragen erstickte, die sie stellen, und an den vielen Mitteilungen, die sie ihm über sich selbst, die Familie und ihre Freunde machen wollte. Doch die einzige Zeit, die sie zusammen verbrachten, waren die acht Nachtstunden, von denen die meisten dem Schlaf gehörten.
Kasturbai bemerkte, daß sich Mohan verändert hatte. Seine Rückkehr aus Südafrika war anders als seine Rückkehr von England. Damals war er von der westlichen Kultur und ihrer Lebensart so überwältigt, daß er entschlossen war, den Lebensstil in ihrem Hause in Rajkot zu ändern. Er kam beinahe unaufhörlich mit Neuerungen, bis Laxmidas Einhalt gebieten mußte angesichts der wachsenden Aufgaben. Diesmal schien Mohan reifer zu sein, nachdenklicher und weitaus mehr beteiligt. Auch machte einen großen Unterschied, daß er jetzt zu den Haushaltsausgaben beisteuern konnte. Die Erfahrungen in Südafrika hatten ihn reifer gemacht, und er verzehrte sich um einer Aufgabe willen, die ihn nicht mehr losließ.
All dies machte Kasturbai sehr glücklich. Endlich konnte sie erleben, daß ihr Mann erfolgreich war. Wer könnte schon den Gedanken ertragen, mit jemand eng verbunden zu sein, der sich beruflich nicht durchsetzen kann? Südafrika hatte Mohan verändert. Und selbst wenn die Wandlungen in seinem Auftreten und Gehabe nicht allesamt annehmbar waren, so war Kasturbai doch glücklich um Mohans willen.
Seit er zurück in Rajkot war, hatte Mohan fleißig an etwas geschrieben, das Kasturbai ganz unverständlich schien. Täglich verwendete er mehrere Stunden darauf. Schließlich hatte er den zufriedenstellenden Entwurf einer Monographie über die Sache der Inder in Südafrika verfaßt. Er hatte mehrere Wochen darauf verwandt. Das bedeutete schreiben, zerreißen, neu schreiben. Es mußte der rechte Ton gefunden werden. Er war nicht einer von denen, die hitzig oder ungerechtfertigtermaßen Forderungen erhoben oder die Umstände übertrieben darstellten.
Zwar durfte Kasturbai nicht in Mohans Nähe sein, während er arbeitete, da sich solche Nähe herkömmlicherweise verbot, aber sie ließ keine Gelegenheit aus, hineinzuschauen, und jedesmal schwoll ihre Brust vor

Stolz, wenn sie sah, wie er sich in seine Schreiberei vertiefte. Sie hatte Mohan als Kind gekannt, als Schuljungen, als einen extrem eifersüchtigen und besitzgierigen Jüngling voll von körperlichem Verlangen und dann als einen unklaren und verlorenen jungen Mann, der verwirrt wurde durch die Kulturen von West und Ost und durch Anwendung seiner englischen Erziehung in einer alt-indischen Umwelt. Sie hatte ihn nie als erfolgreichen jungen Mann erlebt, der selbst von Leuten in fremden Ländern begehrt und dessen Rat auch von älteren Menschen beachtet wurde. Wie glücklich wäre Putlibai, dachte Kasturbai oft bei sich, wenn sie das noch erlebt hätte.

Mohan hatte Kasturbai mitgeteilt, daß er sie und die Kinder diesmal nach Südafrika mitnehmen werde. In ihren nächtlichen Gesprächen hatte er über das dortige Leben berichtet, über das Haus, das er gekauft hatte, die Freunde, die er gefunden hatte, und über die Arbeit, die er dort leistete. Aber all das konnte nur skizzenhaft und unvollständig geschehen. Denn oft schlief er mitten im Satz ein, und Kasturbai hatte nicht das Herz, ihn aufzuwecken.

Natürlich erregte sie der Gedanke sehr, mit Mohan wegzugehen und in ihrem eigenen kleinen Haus zu leben. Wie und wo auch immer es stand, es würde ihres sein, und sie würde darin mit ihrem Mann und ihren Kindern glücklich leben. Freilich gab es neben der Freude auch einen Anflug von Besorgnis. Südafrika war ein fremdes Land. Sie verstand nicht alles, was sie darüber hörte, aber sie konnte entnehmen, daß auch die Menschen dort seltsam waren. Doch das beunruhigte sie nicht sehr. Sie war so aufgewachsen, daß sie ihr Heim als ihre Welt betrachtete. In ihrer Domäne wäre sie die Königin, und niemand würde es wagen, dorthin zu kommen und sie zu beleidigen. Besorgt war sie vielleicht wegen Mohan. Andererseits war er ein Mann. Außerdem lebten dort zahlreiche andere Inder, die Mohan sogar als ihren Führer anerkannten.

Nachdem Mohan die Arbeiten an seinem Büchlein beendet hatte, suchte und fand er einen Drucker, der bereit war, 10 000 Exemplare zu drukken. Die „Grüne Broschüre“, so wurde es genannt, erhielt ihren Titel nicht von Mohan, sondern wegen der Farbe ihres Umschlags und wegen ihres Formats.

Mohan befaßte sich damit, eine Liste mit den Namen und Adressen von Zeitungen, Zeitschriften und politischen Führern zusammenzustellen, an die die Broschüre gesendet werden sollte. Das war keine leichte Sache. Es gab damals keine Telefonbücher. Für Mohan war es eine be-

achtliche Leistung, eine eindrucksvolle Liste mit 10 000 Namen und Adressen zustandezubringen.
Bis dahin hatte Mohan ohne fremde Hilfe gearbeitet und alles gut schaffen können. Aber als er die Adressenliste fertig hatte und über die ausgedruckte Broschüre verfügte, erkannte er, daß seine Probleme jetzt erst begannen. Das Schreiben der Adressen, das Verpacken jedes einzelnen Buches und das Freimachen der Sendungen, das alles erforderte mehr Hände. Ohne fremde Hilfe kostete es ihn zu viel Zeit und müßte er mehrere Wochen damit verbringen.
„Ich wünschte, Du könntest mir bei dieser Arbeit helfen“, sagte er eines Nachts zu Kasturbai, als sie in ihrem Zimmer waren.
Sie wünschte ebenfalls, daß sie ihm helfen könnte, aber das war undenkbar. Wie konnte sie ihre Haushaltspflichten vernachlässigen und um ihren Mann herumschweben. Die Familie würde sie in Stücke reißen. „Du könntest Dir von ein paar Jungen helfen lassen“, riet sie ihm.
Richtig, dachte Mohan, dieser Gedanke ist es wert, verfolgt zu werden.
Am nächsten Morgen versammelte er die Jungen aus der Nachbarschaft und machte ihnen einen Vorschlag.
„Wenn Ihr mir zwei oder drei Stunden täglich nach der Schule bei meiner Arbeit helft, gebe ich jedem von Euch einige abgestempelte Briefmarken von Südafrika für Eure Briefmarkensammlung“, schlug er vor.
Die Jungen willigten ein. Sie wollten eine neue Erfahrung machen. So wurde Mohans Arbeit bewältigt.
Während er damit befaßt war, erkannte Mohan noch nicht, welch gewalttätige Reaktion seine Arbeit auslösen und sein Leben später in Gefahr bringen würde. Er war dessen gewiß, daß die Forderungen, die er namens der indischen Gemeinde erhob, gerecht waren, und daß die Sprache, deren er sich bediente, gemäßigt war und frei von Drohung und Feindseligkeit. In dieser Beziehung war er äußerst sorgfältig. Er hatte das Manuskript fortlaufend geändert, um zu gewährleisten, daß nicht ein Jota von Zorn hineinfloß. Trotz alledem wurde er wegen der Broschüre später beinahe gelyncht.
Kaum hatten er und die Jungen ihre Arbeit beendet und die Broschüren abgeschickt, da traf die Nachricht ein, daß in Bombay die Pest ausgebrochen sei. Es handelte sich um eine schwere Epidemie, bei der mehrere hundert Menschen starben. Die Sorge, daß sich die Seuche bis nach Rajkot und in andere Gegenden ausbreitete, war begründet. Die Behörden befanden sich im Alarmzustand.

Mohan glaubte, er könne im Sanitäts-Department von Nutzen sein und bot dem Staat seine Dienste an. Das Angebot wurde angenommen. Es wurde ein Sanitätsausschuß gebildet, in den Mohan als Mitglied berufen wurde. Bei Zusammentreten des Ausschusses betonte Mohan, die Sauberkeit der Latrinen sei von höchster Bedeutung und müsse sofort überprüft werden.

Man beschloß, alle Latrinen in der Stadt zu inspizieren. Eine Gruppe ging täglich in allen Stadtteilen von Haus zu Haus. In den ärmeren Vierteln der Stadt waren die Menschen zur Zusammenarbeit bereit. Sie gestatteten dem Ausschuß nicht nur, den Zustand der Latrinen zu überprüfen, sondern führten auch eifrig und begeistert alle empfohlenen Verbesserungen oder Veränderungen durch. Größeren Widerstand leisteten die Reichen. Sie erlaubten dem Ausschuß nicht, ihre Latrinen zu besichtigen, dabei hatten sie die unhygienischsten Jauchegruben, reine Brutstätten der Krankheit, die man sich schlimmer nicht vorstellen kann. In den Hinterhöfen hatten sie Löcher gegraben mit einer provisorischen Abdeckung darüber. Die Familien erledigten ihre Bedürfnisse in den Löchern. Die Kothaufen blieben unbedeckt und verwesten unter Würmern und Fliegen bei entsetzlichem Gestank.

Der Ausschuß schlug einfache Maßnahmen vor wie zum Beispiel das Aufstellen von Eimern für Kot und Urin und das Bereitstellen von Sand, so daß jeder Benutzer die Schweinerei abdecken konnte.

„Sie sollten Ihre Latrinen gegen die Außenmauern Ihrer Grundstücke bauen und mit einer Klapptür versehen, durch die die Eimer zwecks Reinigung herausgeholt werden können", schlug Mohan vor.

Aber diese Vorschläge trafen auf taube Ohren. Die Reichen, von denen beinahe alle hohen Kasten angehörten, konnten sich nicht vorstellen, daß sie einem „Banghi" von niederer Kaste erlaubten, sich ihrem Hause zu nähern. Sie zogen es vor, mit dem furchtbaren Gestank und der Angst vor Krankheit zu leben.

Es war das erste Mal, daß sich Mohan den Kastenvorurteilen ausgesetzt hatte. Er war entsetzt. Obwohl er es damals bei einer Diskussion mit den Leuten über die Notwendigkeit von Reinlichkeit beließ, darf man vermuten, daß diese Erfahrung in der Tiefe seines Herzens weiterwirkte. Als er schließlich sein Reformwerk begann, war das erste, was er tat, daß er seine Mitarbeiter ihre Nachtgeschirre leeren und reinigen ließ. Er wußte genau, dies würde nicht nur die Kastenvorurteile brechen, sondern auch den Menschen bewußt machen, daß keine Arbeit

zu schmutzig oder niedrig ist. Beides war ihm gleichermaßen wichtig. Die Furcht vor der Pest nahm unterdessen ab. Mohan verließ Rajkot und widmete sich einer neuen Aufgabe. Die Sanierungs-Kampagne ging auf diese Weise zu Ende, die meisten kehrten zu den alten Gewohnheiten zurück.
Mohan reiste nach Bombay, um mit den indischen Führern zusammenzutreffen. Er wollte mit ihnen über Südafrika sprechen. Man hielt allgemein Sir Phirozshah Mehta für die geeignete Person, der er begegnen sollte.
Sir Phirozshah hörte Mohan geduldig zu. Unmittelbar darauf gab er seinem Sekretär Anweisung, eine öffentliche Versammlung zu organisieren. Mohan bat er, einen Tag vor der Versammlung wiederzukommen. Das war ein Erfolg, der Mohan ermutigte. Danach besuchte er seine Schwester und seinen Schwager, die damals in Bombay lebten. Er fand seinen Schwager in schlechtem gesundheitlichen Zustand und seine Schwester außerstande, sich um ihren Mann und die Haushaltspflichten zu kümmern. Mohan nahm beide mit nach Rajkot.
Er pflegte seinen Schwager selbst, bevor er einige Wochen später verstarb. Er widmete sich rückhaltlos dem leidenden Mann, saß häufig bis in die frühen Morgenstunden an dessen Bett, um für seine Fehler während der Krankheit seines Vaters zu büßen. Nicht einmal Kasturbai vermochte ihn vom Bett des leidenden Schwagers wegzubringen. Zwischendurch erledigte er seine Arbeiten für Südafrika.
In dieser Zeit befaßte sich Mohan hin und wieder mit dem Gedanken, mit seiner Familie nach Südafrika zurückzukehren. Seiner Frau, glaubte er, müsse er einige elementare Umgangs- und Verhaltensformen beibringen, um sie seinen weltoffenen westlichen Freunden vorzeigen zu können. Aber wie und wann konnte er das tun? Die Zeit wurde knapp, und er hatte noch viel zu erledigen. Außerdem kam er Kasturbai nur näher, wenn es Zeit war, zu Bett zu gehen.
Er hatte ihren ganzen Lebensstil zu verändern. So wie sie war, konnte er sie nicht mit nach Südafrika nehmen. Es gab so vieles, worüber sie belehrt werden mußte, aber er konnte es nicht wagen, inmitten der Familie mit dem Unterricht zu beginnen. In seiner Verzweiflung nahm er sich vor, das Problem auf dem Schiff in Angriff zu nehmen, wenn er Kasturbai und die Kinder 24 Stunden am Tag bei sich hatte.
Bei all dieser Arbeit blieb Mohan wenig Zeit zur Vorbereitung seiner Rede, die er in Bombay auf der Versammlung halten sollte, die Sir Phi-

rozshah organisiert hatte. Einen Tag nach dem Tod seines Schwagers reiste er von Rajkot ab.
In Bombay rief er Sir Phirozshah Mehta am Abend vor der Versammlung an.
„Haben Sie Ihre Rede vorbereitet?“ fragte ihn Sir Phirozshah am Telefon.
„Nein“, stammelte Mohan, „ich glaube, ich werde einfach frei sprechen.“
„Das geht nicht!“ donnerte es zurück. „Die Berichterstattung ist in Bombay miserabel. Um falsches Zitieren zu vermeiden, ist es besser, die Rede im voraus niederzuschreiben und der Presse auszuhändigen.“
Mohan schwieg. Was konnte er tun?
„Wie rasch können Sie Ihre Rede niederschreiben?“ fragte ihn Sir Phirozshah.
„Ich kann sie gegen 23 Uhr heute nacht fertig haben“, antwortete er.
„In Ordnung! Machen Sie sich an die Arbeit, ich werde sie drucken lassen.“ Sir Phirozshah gab seinem Sekretär Anweisung, das nötige zu tun. Man nannte ihn zu Recht den „Löwen von Bombay“. Denn er war ein eindrucksvoller Redner. Die Menschen strömten in die Halle, füllten die Korridore und überfluteten die Bürgersteige draußen, um seiner Rede zu lauschen.
Die Cawasji Jehangir Halle war an diesem Tage überfüllt, als Mohan mit Sir Phirozshah das Auditorium erreichte. Durch donnernden Applaus gingen sie auf die Bühne hinauf.
Das war der Augenblick, da Mohandas' Nerven versagten. In Südafrika hatte er bei kleinen Versammlungen eine Ansprache gehalten, im Gericht seine Scheu bis zum gewissen Grade überwunden. Aber jetzt, wo er der riesigen Menge unbekannter Menschen gegenüberstand und durch die Anwesenheit von Sir Phirozshah etwas eingeschüchtert war, fing er an zu stottern und zu stammeln.
Die Halle wurde still, als er anfing, seine vorbereitete Rede vorzulesen, doch Mohans ängstliche, schüchterne Stimme kam nicht zum Tragen.
„Sprechen Sie laut!“ befahl Sir Phirozshah von hinten. Aber tat er das, um Mohan Mut zu machen, so hatte es die gegenteilige Wirkung. Mohan wurde noch nervöser und konnte unmöglich weiterlesen.
Ein alter Freund, Keshavrao Deshpande, kam ihm zu Hilfe. Er nahm das Manuskript in die Hand und begann, den Text vorzulesen. Aber das Publikum wollte nicht zuhören.

„Wacha! Wacha!“ riefen sie, und also mußte Dinshaw Wacha die Sache übernehmen. Am Schluß spendete das Publikum donnernden Applaus, was Mohan neuen Mut gab. Zumindest wurde der Inhalt seiner Rede gewürdigt.
Nach der Versammlung boten sich zahlreiche Leute an, mit nach Südafrika zu gehen, um Mohan in seinem Kampf für die Sache des indischen Volkes zu helfen. Aber man machte solche Angebote gedankenlos. Niemand schloß sich an, als Mohan tatsächlich wieder nach Südafrika zurückging.
Wochen hatte er damit zugebracht, von einem Freund zum anderen zu gehen, um Hilfe zu erbitten. Einige sympathisierten mit der Sache, andere erklärten, sie seien nicht dazu in der Lage. Aber Pestonji Padshah, der damals als Notar am Obersten Gericht in Bombay arbeitete und ein alter Freund Mohans seit den Tagen in England war, weigerte sich nicht nur zu helfen, sondern versuchte auch noch, Mohan von seiner Rückkehr nach Südafrika abzubringen.
„Sehen Sie nur den Berg Arbeit, den wir hier haben. Die Armut, das Unwissen, die britische Herrschaft! Lassen Sie uns zunächst unsere Unabhängigkeit gewinnen. Danach werden wir für die Rechte der Inder in Südafrika kämpfen“, erklärte er.
Mohan konnte dem nicht zustimmen. So trennten sie sich als Freunde in gegenseitigem Respekt. Mohan verbrachte weitere Zeit damit, in Indien herumzureisen, um politische Führer Indiens, Zeitungsherausgeber und Leute aufzusuchen, die bereit waren, zuzuhören, wenn er von den Nöten in Südafrika berichtete.
Gegen Ende November war es, als ein Telegramm aus Durban eintraf, in dem Mohan mitgeteilt wurde, daß die Sitzungsperiode des Parlaments im Januar beginnen und er so bald als möglich zurückkehren sollte. Er war gerade in Kalkutta. Mit den Bengalen hatte er es schwerer als irgendwo sonst in Indien.
Bei den Engländern erweckte er tatsächlich mehr Sympathie als bei den Einheimischen. Nachdem er tagelang vergeblich versucht hatte, mit seiner Botschaft Anklang zu finden, wurde er gerade in dem Augenblick abberufen, als man anfing, auf ihn zu hören. Er eilte über Bombay zurück nach Rajkot. In Bombay unterbrach er die Reise, um für sich und seine Familie die Passage nach Südafrika zu buchen. Da bot ihm Dada Abdullah, Mohans früherer Arbeitgeber, eine freie Passage an. Er hatte gerade ein Schiff gekauft, die „Courland“. Mohan nahm hocherfreut an.

Dann eilte er nach Rajkot, um seine Familie auf eine neue Lebensweise vorzubereiten. Es gab erhebliche Unruhe auf allen Seiten. Die Brüder wußten nicht sicher, ob es eine kluge Entscheidung war, die Familie mit übers Meer in das unbekannte Land zu nehmen. Vielleicht hatten sie auch andere Gründe, wie zum Beispiel die Befürchtung, Mohan werde ihnen kein Geld mehr senden, da er seine Frau und Kinder bei sich hatte. Eine lange und bittere Kontroverse hatte es mit den Brüdern gegeben, bis Mohan schließlich eine detaillierte Aufstellung schickte, die bewies, daß er den Brüdern viel mehr zurückgezahlt hatte, als sie je geborgt hatten, um Geld nach England zu schicken.
Aber auch Kasturbai war beunruhigt. Der Gedanke, Tausende von Meilen von daheim und den Verwandten fortzugehen, mußte einen, der sich nie mehr als 150 Meilen von Rajkot entfernt hatte, mit Besorgnis erfüllen. Doch war Kasturbai in gewissem Sinn auch glücklich. Schließlich würde sie ihr eigenes Haus haben und mit ihrer Familie zusammenleben.
Da war noch das Problem mit dem Sohn von Mohans verwitweter Schwester, deren einzigem Kind. Wer würde sich um ihn kümmern? Mohan war es gewesen, der die Familie seiner Schwester nach Rajkot gebracht hatte, nachdem ihr Mann in Bombay schwer erkrankt war. Es lag daher in Mohans Verantwortung, sich um den Jungen zu kümmern. Mohan entzog sich dem nicht, sondern entschloß sich, den Jungen mit nach Südafrika zu nehmen. Er übernahm es auch, sich um seine Schwester zu kümmern, der er von Südafrika aus bis zu jenem Zeitpunkt regelmäßig Geld sandte, da er alle weltlichen Besitztümer aufgab.
Nach großem, tränenreichen Abschied in Rajkot trafen Mohan und seine Familie in Bombay ein, wo sie ihr Schiff erreichten. Die „Courland" verließ gleichzeitig mit der „Naderi" in Richtung Durban das Land. Beide zusammen hatten etwa 800 Inder an Bord, die wegen Arbeit und Geld nach Südafrika gingen.
Südafrika war damals noch kein Bundesstaat. Zwar gab es eine lockere Verbindung zwischen den vier Provinzen Natal, Transvaal, der Kap-Provinz und dem Oranje-Freistaat, aber jede Provinz hatte ihre eigenen Gesetze, die auch die Einwanderung regelten. Die meisten Inder auf den beiden Schiffen wollten nach Transvaal, der wirtschaftlich reichsten der vier Provinzen.
Goldminen zogen die Leute nach Transvaal, darum ging dort die Entwicklung schneller voran als anderswo. Durban wuchs vergleichsweise

sehr langsam. Seine Bedeutung bestand lediglich darin, daß es Hafenstadt war, ein Tor zum geheimnisvollen Osten und Sitz der Zuckerindustrie. Wenige blieben indessen dort. Bei erster Gelegenheit eilten sie davon nach Johannesburg.
Mohan überraschte es deshalb nicht, daß die meisten Inder unterwegs nach Transvaal waren. Jetzt, da er frei und doch gefangen war auf dem Schiff, verwandte er seine ganze Zeit darauf, seine Frau und seine Kinder aus bäuerlichen zu respektablen Menschen zu verwandeln, die einem englisch erzogenen Rechtsanwalt zur Ehre gereichten. In Bombay hatten sie über die Kleidung debattiert, die Kasturbai tragen würde. Kasturbai weigerte sich standhaft, englische Kleider zu tragen. Mohan stimmte dem zu. Er schlug einen Kompromiß vor und meinte, die langärmeligen, hemdartigen Blusen, wie sie von Parsenfrauen getragen werden, mit einem Sari darüber seien praktisch.
In Südafrika wurden die Parsen von den Weißen als die am meisten zivilisierten Asiaten betrachtet. Wenn man sich mit ihnen identifiziert, dachte Mohan, verleiht das Ansehen. Kasturbai und die Kinder wurden dazu gebracht, Socken und Schuhe zu tragen, und zwar von morgens, wenn sie aufstanden, bis abends, wenn sie zu Bett gingen, so daß sie sich daran gewöhnten. Das war etwas, das sie in Rajkot niemals machten, und so empfanden sie ihre Füße eingeengt. Sich an Socken und Schuhe zu gewöhnen, war für Kasturbai unendlich viel schwerer als für die Kinder.
„Tagelang hatte ich das Gefühl, als ob ich bei jedem Schritt hinfallen würde. Meine Füße schmerzten, und ich sehnte mich nach dem Abend, wo ich sie ausziehen konnte", erzählte sie später Freunden.
Mohan ließ sie alle so oft wie möglich auf dem Schiffsdeck spazierengehen. Er konzentrierte sich dabei auf Kasturbais Haltung.
„Geh bitte gerade, halte den Kopf hoch!" hielt er sich die ganze Zeit daran.
Kasturbai sehnte sich öfters nach der Freiheit und dem Frieden in Rajkot zurück. Dort gab es nichts von all diesem Unsinn. Sie konnte sich anziehen, wie sie es gewöhnt war, und sie konnte gehen und auf dem Boden sitzen, wie es ihr gefiel.
„Was für einen hohen Preis hat man zu bezahlen, um als zivilisiert zu gelten!" sagte sie einmal einem Freund.
Obgleich ihr das alles nicht gefiel, mühte sie sich um Mohans willen weiter damit ab. In Rajkot hatte sie mit einem großen Messingteller vor

sich am Boden gesessen, wenn sie aßen. So hatte sie es stets getan, seit sie allein sitzen und essen konnte. So machten es auch ihre Kinder. Jetzt aber hatte sie mit herunterhängenden Füßen am Tisch zu sitzen. Die Teller waren kleiner, und die Finger durfte man nicht zum Essen benutzen. Mohandas wachte wie ein Habicht über sie alle. Er tadelte endlos, wenn sie den Löffel nicht korrekt hielten oder das Messer nicht benutzten, wie es sich gehörte.

„Während Ihr eßt, müßt Ihr den Mund geschlossen halten", pflegte er zu sagen.

Es war schwer genug, mit lauter solchen Geräten zu essen, aber mit geschlossenem Mund zu essen, ohne zu schlürfen, war sehr, sehr schwierig.

Rasch wurden die Mahlzeiten zum Alpdruck für sie. Das Essen, so wie es war, war nicht halb so gut wie dasjenige, das Kasturbai zu Hause bereitete. Es erschien ihnen geschmacklos. Gekochtes Gemüse und Brot, das war etwas, das sie nicht einmal gesehen, geschweige denn probiert hatten.

Kasturbai ersehnte das Ende der Seereise, so daß sie nach Hause kämen und sie ein gutes Essen bereiten könne, das sie dann auf die einzige Art und Weise verspeisen würden, die sie kannte und mochte. Aber dies sollte noch lange nicht sein.

Knappe fünf Tage waren sie noch von Durban entfernt, als sie in einen Sturm gerieten. Die Schiffe wurden von riesigen Wellen hin- und hergeschleudert. Oft schien es, als ob sie alle untergehen sollten. Ähnlich wie für Kasturbai und ihre Kinder war es für die meisten der Passagiere die erste Seereise. Sie wurden daher von Todesangst gepackt.

In gewissem Sinne war der Sturm ein Vorzeichen dessen, was sie in Südafrika erwartete. Welcher Religion die Passagiere auch angehören mochten, sie wurden eins angesichts der allgemeinen Gefahr. An jenem Tag wurden verschiedentlich Gebete aufgesagt. Sogar der Kapitän kam einmal zu den Passagieren und sprach zu ihnen, nachdem man gemeinsam gebetet hatte.

„Ich weiß, der Sturm ist schrecklich", versuchte er sie zu beruhigen, „doch ich habe schlimmere Stürme als diesen erlebt und bin sicher, wir werden ihn überdauern."

Aber jedesmal, wenn sich das Schiff auf die Seite legte, schien es das letzte Mal zu sein, bevor es in der tobenden See versank.

Kasturbai und die Kinder waren seekrank. Sie konnten dem furchtbaren

Schleudern und Schlingern nicht standhalten. Ihr Magen drehte sich um. Kasturbai dachte, das Ende sei gekommen. Weit weg von daheim an unbekanntem Ort würden sie alle in dieser furchtbaren See ertrinken. Ihr einziger Trost war, daß sie alle zusammen sterben würden. Sie fragte sich, wie jemand an solche Seereisen denken konnte. Sie schwor sich, niemals wieder ein Schiff zu betreten, falls sie diesmal lebend davonkäme.

Es waren die längsten 24 Stunden, an die man sich erinnern konnte. Abgesehen von der Besatzung des Schiffes war Mohan der einzige Passagier, der von dem turbulenten Wetter unberührt blieb. Er tröstete seine Familie und ermutigte seine Freunde.

Als die beiden Schiffe endlich in Durban ankamen, nahmen die Gesundheitsbehörden sie fünf Tage lang in Quarantäne wegen der Pest, die in Bombay gewütet hatte. Ob das der wirkliche Grund für die Quarantäne war oder ob diese ausgelöst wurde wegen Mohans Kampagne in Indien gegen die Behandlung der Inder durch die weiße Regierung in Südafrika, wird man niemals erfahren.

Eine verzerrte Fassung von Mohans „Grüner Broschüre“ war durch Reuter nach Südafrika gelangt. Sie war auf ganze drei Zeilen reduziert, was nicht nur den Sinn der Forderungen Mohans entstellte, sondern auch unter den Weißen den Eindruck erwecken mußte, daß Mohan es darauf abgesehen hatte, ihnen Ärger zu machen.

Es kam zu erheblichem Zorn unter der weißen Bevölkerung. Sie wünschten Mohan zu lynchen. Das mochte die Regierung dazu bewogen haben, die Schiffe in der Bucht festzuhalten in der Hoffnung, der Sturm werde sich legen. Die Pest-Epidemie von Bombay lieferte einen guten Vorwand.

Für die Passagiere war diese erzwungene Gefangenschaft jedoch nervenaufreibend, zumal die Lage so unsicher war. Obwohl Mohan sich darauf konzentrierte, die Passagiere zu beruhigen und herauszufinden, was an Land vorsichging, setzte er seinen Unterricht unvermindert fort. Für Kasturbai war das ein merkwürdiger und unerfreulicher Anfang eines neuen Lebens. Ihr stand Schlimmes bevor.

Von den Büros der Firma Dada Abdullah & Co erhielt Mohan täglich Berichte über das, was sich in der Stadt Durban ereignete. Angestiftet durch die Regierung in Natal, hielten die wütenden Weißen öffentliche Versammlungen ab, auf denen Mohan verdammt und seine Abschiebung gefordert wurde.

Es war der Eindruck entstanden, er beschuldige alle Weißen, die Inder schlecht zu behandeln. Nun kämen zwei Schiffsladungen Inder, um das Land mit den braunen Asiaten zu überschwemmen, die dann für gleiche Rechte kämpften.
Die Weißen forderten, daß die Schiffe umkehrten. Sie drohten damit, sie würden alle Inder töten, falls sie in Durban an Land gingen. Als das nicht wirkte, boten sie Dada Abdullah Geld an. Die Weißen waren bereit, den Eigentümern der Schiffe die Kosten für die Rückreise aller Passagiere nach Indien zu ersetzen. Sie boten sogar an, jedem Passagier sein Fahrgeld zu vergüten. Schließlich richteten sie ihre Drohungen direkt an die Passagiere auf den Schiffen:
„Ihr werdet getötet, wenn Ihr hier an Land geht!“ schrien sie.
„Geht zurück nach Indien, und wir werden alle Eure Auslagen ersetzen!“
Wenn Mohan bestürzt war, wurden Kasturbai und die Kinder in große Angst versetzt.
„Wo sind wir gelandet!“ murrte sie.
Mohan bemühte sich, alle zu beruhigen. Viele Passagiere wollten wieder zurückreisen. Aber Mohan wollte davon nichts wissen.
„Ihr habt ebenso viel Recht wie die Weißen, in Südafrika zu sein“, erklärte er. „Ihr dürft Euch nicht durch ihre Drohungen ängstigen lassen!“
Kasturbai erkannte, daß sich der Zorn der Weißen hauptsächlich gegen Mohan richtete. Sie fürchtete um ihn. Sie kam aus dem sicheren Schutz von Rajkot, wo sie so etwas noch nicht erlebt hatte. Sie hatte noch nie die Weißen und das Ausmaß ihres Zornes erfahren. Aber was sie über diese seltsame Rasse auf dem Schiff hörte, mochte sie nicht.
„Was werden sie meinem Mann antun!“ fragte sie sich im stillen. In der Geborgenheit ihrer Kabine, wo sie mit Mohan allein war, drückte sie ihre Befürchtungen noch deutlicher aus.
„Ich habe nichts Unrechtes getan!“ erwiderte Mohan. „Die Forderungen, die ich namens der Inder erhoben habe, sind gerecht. Ich begreife nicht, warum sie darüber so empört sind.“
„Zweifellos sind Deine Forderungen gerecht und vernünftig“, entgegnete Kasturbai, aber wie kann man das dem wütenden Mob erklären?“
„Wir müssen auf Gott vertrauen. Er wird uns durch diese Krise hindurchführen“, sagte Mohan und ließ keine weitere Diskussion zu.
Mohan hatte Kopien all der Artikel und Reden, die er in Indien verfaßt

hatte. Alles war stilistisch ausgefeilt. Obwohl er unbedingt überzeugt davon war, daß er nichts übertrieben, noch die weiße Regierung oder die Bevölkerung verdammt hatte, ging er noch einmal die Texte wie mit einem engen Kamm durch. Er wollte hundertprozentig sicher sein, war er doch bereit, sich zu entschuldigen, falls ihm irgendwo ein Fehler unterlaufen war. Das Unheil lag in jenen drei Sätzen, die die Nachrichtenagentur Reuter aus dem Zusammenhang gerissen und nach Südafrika übermittelt hatte.

Am Ende des fünften Tages bestand kein Grund mehr, die zwei Schiffe auf See festzuhalten oder gar nach Indien zurückzuschicken. Die Behörden von Natal erteilten ihnen die Genehmigung, vor Anker zu gehen.

6. Kapitel

Der seltsame Empfang — Harilals Ausbildung

Kasturbai war ganz krank von dem Schiff. Sie brannte darauf, hinunter zu kommen und wieder auf festem Boden zu stehen. Die 23 Tage Seereise schienen eine Unendlichkeit gewesen zu sein. Das dauernde Schaukeln und Schlingern, das Festgebanntsein auf eng begrenztem Raum und der Sturm hatten sie ganz elend werden lassen.
Nun gab es Sturm auf dem Land, und Mohan, ihr Mann, stand in dessen Mitte. Kasturbai wurde von Furcht ergriffen, nicht in Bezug auf sich selbst, sondern wegen Mohan. Was werden diese Menschen ihm antun? Warum war ihre Familie zu diesem schrecklichen Ort gekommen? Gedanken solcher Art gingen ihr durch den Kopf.
Ein fremdartiges Land, merkwürdige Menschen, eine merkwürdige Seereise! All dies war sehr beunruhigend für sie. Da hatte solch ein feindseliger Empfang gerade noch gefehlt! Sie konnte einfach nicht verstehen, was vorsichging.
Die Schiffe waren vor Anker gegangen. Die Passagiere gingen von Bord. Die Familie Gandhi saß auf dem Schiff fest.
Kasturbai hatte alle Taschen zusammengepackt und wartete auf Mohan. Auch die beiden Jungen wurden unruhig.
„Wie lange sollen wir hier festsitzen?" fragte Harilal.
„Ich weiß es nicht, mein Junge", sagte Kasturbai und klopfte ihm beruhigend auf die Schulter. Mohan war nirgends zu sehen. Der Kapitän hatte ihn gerufen.
„Ich habe eine Botschaft für Sie von Harry Escombe", sagte er zu Mohan, als der seine Kajüte betrat.
„Was steht darin?" fragte Mohan gespannt.
„Escombe meint, die Atmosphäre in der Stadt sei zu feindselig, als daß Sie sich bei Tageslicht herauswagen könnten", erklärte der Kapitän. „Er empfiehlt, daß Sie bis zum Einbruch der Dunkelheit an Bord bleiben und dann unauffällig das Schiff verlassen."
„In Ordnung", sagte Mohan. „Wenn Escombe das meint, werde ich an Bord bleiben."
Mohan verließ das Büro des Kapitäns und ging hinüber zu seiner Kabine, um Kasturbai und die Kinder zu informieren.
Natürlich war Mohan in einem Dilemma. Er wußte nicht, was er tun soll-

te. Er war überzeugt, daß er unschuldig war. Er hatte keinerlei Verbrechen verübt, also bestand kein Grund, die Stadt wie ein Dieb in der Dunkelheit zu betreten. Doch in der Vergangenheit war er von dem weißen Rassisten geschlagen worden und wußte daher, was der Zorn der Weißen bedeutete. Er wußte, wozu sie ihm gegenüber fähig waren und daß der Mob ihm keine Chance geben würde, seine Unschuld zu beweisen. Wenn Escombe meinte, dies sei die beste Form, sich nach Durban hineinzubegeben, mußte er es wissen. Wenn ihm der Gedanke auch fremd war, so nahm er doch die Empfehlung ohne Widerspruch an.

Kaum hatte er Kasturbai die Lage erläutert und ihre Ängste beschwichtigt, als eine weitere Botschaft vom Kapitän eintraf.

Mohan eilte davon und ließ Kasturbai und die beiden Jungen verblüfft zurück.

Als er das Büro des Kapitäns betrat, war auch Mr. Laughton, der Rechtsberater der Schiffsagentur, anwesend.

Mohan wurde gebeten, Platz zu nehmen. Er setzte sich behutsam hin, ohne zu ahnen, was für neue Trübsal Mr. Laughton gerade enthüllte.

„Ich erkläre gerade dem Kapitän", wandte sich Laughton zu Mohan, „daß Sie nicht verpflichtet sind, Mr. Escombes Rat zu befolgen. Wenn Sie keine Angst haben, schlage ich vor, daß Ihre Frau und Ihre Kinder zum Hause Rustomjee hinunterfahren, während Sie und ich dorthin gehen."

„Ich habe keine Angst", sagte Mohan zögernd.

„Die Weißen haben sich zerstreut, und ich glaube nicht, daß einer Sie angreifen wird. Außerdem gefällt mir nicht der Gedanke, daß Sie die Stadt wie ein Dieb in der Nacht betreten", begründete Mr. Laughton seinen Vorschlag.

„Ich stimme Ihnen völlig zu", erwiderte Mohan.

Aber als er Kasturbai und die Kinder veranlassen wollte, das Schiff zu verlassen, war Kasturbai keineswegs begeistert, ohne ihren Mann wegzugehen.

„Ich werde mit Dir gehen", sagte sie.

„Das geht nicht", widersprach ihr Mohan. „Um zu Fuß zu gehen, ist es zu weit, und die Kinder können nicht allein gehen."

Es bedurfte einiger Überzeugungskraft, bis Kasturbai bereit war, ohne ihn zu gehen. Sie sträubte sich aus zwei Gründen. Erstens wollte sie an Mohans Seite sein, wenn er in Gefahr geriet. Obwohl Mohan sich bemüht hatte, nicht zu viel der Ungelegenheiten, denen er gegenüberstand, preiszugeben, hatte Kasturbai begriffen, daß nicht alles in Ordnung war. Falls ihr Mann physischer Gefahr ausgesetzt sein sollte, wollte sie an seiner Seite stehen.

Der andere Grund war in der Tat sehr verständlich. Sie befand sich an einem fremden Ort und konnte die Feindseligkeit der Weißen spüren. Nun wurde sie gebeten, allein mit den Jungen zum Hause Rustomjee zu gehen. Sie hatte die Rustomjees nie gesehen. Sie hörte, daß sie keine Hindus waren. Sie mußten demnach eine ganz andere Lebensart haben. Wie konnte sie allein dorthin gehen!

Aber sie mußte es wegen der beiden Jungen. Nachdem alle sicher verstaut waren, verabschiedete sich Mohan von dem Kapitän und trat an der Seite von Mr. Laughton den 3-Kilometer-Marsch zum Hause Rustomjee an.

Normalerweise begegnete man auf der ersten Meile gerader Straße durch die Docks, die in einen freien Platz mündete, keinem Fußgänger oder Verkehr außer dem von Lastwagen, die Händler und Dockarbeiter zu ihrer Arbeit brachten.

Aber dies war kein normaler Tag. Die Weißen waren von unbedeutenden örtlichen Politikern aufgehetzt worden. Viele von ihnen streiften im Dockgelände umher in der Hoffnung, Mohans habhaft zu werden und ihn zu verprügeln.

Als Mr. Laughton eingetroffen war, hatten viele den Pöbelhaufen verlassen, um sich an ihre Arbeit zu begeben. Doch einige blieben.

Laughtons Vorschlag, Mohan solle bei hellem Tageslicht durch die Straßen gehen, mag ehrenwert gewesen sein. Doch hinterläßt er beim Historiker einen gewissen Zweifel, daß er ein Trick gewesen sein könnte, Mohan aus der Sicherheit des Schiffes herauszulocken.

Liberale Weiße spielten damals ein doppeltes Spiel. Da die Inder noch das aktive Wahlrecht hatten, aber nur einen weißen Abgeordneten wählen konnten, stellten sich einige wie Laughton und Escombe als Liberale zur Schau in der Hoffnung, die Sympathien der Inder zu gewinnen. Doch wollten sie keinesfalls von den Weißen als „Liebhaber der Schwarzen“ betrachtet werden. So hatten sie eine Gratwanderung zu vollziehen, bei der sie ihr Gleichgewicht nicht verlieren durften.

Laughton könnte auf Mohans Ehrgefühl angespielt haben, indem er empfahl, als tapferer Mann von Bord zu gehen, und gleichzeitig die Bewunderung seiner weißen Rassisten gewinnen haben wollen, indem er ihnen Mohan in die Hand spielte.

Angesichts fehlender Beweise muß man indessen wie Mohan selbst annehmen, daß Laughton ein ehrenwerter Mann mit ehrenwerten Zielen war.
Kaum war Mohan einige hundert Meter vom Schiff entfernt, als er von einer Gruppe weißer Rowdys, die im Dockgelände umherstreifte, gesehen und erkannt wurde.
„Gandhi, Gandhi!" schrien sie, und bevor sie etwas unternehmen konnten, waren Mohan und Laughton von feindseligem Mob umgeben.
Da sah Laughton eine Rikscha vorbeifahren. Er hielt den armen, elend aussehenden Afrikaner, der sie zog, an. Dann drängte er Mohan, einzusteigen und zu fliehen. Aber Mohan konnte nicht. Der Mob wollte es keinesfalls erlauben. Auch verschmähte Mohan, in einem Fahrzeug zu sitzen, das von einem menschlichen Wesen gezogen werden mußte.
Der Mob verschreckte den schwarzen Rikscha-Fahrer zu Tode, so daß der arme Teufel entsetzt von der Bildfläche verschwand.
Die aufgestaute Wut der weißen Rassisten machte sich dann Luft in Gewalt. Sie stießen Laughton zur Seite und bearbeiteten Mohan mit Fäusten, schlugen ihn, traten ihn mit Füßen und hätten ihn wahrscheinlich ermordet, wäre nicht die tapfere Alexandra gewesen, die Frau des Polizeichefs. Sie kam, wie durch göttliche Fügung bestimmt, zufällig vorbei, als sie den Tumult hörte und den Mob jemanden schlagen sah. Sie stieß sich den Weg durch die Menge frei und fand zu ihrem Entsetzen, daß es Mohan war — sie kannte ihn sehr gut —, der da verprügelt wurde. Sie öffnete ihren Schirm und schützte Mohan so vor den Steinbrocken.
Abgesehen von der Hemmung, eine Dame zu verletzen, erkannte der Mob, daß sie die Frau des Polizeichefs war, und niemand hatte ein Interesse, den Zorn der Polizei durch Verletzen der Frau des Chefs herauszufordern.
Ungefähr zur selben Zeit, als Frau Alexandra in dieser häßlichen Szene erschien, kam ein indischer Passant vorbei, der ebenfalls Mohan erkannte und sah, in welcher Notlage er sich befand. Der unbekannte Inder rannte zur Polizeistation und berichtete die Sache dem Polizeichef Alexandra, der sofort ein Polizeiaufgebot losschickte, um die Menge zu zerstreuen und Mohan zum Hause Rustomjee zu geleiten.
Erst als Mohan im Hause des Freundes in Sicherheit war, erkannte er, daß sein Gesicht und sein Körper blau und schwarz von Blutergüssen waren.

Kasturbai war beim Anblick Mohans entsetzt. Tränen der Reue und des Bedauerns strömten ihr über die Wangen. Einerseits verlangte sie danach, ihrem Manne zur Seite zu stehen und ihm zu helfen. Andererseits gebot ihre Erziehung, die sie in Rajkot erfahren hatte, jede öffentliche Gefühlsäußerung ihrem Mann gegenüber zu meiden. In diesem fremden Haus unter fremden Menschen hatte sie ein großes Unglück heimgesucht.
Was sollte sie tun?
Kasturbai konnte sich rasch veränderten Umständen anpassen. Anstatt herumzustehen und zu weinen, eilte sie an Mohans Seite.
„Was haben sie mit Dir gemacht?" rief sie.
„Es ist nichts", beruhigte er sie. „Ich bin nicht schwer verletzt."
Aber Kasturbai war nicht leicht abzufertigen. Sie holte ein Gefäß mit Wasser und tupfte die Blutergüsse mit ihrem Taschentuch ab.
Der Schiffsarzt hielt sich in Rustomjees Haus auf. Er untersuchte Mohan gründlich.
Dr. Dadibarjor fand eine Schramme und verband sie.
Indessen waren die Weißen mit Mohan noch nicht fertig. Draußen hatte sich eine lärmende Menge versammelt. Sie forderte wütend, daß Gandhi herausgeschickt würde.
„Wir müssen Gandhi haben. Wir wollen ihn lynchen."
Die Rufe konnten drinnen deutlich vernommen werden, obwohl Türen und Fenster verriegelt waren. Alle im Haus waren in Schrecken versetzt. Der Mob drohte, ins Haus einzudringen. Die Polizei war zwar da, aber sie befand sich in der Minderheit. Außerdem wurde die weiße Polizei in Südafrika bei einer Auseinandersetzung mit Farbigen selten gegen weiße Bürger aktiv. Es wäre daher für den Polizeichef selbstmörderisch gewesen, seinen Leuten zu befehlen, die wütende weiße Menge zu zerstreuen, wenngleich sie feindselig war und drohte, das Gesetz in ihre Hände zu nehmen.
Polizeichef Alexandra benutzte stattdessen seine geistigen Fähigkeiten. Er scherzte mit der Menge und versuchte, ihre Aufmerksamkeit abzulenken und ihre Gereiztheit abzukühlen, indem er Witze riß.
Als die Nacht einbrach, war Alexandra erschöpft. Er konnte mit der Menge, die weiter anwuchs und noch wütender wurde, nicht mehr scherzen.
Er sandte eine Botschaft an Mohan: „Falls Sie das Haus Ihres Freundes und das Leben Ihrer Familie retten wollen, müssen Sie von hier in

Verkleidung entkommen. Überlegen Sie sich das bitte rasch." Die Botschaft wurde von einem weißen Polizisten überbracht.
„Was ist Ihr Plan?" wollte Mohan wissen.
Der Polizist hatte ein Paket mitgebracht, das die Uniform eines indischen Polizisten enthielt.
„Ziehen Sie das an!" sagte er.
Mohan zog die Uniform an. Um den Kopf wand er einen grellen Madras-Turban. Auch die weißen Polizisten waren verkleidet und malten ihre Gesichter braun an, um wie Inder auszusehen.
Mohan verabschiedete sich von einer weinenden Kasturbai. Es war eine seltsame Heimkehr für sie. Ihr ganzes Leben lang wollte sie ein Heim für sich, und als sie es nun hatte, wurde sie der Bedrohung durch feindselige Rassisten ausgesetzt, die ihren Mann töten wollten.
„Wie werden wir es jemals fertigbringen, hier zu leben?" murmelte sie zwischendurch.
„Sei unbesorgt!" versuchte Mohan sie zu beruhigen. „Es sind nette Menschen. Wenn ich ihnen die Wahrheit erkläre, werden sie sehr gut zu uns sein. Ich vertraue ihnen."
Kasturbai war nicht so sicher. Indessen konnte sie nichts ändern.
Mohan und die beiden Geheimpolizisten schlüpften durch die Hintertür hinaus, sprangen über den Zaun zum benachbarten Haus und kamen aus dessen Haupteingang heraus. Die Menge tobte noch immer. Alexandra hatte einen Reim gebildet, den er mit lauter und durchdringender Stimme sang: „Hängt den alten Gandhi an den sauren Apfelbaum", lautete die erste Zeile. Er führte den Refrain an, und die Menge sang ihn mit.
Mohan und die verkleideten Polizisten schlängelten sich durch die Menge, um in eine Droschke zu gelangen, die in einiger Entfernung wartete.
Als Alexandra die Nachricht erhielt, daß Mohan sicher in der Polizeistation eingetroffen war, sprach er zu der Menge: „Euer Mann ist entkommen. Er ist nicht mehr im Haus. Ihr könnt jetzt auseinandergehen."
Einige Leute ärgerten sich und ziehen ihn der Lüge. Andere, die sich beruhigt hatten, brachen in Gelächter aus.
„Ich lüge nicht", sagte Alexandra zu den Zweiflern. „Wenn Sie es wünschen, können Sie zwei oder drei Leute benennen, die das Haus durchsuchen dürfen. Wenn Sie Gandhi finden, können Sie ihn haben. Wenn nicht, müssen Sie friedlich nach Hause gehen."

Der Handel war abgeschlossen. Zwei aus der Menge betraten das Haus und durchsuchten jedes Zimmer. Alles, was sie fanden, waren ein paar Inder, die durch den Tumult verängstigt waren.
In einem anderen Zimmer fanden sie Kasturbai, die sie aus tränenfeuchten Augen anstarrte, sowie ihre zwei Söhne, die sich, verdutzt und erschreckt, an ihre Mutter schmiegten. Aber von Mohan keine Spur!
„Er ist wirklich verschwunden", meldeten die Männer der Menge, die sich dann langsam auflöste.
Alexandra stieß einen Seufzer der Erleichterung aus, rieb seine Augenbrauen und eilte auf dem schnellsten Wege zur Polizeistation.
Man überzeugte Mohan, daß er zwei Tage in der Polizeistation verbringen müßte, bis der Sturm nachließ und er sich sicher entfernen könnte. Hilfreich für die Entwirrung der Lage war, daß Mohan es ablehnte, eine Bestrafung derjenigen zu verlangen, die tätlich gegen ihn vorgegangen waren. Hilfreich war auch ein Interview Mohans mit dem „Natal Advertiser", in dem er bewies, daß seine Reden und Artikel in Indien nichts enthielten, was er nicht schon in Südafrika gesagt hatte.
Kasturbai blieb mit den Kindern im Hause der Rustomjees. Sie war zunächst einmal vollkommen ratlos. Für sie fand ein seelisch erschütternder Wandel in ihrem Lebensstil statt. Von der stillen, beschützenden, frommen Zurückgezogenheit Rajkots, wo sie nicht aus der Küche oder ihrem Zimmer herauskam, ohne ihr Gesicht zu bedecken, wurde sie in eine andersartige Atmosphäre geschleudert, wo Männer und Frauen zusammensaßen und sich unterhielten, zusammen ausgingen und die Frauen nicht einmal ihren Kopf, geschweige denn ihr Gesicht bedeckten.
Das war noch nicht alles. Die Rustomjees waren Parsen und aßen somit Fisch und Fleisch. In Rajkot war das tabu. Man ging dort nicht in die Nähe von Fleischessern. Mit solchen im selben Haus zu wohnen, war indiskutabel. Die Krönung von allem war, daß Mohan nicht bei ihr sein konnte, sondern auf der Polizeistation bleiben mußte.
„Gott weiß, was kommen wird", dachte sie. „Wann und wie wird er nach Hause können? Wie werden wir hier leben?" Diese und viele andere Fragen gaben ihr Rätsel auf.
Irgendwie gingen die Tage vorüber. Als Mohan zwei Tage später von der Polizeistation kam, fühlte sie sich erleichtert.
Mohans Haus lag in der Nähe, in einer Seitengasse der Esplanade. Während seiner Abwesenheit war es verschlossen worden.

Es mußte gereinigt und gelüftet werden, bevor sie einziehen konnten. „Sie können hier bleiben, solange Sie wollen", erklärte Mr. Rustomjee. Mohan wußte, daß er auf alle seine Freunde zählen konnte. Er zeigte Kasturbai und den Kindern das Haus, das mit Hilfe einiger Diener gereinigt wurde. Dann kauften sie Vorräte. Vier Tage nach Verlassen des Schiffes zogen sie ein.

Es war das erstemal, daß Kasturbai in ein Haus einziehen sollte, das ganz das ihre war. Sie war stolz und in gehobener Stimmung, die Befürchtungen der ersten Tage wichen der Freude.

Das Haus war anders als die Häuser, an die sie gewöhnt war, aber es war gut, und sie wollte es warm und gastlich machen.

Das erste, woran sie sich erst gewöhnen mußte, war die Küche, in der sie sich bewegen und arbeiten mußte. In Rajkot und Porbandar hockten sie stets auf dem Boden und benutzten den kleinen runden Kohleofen. Hier stand sie vor einem riesigen Herd, in dem Kohle und Holz verbrannt wurde. Er hatte sechs Platten. Mohan mußte ihr zeigen, wie er anzumachen war. Es kostete sie einige Zeit, sich daran zu gewöhnen, die anstehenden Dinge zu tun, aber sie brachte es fertig. Alle wurden wieder glücklich.

Jetzt stand Mohan zum erstenmal vor dem grundlegenden Problem: seine Kinder zwecks Ausbildung zur Schule zu schicken. Darüber gab es zahlreiche Auseinandersetzungen. Jedesmal obsiegte jedoch Mohans Wille.

Da waren drei Jungen: der Sohn von Mohans Schwester, der zehn Jahre alt war, Harilal, der neun, und Manilal, der fünf Jahre alt war. Während es mit Manilal noch etwas Zeit hatte, mit der Schulausbildung zu beginnen, hatten sie die beiden älteren Jungen nötig.

Eine Schule für sie zu finden, hieß das Problem, vor dem Mohan stand. Die Ausbildung erfolgte damals, wie auch heute, nach Rassen getrennt. Nur wenigen Kindern von ganz besonderen Farbigen wurde die Genehmigung erteilt, Schulen zu besuchen, die für Weiße gedacht waren. Mohan würde sehr viel Einfluß ausüben müssen, um hier die Zulassung zu erhalten.

Er fragte sich, ob das überhaupt ratsam wäre, vorausgesetzt, er erhielte die Erlaubnis. Die Jungen bekämen einen Komplex, wenn sie in eine Schule nur für Weiße gehen und sich nur mit weißen Kindern abgeben müßten. Der indischen Gesellschaft würden sie entfremden. Im Endeffekt gehörten sie weder hier- noch dorthin.

Mohan dachte lange darüber nach. Bei Gelegenheit besprach er seine Befürchtungen mit Kasturbai.
„Es wäre etwas anderes", sagte er, „wenn die Jungen groß wären und höhere Schulbildung brauchten."
Kasturbai stimmte ihm zu. Sie versuchte, ihn zu überreden, die Zulassung zu einer indischen Schule zu erwirken.
Mohan sah sich diesem Problem im Januar 1897 konfrontiert. Damals hatte er seine Ansichten über den Nutzen formaler Ausbildung noch nicht geändert. Das geschah erst etwa vier Jahre später.
Zu dieser Zeit lag für Mohan das Problem noch nicht darin, daß formale Ausbildung aus Menschen Eigenbrötler macht. Es lag vielmehr darin, daß die weißen Schulen für die Jungen zu gut und die indischen Schulen zu dürftig waren.
In der Tat war das indische Erziehungswesen in Südafrika nicht fortentwickelt worden. Es gab einige wenige Tamil-, Telugu-, Hindi- und Englisch-Schulen von zweifelhafter Qualität. Die Lehrer waren ungeeignet, und der Standard der Ausbildung ließ manches zu wünschen übrig.
„Was hat es für einen Sinn, die Jungen in solche Schulen zu schikken?" fragte er Kasturbai eines Abends.
„Aber sie müssen etwas Ausbildung erhalten", machte sie geltend.
Mohan kam schließlich zu dem Ergebnis, es solle eine Erzieherin beauftragt werden, die Jungen daheim zu unterrichten. Das führte er auch durch. Er fand eine weiße Erzieherin, die er anwies, einem bestimmten Stundenplan zu folgen.
Seit Geburt der Kinder hatte Mohan fern von ihnen gelebt. Jetzt merkte er, daß sie dauernd bei ihren Eltern sein müßten. An weitere Trennung war nicht zu denken. Kasturbai verstand ihn darin gut und stimmte ihm zu.
Er glaubte, er würde den Jungen zu Hause und auf seine Art und Weise all den Unterricht geben, den sie brauchten. Er war überzeugt, daß er sie zu besseren Bürgern machen würde, als das die Schulen täten.
Einige Monate später war er so sehr enttäuscht von dem Unterricht, den die weiße Erzieherin erteilte, daß er sie entließ.
Aber neben seiner wachsenden Praxis, seinen Verpflichtungen gegenüber der indischen Gemeinde und der Sozialarbeit war es schwierig für ihn, selbst den Kindern genügend Zeit zu widmen.
Was Kasturbai anbetraf, kam er abends zu spät nach Hause und versuchte, ihre Lektionen abzuhören, als beide zu müde waren, um sich

noch zu konzentrieren. Manchmal begann er damit morgens in der Frühe, wenn die Kinder noch zu verschlafen waren.
Auf die Dauer konnte das nicht gut gehen. Kasturbai sagte ihm das auch bei mehreren Gelegenheiten.
Sie war eine einfache, erdnahe Frau und meinte, wenn es Schulen gibt, sollte man die Jungen dorthin schicken.
Nach vielen Monaten der Auseinandersetzung und des offenkundigen Scheiterns mit dem Versuch, daheim zu unterrichten, entschloß sich Mohan, die beiden älteren Jungen Harilal und seinen Vetter auf eine Internatsschule nach Indien zu schicken.
Aber sie blieben dort nicht länger als ein paar Monate. Überzeugt, daß Internatsschulen für niemanden taugen, rief Mohan sie zurück.
Warum das geschah, ist nicht ganz eindeutig. Aber man nimmt an, er rief sie zurück, weil Harilal dort nicht-wünschenswerten Umgang mit schlechten Burschen hatte, wie sie in einer Internatsschule vorkommen.
Indessen hatte dieses Experiment weitreichende Konsequenzen für die ganze Familie, unter denen alle litten.
Harilal war der strahlendste der vier Jungen. Er stimmte nicht mit Mohans Konzept einer nicht-formalen Ausbildung überein. Nach ein paar Jahren Aufenthalt in Südafrika brach er erneut mit Mohans Überzeugungen und ging nach Indien zurück, wo er eine weiterführende Schule in Ahmedabad besuchte.
Etwas anderes ist es, daß er seine Ausbildung niemals abschloß und stattdessen alle Untugenden aufgriff, denen ein Jüngling ausgesetzt ist.
In seiner Autobiographie räumt Mohan ein: „Diese Experimente waren völlig unzureichend. Ich konnte den Kindern nicht die Zeit widmen, wie ich es gern getan hätte. Mein Unvermögen, ihnen genügend Aufmerksamkeit zu schenken, und andere unvermeidbare Gründe hinderten mich daran, sie mit derjenigen Schulausbildung zu versehen, die ich mir gewünscht hätte. Alle meine Söhne haben in dieser Angelegenheit Klagen gegen mich erhoben. Sooft sie einem M.A. (Magister of Arts) oder B.A. (Bachelor of Arts) oder auch nur einem Abiturienten begegnen, empfinden sie offenbar das Handicap ihrer unzureichenden Schulbildung." Mohan gibt auch zu, daß er es noch aus einem anderen Grund vorzog, die Jungen zu Hause zu unterrichten. Er befürchtete, daß „künstliche Erziehung in England oder in Südafrika" sie „künstliche

Lebensweisen" aufgreifen ließ, die „ein ernsthaftes Hindernis für meine öffentliche Arbeit gewesen wäre".
Das heißt im wesentlichen, Mohan zog es vor, die Zukunft seiner Familie dem Wohl der Menschheit zu opfern und bezahlte dafür schließlich den Preis, seinen ältesten Sohn für immer zu verlieren.
Bezeichnenderweise tadelt sich Mohan hierfür selber, was in gewissem Sinne richtig ist. Aber der Fehler, den er ausmacht, ist nicht überzeugend.
„Ich habe stets empfunden", schreibt er, „daß die unerwünschten Charakterzüge, die ich heute in meinem ältesten Sohn sehe, ein Widerhall auf mein eigenes undiszipliniertes und ungeformtes frühes Leben sind. Ich betrachte diese Zeit als eine Periode des unfertigen Wissens und des Schwelgens. Sie fällt zusammen mit den Jahren, in denen mein ältester Sohn am aufnahmefähigsten war..."
Harilal kam nur wenige Monate, bevor Mohan zwecks Studium nach England ging, zur Welt. Drei Jahre später kam Mohan zurück, war aber kaum jemals daheim, es sei denn für ein paar Monate, bevor er für weitere drei Jahre nach Südafrika ging. Zu der Zeit, als Mohan von Südafrika zurückkam und seine Familie mit nach dort zurücknahm, war er bereits ein gewandelter Mensch. Er war mit weitaus zu vielen Dingen befaßt, um „undiszipliniert und nachsichtig" zu sein.
Wenn man auf sein starkes Geschlechtsleben hinweist und Mohans sexuelles Verlangen tatsächlich als übertrieben bezeichnet werden kann, dann ist es ein Versagen, das alle seine Abkömmlinge geerbt haben, so wie er es selbst von seinen Vorvätern ererbt hat. Wie konnte allein das der Grund für Harilals Niedergang sein?
Bei der ersten Auseinandersetzung zwischen Harilal und seinem Vater ging es um die Ausbildung. Harilal wollte zur Schule gehen und ein College besuchen. Aber Mohan willigte nicht ein. Seine Argumente gingen über das Verständnis des kleinen Jungen hinaus. Was er den maßgebenden Umständen entnahm, war, daß alle jungen Burschen seines Alters zur Schule gingen und die Colleges besuchten, um Kenntnisse zu erwerben. Er wollte dasselbe tun.
Mohan erkannte nicht, daß Dienst an den Menschen nicht etwas ist, das man jedem auferlegen kann, am wenigsten seinen Kindern. Man kann nur Beispiel geben durch Selbsttun und hoffen, die Kinder werden davon lernen, das Wesentliche annehmen und ihr Leben auf ihre Art leben. Mohan war das Produkt einer Zeit, in der Berufe von Generation zu

Generation weitergegeben wurden. Wenn ein Vater Juwelier war, pflegte der Sohn auch Juwelier zu werden und so fort. Aber um die Jahrhundertwende begannen sich die Dinge zu ändern, zumal die Interessen seiner Söhne sich mit den Reisen ausweiteten. Sie fingen an, sich eine eigene Meinung zu bilden und ihre Ziele selbst zu entwerfen.
Harilal war der strahlendste und verwegenste und natürlich der rebellischste. Es gibt Grund zu der Annahme, er wäre nicht vom rechten Wege abgekommen, wie es schließlich geschah, hätte man ihm erlaubt zu studieren, so viel er wollte.

7. Kapitel

Experimente — Verwandlungen — Neue Wege

Kasturbai mußte während dieser Jahre durch schwere Qual hindurch. Da war zunächst einmal das Problem mit Harilals Ausbildung. Sodann änderte Mohan weiterhin seine Vorstellungen vom Leben. Er schien die ganze Zeit von etwas beunruhigt zu werden.

In dem Jahr nach ihrer Ankunft in Südafrika wurde sie erneut schwanger. Sie erwartete nun ihr drittes Kind. Diesmal war die Schwangerschaft schwieriger. Sie fühlte sich hin und wieder sehr krank. Die Arbeit im Haushalt begann, sie arg mitzunehmen. Aber sie verrichtete sie tapfer weiter. Liebte sie doch ihre Kinder und ihren Mann und wollte das mindeste tun, das sie für sie tun konnte: ein glückliches und friedvolles Haus führen.

Mohans Praxis ging gut. Seine Arbeit für die indische Gemeinde hieß Petitionen und Presseverlautbarungen schreiben, sowie die indische Kongreß-Bewegung in Natal organisieren. Das befriedigte ihn nicht.

Etwa zu dieser Zeit kam ein aussätziger Bettler an die Tür. Der Mann war elend und wollte etwas zu essen haben. Mohan geriet in einen Zwiespalt. Sollte er dem armen Kerl bloß etwas zu essen geben und ihn dann wegschicken, oder sollte er ihm Unterkunft gewähren und ihn gesund pflegen? Er holte sich Rat bei Kasturbai.

„Du mußt das tun, was Du meinst, dann ist es richtig!" sagte sie.

Mohan hatte bis dahin kaum Erfahrung in Krankenpflege. Alles, was er bisher auf diesem Gebiet getan hatte, war, nach seinem leidenden Vater und später seinem kranken Schwager zu sehen. Aus Mitleid nahm Mohan den Leprösen in seinem Haus auf und pflegte ihn ein paar Tage. Offenbar benötigte aber der Mann entsprechende Medizin. Einfach die Wunden zu verbinden, konnte ihm nicht weiterhelfen. Zudem konnte Mohan nicht seine ganze Zeit dem Patienten widmen, und sonst war niemand da, der sich um ihn kümmern konnte, während Mohan im Büro war.

So erkannte er, daß seine Maßnahmen unpraktisch waren, und veranlaßte, daß der Kranke in das Regierungskrankenhaus für vertraglich verpflichtete Arbeiter gebracht wurde.

Für Kasturbai war das alles eine zusätzliche Belastung gewesen. Sie hatte zwei kleine Kinder, das dritte war unterwegs. Es ging ihr selbst

nicht gut, und sie hatte alle Hände voll mit dem Haushalt zu tun. Aber sie entschloß sich, Mohan nichts in den Weg zu legen, wenn ihm diese zusätzliche Aufgabe einige Befriedigung gab.
Der Vorfall mit dem Aussätzigen hatte ein Schlaglicht auf Mohans Unzulänglichkeit im medizinischen Bereich geworfen. Er beschloß, etwas dafür zu tun.
Die Wohlfahrtsorganisation des Parsen Rustomjee hatte gerade ein Krankenhaus eröffnet. Es stand unter der Leitung eines Dr. Booth, der der St. Aedens Mission angehörte. Mohan war von dem brennenden Wunsch erfüllt, Kranke zu pflegen. Nichts hätte er mehr gemocht, als ein Ganztags-Pfleger zu werden. Indessen sah er ein, daß das undurchführbar war, hatte er doch eine Familie zu tragen.
Er erlegte sich auf, jeden Morgen zwei Stunden im Krankenhaus zu verbringen. Die Arbeit dort gab ihm große Genugtuung und vermittelte ihm eine Menge Wissen über Krankenpflege, das ihm im Burenkrieg zustatten kam, als er ein Freiwilligen-Korps führte, das den verwundeten Soldaten half. Er war dadurch auch imstande, seine zwei Söhne Ramdas und Devadas aufzuziehen, die in Südafrika geboren wurden.
Daß Kasturbai unruhig und krank war, als sie mit Ramdas schwanger ging, veranlaßte Mohan, die beste medizinische Hilfe für die Entbindung bereitzustellen. Der Arzt war kein großes Problem. Schwieriger war es, eine Krankenschwester zu finden, die sich um Kasturbai und das Neugeborene kümmerte.
Kasturbai hatte darauf bestanden, eine indische Krankenpflegerin zu nehmen. Nicht etwa, daß Sie Vorurteile gegen weiße Krankenpflegerinnen hatte oder diese nicht mochte! Ihr Problem war im Grunde ein Verständigungsproblem.
„Du bist den größten Teil des Tages abwesend in Deinem Büro. Wie soll ich mich mit einer europäischen Krankenpflegerin verständigen können?“ fragte sie Mohan.
„Ich verstehe Deine Ansicht“, erklärte ihr Mohan seine Schwierigkeit, „aber woher bekommen wir eine indische Krankenpflegerin?“
„Das macht nichts. Wenn wir keine Krankenpflegerin finden, werde ich selbst nach dem Kind sehen. Schließlich bin ich die Mutter“, meinte sie beherzt. „Wenn wir in Indien lebten, hätten wir auch keine Pflegerin gehabt.“
Aber Mohan hielt davon nichts. Er empfand immer stärker, daß es Pflicht des Ehemannes sei, die Mutter und das Kind zu betreuen, wenn

es schon der Frau zukommt, neun Monate lang das Kind zu tragen und die Schmerzen der Entbindung zu erdulden.
In der indischen Gesellschaft ist die Rolle des Ehemannes in dieser Hinsicht darauf beschränkt, die Frau zu beschwängern. Das ist alles. Er wechselt nicht einmal die Windel des Kindes. Diese Rolle hatte auch Mohan bei den ersten beiden Schwangerschaften gespielt. Nun war er bereit, das wiedergutzumachen.
„Für den Fall, daß der Arzt oder die Krankenpflegerin nicht zur rechten Zeit kommen können, werde ich mich selbst auf das Ereignis vorbereiten", sagte er zu Kasturbai.
Sie fand sich rasch in seine Eigenheiten hinein und stritt nicht mit ihm. Mohan ließ sich aus Indien ein Buch kommen. Dr. Tribhuwandas hatte in Gujarati einen detaillierten Bericht über die Geburt und wie man Babys versorgt abgefaßt. Außerdem half Mohan seine Arbeit am örtlichen Krankenhaus sehr.
Mit einigen Komplikationen wurde Kasturbai schließlich von Ramdas entbunden. Wegen Blutarmut mußte sie für einige Zeit das Bett hüten. Man hatte eine Krankenpflegerin eingestellt, die aber nur für Kasturbai zu sorgen hatte. Um das Baby kümmerte sich Mohan.
Zwei Jahre später, 1900, wurde Kasturbai mit großen Schwierigkeiten von Devadas entbunden. Mit ihrer Gesundheit war es bergab gegangen. Die Anwesenheit bei den beiden Entbindungen hatte Mohan schließlich davon überzeugt, daß er Brahmacharya (völlige Enthaltsamkeit) üben müsse.
Wenn die Lust des Mannes an der Frau zu solchem Kampf bei der Frau führen und solche Verschlechterung ihrer Gesundheit bewirken konnte, müßte es jedem einleuchten, daß sexueller Verkehr nur auf die Fortpflanzung beschränkt werden sollte.
Nach der Geburt von Manilal hatte Mohan eigentlich keine weiteren Kinder gewünscht, dachte aber, er könne die empfängnisverhütenden Mittel, von denen er wußte, aus Prinzip nicht anwenden.
Er war nicht ganz sicher, ob dies zutreffend war. Wenn ein Mann mit einer Frau verkehrt, nur um seine Lust zu befriedigen, kann die Angst vor Empfängnis den Mann und die Frau vor dem völligen Sicheinlassen in das Vitale behüten. In diesem Umfang gibt es eine gewisse Hemmung. Bei Gebrauch von empfängnisverhütenden Mitteln hemmt keine Furcht vor Empfängnis mehr, so daß sich tierische Leidenschaften ungehemmt entfalten können. Solche geistigen Kämpfe durchlebte Mohan

im Bewußtsein seiner eigenen Vitalität. Deshalb vermied er den Gebrauch empfängnisverhütender Mittel.
Dank Fürsorge und guter Pflege erholte sich Kasturbai, konnte aber die Ruhe nicht finden, die sie benötigte. Mohan war von dem Gedanken eingenommen, ihr gemeinsames Leben zu vereinfachen. Luxusartikel bedrückten ihn. Zwar hatte er noch kein klares Programm für die Zukunft formuliert, doch glaubte er, sie müßten einfach leben.
Zu den ersten Neuerungen, die er einführte, gehörte die Entlassung von Dienern. „Von jetzt an wollen wir alles selber machen", erklärte er.
Das war eine große Aufgabe. Zwar halfen Mohan und die Kinder sehr viel, aber die Last wurde hauptsächlich von Kasturbai getragen. Das große Haus war ohne jedwedes moderne Gerät sauber zu halten.
Mohan war ein Pedant in Reinlichkeit. Er wollte, daß alle Messinggegenstände im Haushalt stets glänzten. Die Kleidung mußte damals mit der Hand gewaschen und gebügelt werden. Es gab keine Maschinen. Vor allem aber hatte Kasturbai für die Familie und ihre Freunde zu kochen, und sie hatte lauter gute Esser.
Aber Kasturbai nahm auch dies lächelnd auf sich. Sie hatte selten protestiert und beinahe niemals Mohans Absichten erforscht. Sie war davon überzeugt, daß er wußte, was er tat, und sie empfand es als ihre Pflicht, ihm so gut sie konnte zu helfen. Das Haus war ihr Reich. Darin mit oder ohne Hilfe zu arbeiten, war ihre Aufgabe.
Aber wenn der Gedanke an Brahmacharya (umfassende Askese) von Mohan Besitz ergriffe, wäre sie wegen der heranwachsenden Kinder beunruhigt. Hinsichtlich ihrer Einschulung waren keine zufriedenstellenden Maßnahmen getroffen worden. Harilal und sein Vetter waren bereits junge Burschen, aber weit hinter anderen Kindern ihres Alters zurück. Was bedeutete es schon, daß sie den Fußboden kehren, Kleidung waschen und andere Hausarbeiten besser verrichten konnten als andere?
Mohan konnte keine Klarheit gewinnen. Er war entschieden dagegen, sie auf Schulen zu schicken. Er konnte nicht die Zeit, geschweige denn einen Hauslehrer finden, um sie so zu unterrichten, wie es ihm vorschwebte.
Dann kam der Burenkrieg. Mohan fühlte sich aufgerufen, ein Ambulanz-Korps zu führen, um den verwundeten Soldaten beizustehen.
Aus vielen Gründen sah er sich gezwungen, an dem Krieg teilzunehmen. Zum einen glaubte er, daß die Inder als südafrikanische Bürger in

dem Krieg eine gewisse Rolle zu spielen hätten. Sie konnten gerechterweise nicht Zuschauer sein. Er wollte nicht unbedingt, daß sie Partei ergriffen. Seine Sympathien waren geteilt, doch glaubte er, daß die Engländer, in deren Gerechtigkeit er enormes Vertrauen hatte, das Verhalten der Inder würdigen und deren Beschwerden gegenüber gewogener sein würden. Zum anderen trug das übermächtige Verlangen Mohans, von sexueller Lust frei zu werden, zu dem Entschluß bei. Kasturbai stellte eine Provokation für ihn dar. Doch glaubte er, es ließe sich eine bessere Kontrolle über seine Leidenschaften erlangen, wenn er für einige Zeit von ihr weg wäre.

Seinen Vorschlag, ein Freiwilligen-Korps aufzustellen, diskutierte Mohan mit den anderen indischen Führern. Es gelang ihm, ein ansehnliches Korps aufzustellen. Dann schrieb er an die Regierung von Natal. Sie nahm das Angebot an und sorgte für die Uniformen und den Transport der Freiwilligen.

So wurde Mohan Zeuge eines sinnlosen Blutbades, zu dem der Krieg taugt. Er gelangte zu dem Ergebnis, die Gewalt insgesamt abzulehnen.

Während der sechs Wochen, die Mohan abwesend war, blieb Kasturbai allein mit den Kindern. Öfters besuchten sie Freunde. Sie war ganz zufrieden, während sie sich um ihr kleines Reich und die Jungen kümmerte.

Mohans Freiwilligen-Korps hatte seine Pflicht mit Auszeichnung erfüllt. Es war eine handfeste Truppe geworden, in der man die Unterschiede von Kaste und Sprache vergaß. Selbst die weißen Soldaten mochten und achteten die Männer des Roten Kreuzes.

Es kam zu einem entscheidenden Wandel in der Haltung der Weißen in Südafrika. Schon glaubten die Inder, es käme zu einem Überdenken der Politik der unterschiedlichen Behandlung. Das sollte jedoch nicht sein.

Aber bald nach Erfüllung seiner Aufgabe im Krieg sah sich Mohan genötigt, nach Indien zurückzukehren. Einer der Gründe war die Ausbildung und Schulung der Jungen, auch wenn Mohan das nicht zugibt.

Südafrika wurde gerade immer wohlhabender. Ähnlich erging es den Indern, die dort lebten. Mohan versuchte, sein Leben zu vereinfachen, um sich mehr um die Angelegenheiten der Gemeinde kümmern zu können. Eine versteckte Unzufriedenheit quälte ihn noch. Er glaubte, er sei zu sehr in materielle Geschäfte vertieft.

Außerdem hatten ihn Freunde zurück nach Indien gerufen. Kasturbai wollte nach dort, um mit ihren Verwandten zusammenzutreffen, die sie beinahe vier Jahre nicht gesehen hatte. Vielleicht könnte sie etwas Zufriedenstellendes hinsichtlich der Ausbildung ihrer Jungen arrangieren.

Kasturbais Billigung der Heimreise war kein Problem für Mohan, wohl aber kostete es ihn einige Auseinandersetzung, die indische Gemeinde zu überzeugen.

„Ich habe hier meine Pflicht getan", machte Mohan ihnen bewußt. „Jetzt gibt es viele unter Euch, die die Arbeit fortführen können."

Die indischen Führer blieben unnachgiebig: „Wir brauchen einstweilen noch Ihre Anleitung zur Bewältigung verschiedener Angelegenheiten."

Man fand schließlich eine Übereinkunft dadurch, daß man aus Mohan das Versprechen herauslockte: „Ich werde zurückkommen, wenn Sie mich brauchen."

Dann begann eine Reihe von Abschieds-Partys, und es regnete teuere Geschenke in Form von Schmuck, Gold und Diamanten.

Das widersprach Mohans neuer Lebensweise. Einfachheit war so sehr ein Teil seiner Natur geworden, daß er nicht mehr vermochte, sich selber, seine Söhne oder seine Frau Schmuck tragen zu sehen.

Auch war die moralische Seite der Sache zu berücksichtigen. Er hatte den Dienst an der Gemeinde nicht geleistet, weil er auf Vorteile spekulierte. Geschenke annehmen war gleichbedeutend mit Geld nehmen, was Mohan als unmoralisch betrachtete.

Kasturbai dachte eher praktisch und glaubte, es sei nichts dabei, Geschenke anzunehmen, wenn Freunde sie aus Liebe gaben.

An dieser Stelle kam es zum ersten Zusammenprall ihrer beiden Denkweisen.

Mohan konnte nachts nicht schlafen bei dem Gedanken an den Haufen von Geschenken auf seinem Tisch. Zwar konnte er sich nicht weigern, sie anzunehmen, weil er befürchtete, die Gefühle seiner Freunde zu verletzen. Aber er konnte sie auch nicht mit reinem Gewissen behalten. Die halbe Nacht grübelte er über das Problem. Schließlich entschied er sich für eine öffentliche Treuhandverwaltung, so daß die Werte wieder zum Vorteil der indischen Gemeinde verwendet werden konnten. Er schrieb eine Schenkungsurkunde aus und benannte den Parsen Rustomjee und einige andere seiner engeren Freunde als Treuhänder.

Gewiß würde er Kasturbai schwerlich überzeugen können. Nicht als ob sie gierig auf die Geschenke gewesen wäre und sie für sich haben wollte. In Wirklichkeit hatte sie all ihren Schmuck Mohan gegeben, der ihn verkaufen sollte, als er sich gerade entschloß, ein einfaches Leben zu führen. Kasturbai hatte berechtigte Gründe, die Gaben zurückzubehalten.

Um Unterstützung für seine Argumente zu erhalten, zog Mohan Harilal und Manilal ins Vertrauen. Beide waren alt genug, um die Vorgänge zu begreifen.

Sie stimmten mit Mohans Behauptung überein, man könne die Gaben nicht einbehalten. „Sollten wir solche Dinge benötigen, kaufen wir sie uns selber", wagte Harilal hinzuzufügen.

Mit den Jungen im Schlepptau ging Mohan zu Kasturbai, um ihr seine Entscheidung darzulegen.

„Ich stimme Dir nicht zu", sagte sie. „Geschenke, von Freunden mit Liebe gegeben, können nicht zurückgewiesen werden."

„Aber es ist unmoralisch", entgegnete Mohan, „Geschenke einzubehalten, die für sozialen Dienst gegeben wurden."

„Ich sehe nicht, wieso das unmoralisch ist."

„Was, schlägst Du vor, sollen wir dann mit ihnen machen?" fragte Mohan erbittert.

„Ich will sie für unsere Schwiegertöchter aufbewahren", sagte Kasturbai bestimmt.

„Aber die Jungen sind noch sehr jung. Sie heiraten doch noch lange nicht."

„Das macht nichts!"

„Aber wir benötigen diese Dinge nicht", fielen die Jungen in das Gespräch ein.

„Wer hat Euch danach gefragt?" gab Kasturbai ärgerlich zurück.

„Wenn die Jungen heiraten und ihre Bräute Schmuck brauchen, kannst Du mich fragen. Wir können ihn dann kaufen gehen", schlug Mohan vor.

„Dich fragen?" wurde Kasturbai heftig. „Du hast bereits meinen ganzen Schmuck verkauft und versuchst nun, aus diesen jungen Burschen auf Grund Deiner sonderbaren Einfälle und Launen Sadhus zu machen."

„Nun, ich habe bereits dieses Treuhand-Dokument aufgezeichnet", entgegnete Mohan.

„Wer hat Dich darum gebeten?" wies ihn Kasturbai zurück. „Die Geschenke sind genauso sehr meine wie Deine."

„Vergiß nicht , sie wurden uns für meine Dienste an den Menschen gegeben.“ Mohan legte geduldig seinen Standpunkt dar. Kasturbai blieb zunächst hartnäckig.
„Warum glaubst Du, ich hätte mich all die Jahre nicht für Dich geplagt und abgerackert? Ich habe ohne Einwand alles getan, was Du von mir verlangtest. Hat das alles keine Konsequenz?“Die Auseinandersetzung ging noch weiter. Schließlich brachte es Mohan fertig, Kasturbai zu überzeugen, daß die Geschenke der Treuhandverwaltung überlassen werden sollten.
Kasturbais Bedenken waren verständlich. Bei einer indischen Hochzeit wird von den Eltern des Bräutigams verlangt, daß sie der Braut ein Juwelen-Geschenk machen. Aber mehr noch beunruhigte sie, daß Mohan allen Besitztums entsagte.
Sie hatte selbst vier Söhne. Hinzu kam als fünfter der Sohn von Mohans Schwester. Die Jungen würden heranwachsen, etwas Unterstützung brauchen, um sich einzurichten und Geltung zu verschaffen. Es könnte Unvorhergesehenes passieren. Dann benötigte sie etwas, auf das sie zurückgreifen konnte. Mohan kam diese Erkenntnis wenige Monate später.
Einstweilen jedoch befreite er sein Gewissen, indem er eine Treuhandverwaltung schuf, der er nicht nur die Geschenke übereignete, die sie jetzt erhalten hatten, sondern auch jene, die ihnen 1897 und 1899 gegeben worden waren.
Die Familie kehrte dann nach Indien zurück. Mohan ließ sie in Rajkot, er selbst reiste in Indien umher. Er war vor allem daran interessiert, einer Versammlung des Gesamt-Indischen Kongreß-Komitees beizuwohnen, das unter der Präsidentschaft von Sir Dinshaw Wacha in Kalkutta zusammentrat. Er hoffte, die Kongreß-Führer davon zu überzeugen, daß eine Resolution über Südafrika verabschiedet werden müsse.
In Bombay hatte er versucht, Sir Phirozshah Mehta anzutreffen. Daheim war Mehta zu sehr beschäftigt. Man schlug Mohan vor, er solle mit demselben Zug wie Sir Phirozshah nach Kalkutta reisen und versuchen, ihn unterwegs in seinem Sonderabteil zu sprechen.
Nach vielen Bemühungen konnte sich Mohan bemerkbar machen, aber Sir Phirozshah versetzte seinem Enthusiasmus einen Dämpfer. „Ich fürchte, wir können nichts für Sie tun“, sagte er zu Mohan.
„Aber die Bedingungen in Südafrika verschlechtern sich mehr und mehr“, entgegnete Mohan.

„Wir können Ihnen nicht helfen. Die Umstände sind in Indien ebenso schlecht. Wir müssen unsere Kräfte einsetzen, um zunächst einmal die Schlachten daheim zu schlagen, bevor wir an die Hautfarbe denken." Sir Phirozshah sprach unumwunden.

Mohan blieb beharrlich: „Alles, worum ich bitte, ist, eine Resolution zu verabschieden."

Sir Dinshaw Wacha, der anwesend war und der Unterhaltung zugehört hatte, schaltete sich in das Gespräch ein und meinte: „Na schön, lassen Sie mich zuerst einen Blick in die Resolution werfen."

Mohan ging zu seinem Platz zurück. Er war dankbar für das bißchen Entgegenkommen.

Kasturbai und die Jungen waren in Rajkot damit beschäftigt, alte Freunde und Verwandte zu besuchen. Kasturbai war die erste unter ihnen, die nach Übersee gereist war. Sie hatte zahllose Erlebnisse zu berichten ebenso wie die Jungen.

Harilal nutzte die Gelegenheit und erzählte seinen beiden Onkeln, Vaters Bruder und Mutters Bruder , daß er den Wunsch habe zu studieren, daß aber Mohan abgeneigt sei, ihn zur Schule zu schicken. Sie versprachen, sich für ihn einzusetzen.

Nach der Sitzung des Kongresses verbrachte Mohan einige Zeit mit Gopal Krishna Gokhale, einem hervorragenden Führer der indischen Unabhängigkeitsbewegung. Gokhale riet Mohan, sich in Bombay niederzulassen, wo er seinem Beruf als Jurist nachgehen und zugleich Gokhale in seinen sozialen und politischen Aktivitäten unterstützen könnte.

Aber Mohan wurde von dem Gedanken an seinen letzten Fehlschlag, in Bombay eine Praxis aufzubauen, verfolgt und kam zu dem Schluß, es sei besser, sich in Rajkot, in der Nähe seiner Familie und Freunde, die ihm helfen konnten, niederzulassen.

Er hoffte, in seinem Beruf erfolgreich zu sein und Verdienste zu erwerben, vielleicht nur, um sich und seiner Familie zu beweisen, daß seine Ausbildung in England nicht völlig umsonst war. Sir Phirozshah Mehta betrachtete er als sein Vorbild. Seit er Sir Phirozshah 1897 zum erstenmal begegnet war, wollte er ebenso werden wie er. Mohan erfuhr auch das Geheimnis des Erfolges von Sir Phirozshah. Es sei dessen vollendete Kenntnis des Indian Evidence Act, sagte man ihm, er kenne ihn durch und durch. (Das Gesetz der britischen Kolonialmacht gebot beschuldigten Indern, durch Zeugen vor Gericht ihre Unschuld zu bewei-

sen.) Mohan erwarb ein Exemplar des gedruckten Gesetzestextes, aber während er in Afrika war, hatte er keine Zeit gefunden, darin zu lesen, umso weniger, als er wußte, daß die Kenntnis des Textes in Südafrika von geringem oder gar keinem Nutzen für ihn war.
Erst als er sich entschloß, nach Indien zurückzukehren, holte Mohan das Buch wieder hervor. Auf dem Schiff studierte er es sorgfältig.
In Rajkot übertrug Kevalram Dave, sein alter Freund und Mentor, Mohan drei Fälle. Mohan war hocherfreut. Zwei davon waren einfache Sachen, aber der dritte war ein eigenartiger Fall in Jamnagar, der ihm fragwürdig erschien.
Als er seine Zweifel Kevalram Dave vorbrachte, meinte Dave: „Sie gehen nach dort und tun Ihr Bestes. Gewinnen oder Verlieren liegt nicht in Ihrer Hand.“ Er instruierte Mohan gründlich, und Mohan gewann alle drei Prozesse.
Mit der Zeit spürte man, daß Mohan in Rajkot lediglich dahinkrebste. Er war selber unglücklich darüber, wußte aber keinen Rat. Über seine Rechtspraxis hinaus war er an sozialer und politischer Arbeit interessiert. Dafür gab es in Rajkot keine Gelegenheit. Aber nachdem er einmal entschieden hatte, sich in Rajkot niederzulassen, und noch unter dem Rückschlag litt, den er das letztemal in Bombay hatte hinnehmen müssen, wagte er nicht einmal, an Umzug zu denken.
Für den Fall, daß es für ihn in Bombay schwierig würde, genügend Arbeit zu bekommen, konnte er auf keinerlei Ersparnisse zurückgreifen. Es stellte sich auch das Problem zusätzlicher Aufwendungen. In Bombay, das inzwischen eine größere Stadt war, hätte er viel höhere Lebenshaltungskosten. Außerdem müßte er ein Haus mieten, in dem er mit seiner Familie leben und sein Büro unterbringen könnte. All das kostete Geld, aber davon hatte er nur sehr wenig.
Mohan war daher angenehm überrascht, als Kevalram eines Tages in sein Haus kam und fragte: „Warum gehen Sie nicht nach Bombay und lassen sich dort nieder?“ Für einige Augenblicke war Mohan sprachlos, dann sagte er mit unsicherer Stimme: „Wie soll ich dort überleben?“
„Seien Sie unbesorgt, wir werden ihnen von hier Arbeit schicken“, antwortete Dave. „Gelegentlich können wir Sie auch einladen, nach Rajkot zu kommen, um uns fachmännischen Rat zu erteilen.“
„Warum sind Sie so sehr darauf aus, mich loszuwerden?“ fragte Mohan ironisch.
„Nein, Nein! Wir wollen Sie nicht loswerden. Wir meinen nur, daß Sie

Abb. 1: Mohandas K. Gandhi in Südafrika

Abb. 2: Kasturbai und Mohan

hier in dieser kleinen Stadt Ihre Zeit und ihre Begabung vertun. Bei Ihrer glühenden Vorliebe für soziale und politische Arbeit wird Ihnen Bombay bessere Möglichkeiten bieten."

Es war, als hätte man Mohan das Wort aus dem Munde genommen. Das war genau das, was er dachte, aber nicht auszusprechen wagte.

„Lassen Sie mich wissen, wenn Sie sich entschieden haben", sagte Kevalram Dave noch, bevor er sich verabschiedete.

„Ich warte auf etwas Geld aus Südafrika", erwiderte Mohan. „Sobald es eintrifft, gehe ich nach Bombay." Seine Stimme verriet, daß er wieder begeistert war.

Zwei Wochen später erhielt er die Überweisung aus Südafrika. Es war der Erlös aus dem Verkauf seines Hauses in Durban.

Unmittelbar darauf zog er nach Bombay. Er mietete in der Stadtmitte, in der Festungsgegend, Räume für sein Büro und im Gamdevi-Bezirk ein Wohnhaus. (Heute ist das Haus in ein Gandhi-Museum umgewandelt und wird Mani Bhavan genannt.)

Aber bevor Mohan sich niederlassen und seine Praxis einrichten konnte, wurde er einer bitteren Prüfung ausgesetzt. Der zehn Jahre alte Manilal, der kaum von einer schweren Pockenkrankheit genesen war, erkrankte jetzt an Typhus und Lungenentzündung. Kasturbai und Mohan kämpften verzweifelt mit dem Zustand des Jungen. Der Arzt meinte, dem Kind müsse Hühnerbrühe gegeben werden, andernfalls könne es nicht überleben.

In dieser Frage war Kasturbai ebenso entschieden wie Mohan. Was sich auch ereignen würde, ihre vegetarische Tradition könnten sie nicht aufgeben. Darin dachten sie sehr streng.

„Mir scheint", vertraute Mohan Kasturbai an, „daß Gott uns einer schweren Prüfung unterzieht, um festzustellen, ob wir ihm vertrauen oder nicht."

Kasturbai stimmte ihm zu, fügte aber hinzu: „Was machen wir mit dem Kind? Wie wollen wir es retten?"

„Hast Du etwas dagegen, wenn ich ein paar hydrotherapeutische Versuche durchführe?" antwortete Mohan. „Ich habe Vertrauen zu dieser Art der Behandlung, aber ich brauche Deine Unterstützung. Er ist genauso Dein wie mein Sohn."

„Gewiß", versicherte Kasturbai, „Du hast meine Unterstützung."

Zwar glaubte Mohan ganz sicher, daß die Hydrotherapie für Manilal gut wäre, er hatte aber noch ein Problem.

Er zog den Arzt ins Vertrauen. „Doktor, Sie wissen, daß wir sehr strenge Vegetarier sind und nicht daran denken können, unserem Kind Hühnersuppe zu geben."
„Ich weiß", erwiderte der Arzt, „aber unter gewissen Umständen kann man nichts anderes empfehlen. Der Junge ist sehr gefährdet und braucht gute Nahrung, um dem doppelten Angriff gewachsen zu sein."
Mohan stand vor einem Dilemma. „Wenn der Junge schon ein junger Mann wäre, würde ich ihm die Entscheidung überlassen. Wollte er Hühnersuppe zu sich nehmen, um sein Leben zu retten, würde ich dem nicht im Wege stehen. Aber er ist noch klein und unfähig, solche Entscheidungen selbst zu treffen. Ich habe mit seiner Mutter darüber gesprochen. Wir haben beschlossen, für ihn zu entscheiden." Mohans schüchterne Stimme war kaum hörbar.
„Gut, das liegt bei Ihnen. Ich meine aber, es war meine Pflicht, Sie zu warnen."
„Ja, ich verstehe das", sagte Mohan. „Ich möchte Sie nur um einen Gefallen bitten."
„Um welcher Art Gefallen?" fragte der Arzt.
„Ich habe über Kuhnes Behandlungsart gelesen. Man nennt sie Hydrotherapie. Ich denke, sie wird dem Jungen helfen. Ich würde das gern ausprobieren. Aber ich hätte auch gern, daß Sie täglich kommen und den Jungen wie gewöhnlich untersuchen und mich wissen lassen, ob sich sein Zustand ändert", erwiderte Mohan.
„Nun gut", sagte der Arzt, bevor er ging, „Ich werde das tun."
Mohan und Kasturbai behandelten Manilal entsprechend. Dazu gehörte u.a., dem Patienten ein Sitzbad zu verordnen. Manilal hatte jedesmal nicht länger als eine Minute in einem Kübel mit Wasser zu sitzen. Unter Mohans Anleitung tat Kasturbai alles Erforderliche. Sie sprachen darüber nicht miteinander, aber ihre Besorgnisse wurden größer. „Wird die Therapie tatsächlich wirken?"
Tag für Tag schüttelte der Arzt den Kopf und bedauerte, sagen zu müssen, es gebe keine Veränderung zum Besseren. Wenn überhaupt eine Veränderung eintrat, dann eine Verschlechterung. Das Kind wurde schwächer und bekam hohes Fieber.
„Glaubst Du noch, daß diese Behandlung hilft?" fragte Kasturbai.
„Ich hoffe sehr, daß sie es tut", antwortete Mohan, tief beunruhigt. Dieses eine Mal fragte er sich, ob er die rechte Sache betreibe. Sollten wir es mit ayurvedischer Behandlung oder mit Homöopathie versuchen?

Wie furchtbar, wenn das Kind sterben würde! Wäre ich je fähig, mir selbst zu vergeben? Und würde Kasturbai mir verzeihen?
An jenem Abend sprach er mit Kasturbai.
„Ich weiß nicht, ob ich das Richtige tue“, sagte er, „aber wir müssen auf Gott vertrauen. Er gibt und nimmt das Leben. Wir wollen uns mit seiner Entscheidung abfinden.“
Da Kasturbai sehr religiös war, pflichtete sie ihm bei.
Etwa um 10 Uhr abends blieb Manilals Temperatur bei 40 Grad Celsius. Mohan rief Kasturbai in das Zimmer. „Es gibt noch eine Hoffnung“, sagte er vertrauensvoll. „Wir müssen ihn in ein feuchtes Laken wikkeln.“ Kasturbai folgte seinen Anweisungen und holte ein sauberes Bettuch, weichte es in Wasser ein, wrang es in dem Augenblick aus, als sie sah, daß Mohan den Jungen ausgezogen hatte. Er wickelte ihn dann in das feuchte Tuch und deckte ihn mit zwei Wolldecken zu.
„Du setzt Dich neben ihn und legst feuchte Packungen auf seinen Kopf“, sagte er. „Ich will einen kurzen Spaziergang machen. Ich bin erschöpft.“
Mohan hatte einen schrecklichen inneren Kampf durchlitten. Er verließ das Haus in Richtung zum Strand, der nur ein paar hundert Meter entfernt war. Ein stilles Gebet kam über seine Lippen. Nach einer halben Stunde war er wieder zurück.
In dem Augenblick, als er das Zimmer betrat, schrie Manilal: „Laßt mich bitte aus diesen Decken heraus. Ich bin ganz naß!“
Mohan eilte zu dem Jungen, der vor Schweiß triefte.
„In ein paar Minuten, mein Sohn“, sagte er, und fügte mit einem strahlenden Lächeln an Kasturbai gewandt hinzu: „Gott hat unsere Gebete erhört.“
Kasturbai fühlte sich wie Mohan unendlich erleichtert. Zum erstenmal seit Tagen lächelte sie wieder.
Noch ein paar weitere Minuten heftiges Schwitzen, Kasturbai und Mohan trösteten währenddessen Manilal. Dann wurden die Packungen abgenommen, Manilal wurde trockengerieben und ins Bett gelegt. Zum erstenmal seit mehreren Nächten fielen Mohan und Kasturbai wieder in tiefen, sorgenfreien Schlaf.

8. Kapitel

Von Bombay nach Johannesburg. Lebensversicherung und Gita

Manilals lang andauernde Krankheit hatte von Kasturbai und Mohan in der Tat einen hohen Tribut gefordert. Der Junge nahm sie so sehr in Anspruch, daß sie keine Zeit hatten, an anderes zu denken.

Die Entlastung durch Manilals Genesung war erheblich. Mohan und Kasturbai hatten der medizinischen Wissenschaft getrotzt, was ihnen die Last noch vergrößert hatte. Sie waren beide von der Ungewißheit verzehrt worden, nicht zu wissen, ob das, was sie machten, richtig war oder nicht.

Wäre der Verlust des Kindes um des Vegetarismus willen gerechtfertigt gewesen? Beide waren strenge Vegetarier. Aber durften sie das Leben eines anderen aufs Spiel setzen? Diese Frage lastete schwer auf ihrem Gemüt, zumal Mohan nicht sicher war, daß seine Heilmethode wirken würde. Er hatte gerade über deren Möglichkeiten gelesen. Es gab noch keine Beispiele, nach denen man sich richten konnte.

Daß das alles schließlich gut endete, war eine große Erleichterung. Erst da bemerkte Kasturbai, daß das Haus, in dem sie wohnten, feucht und kalt war. Sie fühlte sich unbehaglich darin und gab Mohan ihre Bedenken zu verstehen.

„Ich glaube, wir sollten uns nach einer anderen Wohnung umsehen", sagte sie eines Nachts.

„Ja, ich stimme Dir zu. Dieser Ort ist ungesund."

Und so begaben sie sich auf die Suche. Mohan und Kasturbai waren an offene Räume gewöhnt. Die Grenzen eines geschlossenen Stadtlebens wurden für sie erdrückend. Sie suchten die Vorstädte Bombays nach einem günstigen, behaglichen, luftigen Bungalow ab.

Eine solche Vorstadt war Bandra. Aber Kasturbai schloß Bandra sofort aus, weil dort ein Schlachthof direkt beim Markt lag, wo sie täglich einkaufen mußte.

„Ich wäre außerstande", wandte sie ein, „jeden Tag mitanzusehen, wie all die lieben Tiere geschlachtet werden."

Mohan verstand diesen Gesichtspunkt. Es war etwas, das auch er nicht gern sah.

In Santa Cruz, das damals vorwiegend von Geschäftsleuten aus Gujarat bewohnt wurde, die Vegetarier waren, fanden sie den idealen Bungalow. Er war einzelstehend, nahe zum Markt und zum Bahnhof, luftig und sonnenreich.
Sie zogen sofort dorthin. Kasturbai war glücklich in dieser Umgebung. Während sie den Garten betreute und sich ums Haus kümmerte, gingen die Jungen zur Schule.
Auch Mohan erging es dort besser, als er erwartet hatte. Zwar hatte er keine Gelegenheit, vor dem Obersten Gerichtshof aufzutreten. Er hatte aber genug Büroarbeit, um behaglich leben zu können. Gelegentlich saß er im High Court und folgte Prozessen oder ging dort in die Bibliothek, um Belegmaterial zu suchen.
Außerdem ließ ihn Gokhale nicht aus dem Auge. Er erschien gelegentlich mit zwei oder drei Freunden, die er bei Mohan einführen wollte, in dessen Kanzlei und bezog Mohan so mit in das soziale Leben der Stadt ein.
Kasturbai fühlte sich hier viel mehr zu Hause als in Südafrika. Die Nachbarschaft sprach Gujarati und war ihr vertraut im Gegensatz zu Südafrika, wo die Weißen dominierten. Nicht daß Kasturbai engstirnig oder kastenbewußt gewesen wäre. Sie war eher nach innen gekehrt. Daheim wohl behütet, war sie streng erzogen worden. Waschen, Baden, Reinigen, keine Schuhe im Haus tragen und strenge Normen in bezug auf Essen und Trinkgewohnheiten beachten waren ihr wie vielen Gujaratis ihres Alters zur zweiten Natur geworden.
Wer diese Normen verletzte, war eine unwillkommene Person, selbst wenn er Gujarate war. In Südafrika hatte Kasturbai Konzessionen gemacht, aber sie mochte das nicht.
Das war umso mehr Anlaß, sich des Jahres zu erfreuen, das sie in Santa Cruz (Bombay) verbrachten. Sie war viel beweglicher, konnte sich allein überall hinbegeben, konnte vertrauten Menschen begegnen und sich mit ihnen unterhalten. Am meisten erfreute sie, daß Mohan mit seiner Anwaltspraxis Erfolg hatte, und das sogar zu Hause nach den früheren Fehlschlägen.
Dann rief man Mohan plötzlich, wie aus heiterem Himmel, nach Südafrika zurück. Es war ein dringendes Telegramm: „Chamberlain wird hier erwartet. Bitte kommen Sie unverzüglich."
Kasturbai war unglücklich. „Wie können wir jedesmal, wenn in Südafrika etwas passiert, unser Leben erneut entwurzeln!" protestierte sie.

„Ich weiß, es ist nicht so einfach", pflichtete ihr Mohan bei. „Aber ich habe allen unseren Freunden in Südafrika versprochen, daß ich jederzeit zurückkommen werde, wenn sie mich brauchen."
„Gut, aber wir müssen an die Kinder und an die Wirkung denken, die so etwas auf ihr Leben und ihre Erziehung hat", entgegnete Kasturbai.
„In diesem Fall muß ich allein gehen", sagte Mohan. „Ich glaube nicht, daß ich dort länger als ein Jahr bleiben muß."
„Tue das, was Du für richtig hältst!" meinte Kasturbai gönnerhaft.
Mohan fing an, für die Reise zu planen. Er war nicht sehr froh darüber, allein gehen zu müssen, aber er würdigte Kasturbais Argument und fand, daß es so das Beste war.
Am nächsten Tag sandte er ein Telegramm ab, in dem er mitteilte, daß er bereit sei zu kommen, sobald die Passage bezahlt sei. Er hatte dafür kein eigenes Geld. Die Inder in Südafrika antworteten sofort.
In diesem Stadium erkannte Mohan zum erstenmal, daß er für den Fall, es würde ihm etwas zustoßen, seine Familie ungeschützt zurückließ. Er nahm sich vor, auch in der Zeit seiner Abwesenheit Kasturbai ausreichend Geld für die Notwendigkeiten der Familie zu senden. Was aber sollte geschehen, wenn ihm etwas passieren oder wenn er sterben würde?
Selbst das Haus, in dem sie wohnten, war nur gemietet. Der Schmuck war schon lange verkauft. Wenn ihm jetzt etwas zustieß, waren Kasturbai und die Familie buchstäblich ohne einen Pfennig.
Da erinnerte sich Mohan eines amerikanischen Versicherungsvertreters, der ihn mehrere Male in seinem Büro aufgesucht und versucht hatte, ihn zum Abschluß einer Versicherung zu überreden.
Bis dahin dachte Mohan, das sei alles Unsinn. Nun fand er, daß das wichtig war.
Mohan machte den Mann ausfindig und schloß eine Lebensversicherung über 10000 Rupien ab. Sie werde Kasturbai versorgen, so hoffte er, falls er sterben sollte. Genau das meinte Kasturbai, als sie darauf bestand, den Schmuck, der ihr geschenkt worden war, als sie Südafrika verließen, zu behalten.
Wie viele ihrer Generation verstand auch Kasturbai nichts von Versicherungen, und selbst wenn sie darüber Bescheid wußten, hatten sie doch kaum Vertrauen zu dritten Personen, die auf Identitäten, das Unterzeichnen von Formblättern und eine ganze Menge anderen Papierkram Gewicht legten.

Gold in Gestalt von Schmuckstücken diente zweierlei Zwecken. Es war eine Form des Sparens, bei dem es keine Abwertung gab, und diente ebenso zur Zierde. Außerdem war Gold etwas, das man kannte und schätzte. Wie konnte man sich um eine Versicherungspolice kümmern und sie lange aufbewahren?
Kasturbai schaute geringschätzig auf die Police. Sie entnahm ihr, daß sie beim Tode ihres Mannes einen bestimmten Betrag bekommen würde. Wie konnte man jemals an so etwas denken! Für eine Hindu-Frau ist es unvorstellbar, Witwe zu werden. Sie betet zu Gott, daß sie vor ihrem Mann sterben möge. Auch Kasturbai hatte entsprechend gebetet und oft den Wunsch ausgesprochen, sie möge vor Mohan sterben.
Jetzt händigte er ihr ein papierenes Dokument aus, das ihr für den Fall seines Todes Geld versprach.
„Wie kannst Du am Vorabend Deiner Abreise an solch schreckliche Dinge denken?" rügte sie ihn.
„Da ist nichts Schreckliches dabei", lachte Mohan. „Es könnte jedem zustoßen. Ein Mensch wie ich müßte als Narr gelten, wenn ich eine solche Möglichkeit nicht voraussehen würde."
„Sei still!" sagte Kasturbai und stellte sich ärgerlich. „Ich möchte nichts mehr davon hören!"
Mohan lächelte und legte die Police in den Schrank.
Sein Reisebillet war eingetroffen. Schweren Herzens reiste er noch einmal nach Südafrika.
In seinen Vorstellungen über das Leben blieb Mohan sehr praktisch. Zwar lehnte er Luxusdinge für sich selbst und seine Familie ab. Er hatte aber Verständnis für das Bedürfnis ehrgeiziger, junger Männer, in fremden Ländern ihr Glück zu suchen.
Da er jetzt einen Ansatzpunkt in Südafrika hatte, entschloß er sich, einige junge Männer aus der Familie, die in Südafrika leben wollten, mitzunehmen. Da waren die Kinder seines Bruders herangewachsen, und ein entfernter Cousin kam ebenfalls in Betracht.
Er wählte fünf von ihnen aus. Sie sollten ihn auf einer Reise begleiten, die dazu bestimmt war, sein Leben völlig zu verändern und ihn für mehr als ein Jahrzehnt von Indien fernzuhalten.
In Durban verließ Mohan das Schiff und stürzte sich in die politische Arbeit. Chamberlain kam gerade nach Südafrika, um für das vom Krieg geplünderte Britannien Geld zu sammeln und um das Vertrauen der Engländer und der Buren zu gewinnen. England brauchte 35 Millionen

Pfund, um zu regenerieren. Es war klar, daß es diese Summe von Südafrika nicht bekommen würde, wenn es nicht die Weißen dort versöhnlich stimmte.
Mohan und die anderen indischen Führer hatten das nicht erwartet. Mohans hohe Achtung vor britischem Gerechtigkeitssinn war der Hauptgrund dafür. Er hatte eine Art unerschütterlichen Vertrauens.
Als sie sich zu einem Zusammentreffen mit Chamberlain aufmachten, zeigte der ihnen die kalte Schulter. „Wir mischen uns nicht in die Angelegenheiten der Kolonie ein“, sagte er. „Ich will sehen, was ich in der Angelegenheit tun kann. Aber wenn Sie schon freiwillig unter den Europäern leben wollen, müssen sie versuchen, deren Vertrauen selbst zu gewinnen.“
Mohan war erschüttert. So ging es auch den anderen, denen man eingeredet hatte, die Briten seien gerechte Leute. Mohan mußte erkennen, daß all seine Bemühungen von sehr geringem Nutzen waren und man sich erneut auf Kampf einstellen mußte.
Abgesehen von seinem kurzen Rat war Chamberlain nicht geneigt, weiteres zu besprechen. Er wollte sich nicht die Chancen bei den Weißen verderben, indem er Sympathie für die Inder zeigte. Ja, er war nicht bereit, etwas für die Inder zu tun. Er brachte deren Probleme nicht einmal beiläufig zur Sprache, als er mit den Mitgliedern der Regierung von Natal konferierte. Er ignorierte die Sache der Inder ganz und gar.
Dennoch war Mohans Vertrauen in britische Gerechtigkeit nur erschüttert, nicht gänzlich zerstört worden. Er hegte noch Hoffnung, folgte Chamberlain nach Transvaal und wollte ihm die Probleme der Inder dort aufzeigen.
Aber nach dem Buren-Krieg befand sich Transvaal in schwieriger Lage. Die Menschen waren geflohen. Die Läden waren geschlossen. An allem bestand Mangel. Kämen die Leute nicht zurück, würden die Läden nicht wieder geöffnet. Wenn die Läden nicht wieder geöffnet würden, kämen die Leute nicht zurück. Es war eine merkwürdige Situation. Es gab Menschen, die trotz des Krieges dageblieben waren und litten. Aber diejenigen, die geflohen waren, litten ebenso.
Die Regierung von Transvaal mit ihrer burischen Majorität sah eine Gelegenheit, den Rückstrom der Flüchtlinge zu kontrollieren. Sie glaubte, die Anzahl der Rückkehrer begrenzen und die Aufenthaltsgenehmigung denen verweigern zu können, die ihr unerwünscht waren, vor allem Farbigen. Besondere Behörden für Asiaten und Bantu wurden ein-

gerichtet. Es waren Brutstätten der Korruption. Man mußte Einfluß und Geld aufwenden, um die Erlaubnis zu erhalten, nach Transvaal hineinzukommen. Weiße Beamte und abgekämpfte britische Soldaten, die nach dem Burenkrieg in Transvaal wieder aufgefrischt wurden, sahen ihre Chance, zu Geld zu kommen.
Mohan hatte nach Transvaal zu gehen, den Fall der Inder dort auszuarbeiten und ihn Chamberlain darzulegen. Aber er gelangte eben nicht über die Hürde der „Erlaubnis". Die Beamten in Durban erteilten keine Genehmigung. Falls er aber nicht rasch dort sein konnte, war Chamberlain weg, ohne daß er die Klage der Inder von Transvaal angehört hatte. In seiner Erbitterung mußte Mohan die Hilfe seines alten Freundes, des Polizeichefs Alexandra, in Anspruch nehmen. Im Verlauf der Verhandlungen erfuhr er manches über Korruption und Untreue im Amt, die von den Beamten geduldet wurden. All das bildete die Grundlage seines Berichtes, der Chamberlain vorgelegt wurde, nicht ganz ohne Erfolg, insofern sich die Regierung als interessiert an der Aufdeckung des Schwindels bezeichnete und sofort Schritte unternahm, um die Sachverhalte zu überprüfen.
Die kühle Reaktion auf ihre Klagen rüttelte die indische Gemeinde auf. Man fing an, die Wirksamkeit von Mohans Strategie zu bezweifeln.
„Sie sagten uns", wurde Mohan vorgehalten, „man werde unserer Sache sympathischer gegenüberstehen, wenn wir mit den Weißen zusammenarbeiten."
Mohan mußte einräumen, daß er falsch lag und in der Einschätzung der Engländer einen Fehler gemacht hatte.
Er stellte fest: „Wir werden jetzt in Begriffen der direkten Aktion denken müssen." Dies war die Geburtsstunde von Satyagraha, für Mohan zugleich die Notwendigkeit, viel länger in Südafrika zu bleiben, als er geplant hatte.
Angesichts der sich häufenden Beschimpfungen seitens der Beamten von Transvaal wurde Mohan klar, daß er besser daran täte, in Johannesburg zu wohnen statt in Durban, wo die Beamten grober und skrupelloser waren und den Indern das Leben noch schwerer machen konnten, als es schon war.
Er besprach sich deswegen mit der Indischen Gemeinde. Man willigte ein. Dann reichte Mohan sein Gesuch um Zulassung beim Obersten Gericht von Transvaal ein. Hier gab es keinerlei Schwierigkeiten, wie er befürchtet hatte.

Es war viel schwieriger, ein Büro zu finden, als beim Gericht registriert zu werden. Aber Mohan hatte unter den Weißen in Transvaal einige Freunde gewonnen. Einer von ihnen war Mr. Ritch, ein Geschäftsmann, der Mohan dazu verhalf, durch einen Häusermakler ein Bürohaus zu erwerben.
Kasturbai wohnte weiterhin in Bombay, wo sie die Jungen zur Schule schickte. Sie fragte sich, ob Mohan wieder zurückkommen oder sie auffordern würde, sich freizumachen und ihm nach Südafrika zu folgen. Durch diese häufigen Ortswechsel wurde sie aus der Fassung gebracht. Sie konnte sich einfach nicht überall niederlassen. Das galt auch für die Jungen. Wer an ein ruhiges, verwurzeltes Leben in einer kleinen Stadt gewöhnt war, konnte den häufigen Veränderungen nicht viel abgewinnen.
Während Kasturbai über ihre unsichere Zukunft nachgrübelte, fragte sich Mohan, auf welches Ziel sein Leben gerichtet war. Er schien gleichfalls im Ungewissen zu leben. Alles mutete bedeutungslos an.
Etwa zu dieser Zeit wandten sich die Theosophen in Südafrika an ihn um Hilfe. Er war jetzt mehr im Hinduismus verwurzelt als früher, als die christlichen Freunde versucht hatten, ihn zur Konversion zu bewegen. Er hatte vieles gelesen, aber nicht die Originalschriften. Das war eine Lücke, die er als Unzulänglichkeit empfand. Auf diesem Gebiet konnte er den Theosophen bei bestem Willen nicht helfen. Aber sie bestanden darauf, ohne zu ahnen, daß sie durch solche Beharrlichkeit die Geburt eines Mahatma auslösen sollten.
Er billigte die Einrichtung von Klassen, in denen die Schriften gelesen wurden. Die daran teilnahmen, konnten Führung von der Quelle erlangen. Er fing an, mit einigen Teilnehmern die Gita zu lesen, die schließlich tiefgreifende Wirkung auf sein Leben haben sollte. Er trachtete danach, die ganze Gita auswendig zu lernen. Um die Zeit dafür zu finden, nutzte er die Gelegenheit des morgendlichen Bürstens und Rasierens. Die Wände seines neuen Hauses in Johannesburg, wo Kasturbai noch nicht eingetroffen war, wurden mit Texten der Gita beklebt, die an gewissen strategischen Stellen angebracht wurden.
Es war die Gita, die ihm schließlich die Richtung wies. Er empfand materiellen Erwerb als Zielsetzung sinnlos und wollte Nicht-Besitz in dem Sinne, den die Gita diesem Wort beimißt. Selbst der Körper sollte nicht um des ichhaften Selbsts willen besessen werden. Wo blieb dann die Frage nach Frau und Kindern?

Er schrieb an seinen Freund Revashankarbhai in Bombay, er solle die Versicherungspolice verfallen lassen, selbst wenn das zur Folge hätte, daß die Prämien verloren gingen, die bereits entrichtet waren. Kasturbai und die Jungen würden sich künftig selbst durchschlagen müssen, falls er vom Tod ereilt werde. Er schrieb ebenso seinem älteren Bruder, den er mehr und mehr als Vater betrachtete, daß er ihm und der Familie alles überlasse und daß in Zukunft niemand von ihm etwas erwarten solle. Er entsagte allem Besitz.

Sein Bruder glaubte ihm nicht. Seine erste Reaktion lautete, Mohan wolle aus persönlicher Habgier die Familie schädigen. Er wolle lieber alles für sich und seine Söhne behalten, als mit der Familie teilen. Der Argwohn richtete sich gegen Kasturbai. Die Mitglieder der Familie glaubten, sie sei es, die Mohan angestiftet habe, sich vom Rest der Familie zu trennen. Daß jemand auf eine so lukrative Anwaltspraxis in einem Land wie Südafrika verzichtete, habe man niemals gehört.

Mohans Bruder schrieb eine wütende Antwort. Mohan solle weder Vaters Lehren noch seine Verantwortung gegenüber der Familie vergessen. Er habe sich mit aller Kraft um sie zu kümmern.

Aber Mohans Entschluß war unumstößlich. Die Erwiderung an seinen Bruder war schlicht und direkt. Er mache genau das, was sein Vater getan habe, nur habe er seine Familie vergrößert, indem er das Ganze der Menschheit mit einbezogen habe.

Sein Bruder war noch im Ungewissen über Mohans Absichten, brach aber alle Beziehungen zu ihm ab.

Kasturbai wußte von diesen Veränderungen nichts, bis sie Mohan in Johannesburg wiedersah. Diesmal hatte sich ihr ältester Sohn geweigert, mit dem Rest der Familie nachzukommen. „Ich möchte hier studieren", hatte er seiner Mutter gesagt. Sie ließ ihn schließlich in Indien zurück und bestimmte ihren Bruder sowie Mohans Bruder als seine Vormünder.

Mohan war über diese Entscheidung nicht sehr glücklich, aber er konnte daran kaum etwas ändern. Der Junge war inzwischen zu einem Jugendlichen herangewachsen und konnte nicht mehr herumkommandiert werden.

9. Kapitel

Auf der Tolstoi-Farm. Mohans Temperament und Überzeugungen

Diesmal hatte sich Kasturbai in Johannesburg häuslich einzurichten. Mohan hatte die Tolstoi-Farm gekauft, die fünf Meilen von seinem Büro entfernt lag. Es war ein einsamer Fleck. Den größten Teil des Tages war Kasturbai allein. Gemessen an der ihr eher entsprechenden Umgebung in Bombay, wo sie unter Menschen lebte, die sie auf der Straße grüßen und mit denen sie sich unterhalten konnte, war die Tolstoi-Farm ein Stück Wildnis. Aber Kasturbai war geduldig. Wenn ihr Mann wünscht, daß sie hier ihr Zuhause hatten, wollte sie zufrieden und freudig tun, was in ihrer Macht stand, um das Haus zu einer glücklichen Zuflucht zu machen.

Mohan war mittlerweile davon überzeugt, daß die Schulen seinen Jungen keinen besseren Unterricht erteilen könnten als er selbst. So erhielten sie die unkonventionellste Art von Unterricht, die es gab.

Den Weg zu seinem Büro und zurück pflegte Mohan morgens und abends zu Fuß zu gehen. Bei dieser Gelegenheit konnte er die gewünschten Übungen abhalten. Er nahm seine Söhne auf den Fußmärschen mit sich und unterrichtete sie unterwegs. Sie verbrachten dann den ganzen Tag im Büro, wobei sie ihre Lektionen schrieben, und kamen am Abend mit Mohan zurück. Manilal mußte seit den Pocken, an denen er erkrankt war, als er sieben Jahre alt war, eine Brille tragen. Eines Morgens nach dem langen Weg von zu Hause zum Büro sah Mohan den Jungen lesen, wobei er den Kopf ganz dicht an das Buch hielt, das er lesen sollte.

„Wo ist Deine Brille?“ fragte Mohan.

„Ich habe sie zu Hause vergessen“, antwortete Manilal schüchtern.

„Gut. Du mußt aber Deine Brille haben“ sagte Mohan streng. „Um sicher zu gehen, daß Du sie nicht wieder vergißt, möchte ich, daß Du nach Hause gehst und sie holst.“

Es kostete Manilal den ganzen Tag, die insgesamt mehr als 20 Meilen zu Fuß zurückzulegen, aber er hat nie gewagt, seine Brille noch einmal zu vergessen.

Kasturbai war überrascht, Manilal wieder daheim zu sehen, und fragte: „Was ist passiert? Warum bist Du zurückgekommen?“

„Ich vergaß meine Brille", erwiderte der Junge. „Vater hat mich gebeten, mit der Brille zum Büro zurückzukommen."
Manilal hatte gehofft, seine Mutter werde Mitleid zeigen und ihm den langen Weg zurück ersparen. Aber Kasturbai wußte, daß Mohan nicht gern hatte, wenn man seine Anweisungen widerrief. So sagte sie nur: „Komm und iß Dein Mittagessen!" Während Manilal aß, saß Kasturbai bei ihm und erklärte ihm den Sachverhalt.
„Vater möchte, daß Du ein guter Junge bist. Darum mußt Du die Strafe erleiden." Sie erzählte ihm die Geschichte ihres eigenen Zusammenpralls mit Mohan, um den Jungen mit den starken Idealen seines Vaters zu beeindrucken:
Es war 1898 in Durban geschehen, als Manilal noch ein Kind von sechs Jahren war. Das Haus in Durban war gut gebaut, aber die einzige Toilette befand sich außerhalb auf der Rückseite des Hauses.
Mohan hatte es damals zu einer Gewohnheit werden lassen, die Mitarbeiter seines Büros einzuladen und bei sich wohnen zu lassen. Jedem einzelnen wurde ein Zimmer gegeben. Jeder wurde mit einem Nachtgeschirr versehen, falls jemand in der Nacht auf die Toilette mußte. Wer mit Mohan schon länger vertraut war, wußte, daß er von den Gästen erwartete, das Nachtgeschirr jeden Morgen selber zu reinigen.
Auch Kasturbai und Mohan hatten einen Nachttopf in ihrem Zimmer, den sie jeden Morgen leerten. Kasturbai mochte diese Arbeit überhaupt nicht, aber sie konnte nicht mitansehen, daß Mohan die Töpfe reinigte, vor allem ihren Topf. So tat sie es selbst, wenn auch widerwillig. Dann hatten sie eines Tages einen neuen Hausgast, einen konvertierten Christen. Kasturbai hatte erfahren, daß dessen Eltern eigentlich zur Kaste der Unberührbaren gehört hatten. Für Kasturbai, die aufgrund ihrer Erziehung gehalten war, die Kastengrenzen streng zu beachten, blieb der Mann ein Unberührbarer, auch wenn er nachher seine Religion aufgegeben hatte.
Ihn im Hause zu haben, war schlimm genug. Aber da ihm die Gewohnheiten des Hauses noch nicht bekannt waren, ging er am anderen Morgen zur Arbeit, ohne sein Nachtgeschirr gereinigt zu haben.
Mohan hatte sein Bad genommen und war dabei, selbst zur Arbeit zu gehen, als er bemerkte, was geschehen war. „Ich glaube, unser neuer Gast hat seinen Topf nicht geleert", sagte er zu Kasturbai. „Ich hoffe, Du wirst es beim Hausputz miterledigen."
„Nein, das werde ich nicht tun", platzte Kasturbai heraus. „Es ist

schlimm genug, daß Du mich dieser Art schmutzige Arbeit tun läßt. Nun willst Du auch noch, daß ich den Topf eines Unberührbaren leere." Sie starrte mit geröteten Augen auf Mohan, die Tränen flossen ihr die Wangen hinunter.
„Niemand in diesem Haus ist ein Unberührbarer", sagte Mohan und rang damit, sein Temperament zu zügeln. „Wenn Du ihn nicht reinigen willst, muß ich es selbst tun." Er sprach es und wandte sich um.
Zunächst dachte Kasturbai, er habe eine leere Drohung ausgestoßen, und wartete ab. Als er aber seinen Mantel auszog und sich bückte, um den Topf unter dem Bett hervorzuholen, sagte sie: „Nein, nein. Bitte laß das! Ich werde ihn leeren."
Sie hörte nicht auf zu schluchzen, als sie den Topf aufnahm und an Mohan vorbei die Treppe hinunterstieg.
Seit ihrer Kinderheirat hatte sich Mohan stets als ihren Lehrer betrachtet. Als solcher war er auch jetzt nicht mit ihr zufrieden, weil sie sich nur zögernd herabgelassen hatte, den Nachttopf eines Unberührbaren zu leeren. Er wollte, daß sie es lächelnd tat und nicht mit Tränen in den Augen.
„Ich werde diesen Unsinn in meinem Hause nicht dulden", rief er ärgerlich hinter ihr her. Die Bemerkung traf Kasturbai wie ein Messer.
„Behalte Dein Haus für Dich und laß mich gehen", entgegnete sie scharf.
Zum erstenmal in seinem Leben, seit er verheiratet war, verlor Mohan sein geistiges Gleichgewicht. Außer sich vor Wut stürzte er die Treppe hinunter, ergriff Kasturbai am Arm und zerrte sie zur Tür. Als er die Tür halb geöffnet hatte, sagte er: „Geh aus meinem Haus!" Kasturbai war entsetzt. War dies der Mohan, den sie aus Indien kannte? War das derselbe schüchterne Junge, den sie vor so vielen Jahren geheiratet, der sie so leidenschaftlich geliebt und für immer als die seine angenommen hatte? Was war in ihn gefahren? War die Meinungsverschiedenheit bezüglich der Entleerung eines Nachttopfes so schwerwiegend, daß man seine Frau in einem fremden Land aus dem Haus wirft?
Im Bruchteil einer Sekunde jagten unzählige Gedanken durch ihren Kopf, und beide schauten einander aus blutunterlaufenen, zornigen Augen an.
„Bist Du von Sinnen?" fragte Kasturbai fast lautlos. „Wo soll ich in diesem fremden Land hin, wo ich hier weder Freunde noch Verwandte habe?"

Mohan erkannte seinen schrecklichen Fehler. Was konnte ihn zu solch sinnloser Grausamkeit getrieben haben? Er blickte auf den geröteten Striemen auf Kasturbais schmächtigem Arm, den er im Zorn so fest gepackt hatte, und auf die Tür, die er mit der anderen Hand offenhielt, und den Nachttopf, den Kasturbai noch in der Hand hatte und der beinahe eine heilige Ehe auseinandergerissen hätte.
Mohan fühlte sich durch sein Verhalten beschämt, aber er war entschlossen, es nicht zu zeigen. Er schloß die Tür und ließ Kasturbais Hand frei. Beide begaben sich an ihre Arbeit und versuchten, die unschöne Episode im tiefsten Winkel ihrer Erinnerung zu vergraben.
Wenn der Vorfall Kasturbai etwas bewiesen hatte, dann war es die Ernsthaftigkeit von Mohans Überzeugungen. Von deren Richtigkeit war sie noch nicht überzeugt. Sie betrachtete noch auf Jahre hinaus solche Arbeit als schmutzig und einer Dame nicht zukommend.
Wenn schon die Religion der Hindus die Gesellschaft in so viele verschiedene Kasten einteilte, mußten die alten indischen Weisen sehr gute Gründe dafür gehabt haben. Und wenn sie die Pflichten einer jeden Kaste festgelegt hatten, mußten sie schon gewußt haben, was sie taten. Es war eine einfache Logik, die Logik einer einfachen Frau. Kasturbai war orthodox erzogen worden und achtete entsprechend die alten Schriften und die gelehrten Männer, die sie auslegten. Wenn alle Hindus sie akzeptierten, gab es keinen Grund für sie oder Mohan, sie in Frage zu stellen.
Aber Mohan war ihr Mann, und wenn er dadurch glücklich zu machen war, würde sie diese Dinge im Interesse der Erhaltung ihrer Ehe, ihrer Kinder und ihres Heimes tun.
Für Kasturbai war Mohan noch der ungeschickte Jüngling, der nicht für sich selber eintreten konnte, der sich vor dem Gericht die Blöße gab und der vor allem nicht den Erwartungen der Familie entsprochen hatte. Er war nun in seiner Karriere bis zum gewissen Grad erfolgreich, aber sie betrachtete ihn noch nicht als gelehrt genug, als daß er gegen die Lehren von Generationen religiöser Führer verstoßen durfte.
Vielleicht war es nur eine weitere seiner absonderlichen Phobien, aus denen er bald herauswachsen würde. Kasturbai war bereit, seine Philosophie anzunehmen, aber nicht, solange sie nicht von ihrer Richtigkeit überzeugt war.
Für Mohan wurde durch den Vorfall ersichtlich, daß er unbedingt sein Temperament beherrschen lernen mußte. Ist es recht, fragte er sich,

daß ich einfach von jedem erwarte, was ich sage, ohne Frage zu akzeptieren? Auch wenn Kasturbai meine Frau ist, hat sie nicht ein eigenes Bewußtsein?

Ihn schauderte bei dem Gedanken, wie nahe er seine Ehe und sogar sein ganzes Leben an den Abgrund gebracht hatte. Mit Ungeduld war nichts zu machen. In der Öffentlichkeitsarbeit wird eine Frau solche Beleidigungen viel leichter überwinden als Freunde oder Kollegen.

„Wenn ich mich in solcher Weise gegenüber meiner Frau benehme, was wird mich daran hindern, mich in derselben Form gegenüber meinen Freunden zu verhalten?" fragte er sich selbst.

Neue Gedanken und Methoden erfordern gewöhnlich eine lange Zeit und sehr viel Geduld, um akzeptiert zu werden, besonders, wenn sie alte, eingefahrene Normen und Praktiken ersetzen sollen. Wenn einer dabei seinen Gleichmut verliert, wird seine Arbeit um eine Generation zurückgeworfen.

Mohans Verhalten gegenüber Kasturbai war das Ergebnis seines tiefverwurzelten Glaubens, daß sie ungebildet, schriftunkundig, gefügig und ihm völlig ergeben war. Seine unfruchtbaren Versuche in der Vergangenheit, sie auszubilden, hatten ihn überzeugt, daß sie ein Dummkopf war und keine Lebensinteressen hatte, die darüber hinausgingen, ihm wie ein Schatten zu folgen.

Darüber schreibt er: „Kasturbai weiß vielleicht nicht einmal, ob sie unabhängig von mir irgendwelche Ideale hat. Es ist wahrscheinlich, daß viele meiner Handlungen selbst heute nicht ihre Billigung finden. Wir erörtern sie niemals. Ich sehe nichts Gutes darin, sie zu erörtern. Denn sie wurde weder von ihren Eltern noch von mir unterrichtet, als es dafür an der Zeit war."

Zweifellos lag es an Mohans Haltung gegenüber Kasturbai, daß sie so lange brauchte, um die Reformen, die er plante, zu würdigen.

Zurück zur Küche auf der Tolstoi-Farm, wo Manilal saß und aufmerksam seiner Mutter zuhörte. Hier gab es ein langes Schweigen.

„Nun werde rasch mit Deinem Essen fertig und geh zurück zum Büro! Womöglich fragt sich Dein Vater schon, was passiert ist", sagte Kasturbai und fuhr mit ihren Fingern durch das struppige Haar des Jungen.

Manilal freute sich, daß er nicht der einzige war, den man bestraft hatte. Er beendete seine Mahlzeit und brach zur letzten Runde des 10-Meilen-Marsches auf.

Das Leben auf der Tolstoi-Farm war härter als an jedem anderen Ort, an dem Kasturbai gelebt hatte. Mohan zog mehr und mehr ein einfaches Leben vor. Während er in Durban einige Hilfe hatte, um den Haushalt zu bewältigen, wurde auf der Tolstoi-Farm auf jegliche Hilfe verzichtet. Alles mußte von ihnen gemeinsam getan werden, was im Endeffekt hieß: von Kasturbai.
Gewöhnlich hatte Mohan den einen oder anderen Gast, der mit im Hause wohnte und ein Teil der Familie wurde. Das bedeutete bis zu einem gewissen Grad noch mehr Arbeit für Kasturbai.
Zu dieser Zeit erhielt Mohan einen dringenden Anruf von Madanjit, dem Gründer der Wochenzeitung „Indian Opinion" in Durban, der sich durch großzügige Unterstützung Mohans über Wasser hielt.
Madanjit sammelte in Transvaal Subskriptionen für die Zeitung. In der indischen Kolonie von Johannesburg traf er verschiedene junge Menschen, die in den Goldminen arbeiteten. Sie hatten sich die schwarze Pest zugezogen. Es gab aber kein Krankenhaus und keine Pflegeeinrichtungen für Inder. Madanjit war überzeugt, daß die mehr als 20 jungen Männer sterben würden. Darüber hinaus befürchtete er, daß sich die Pest ausbreiten und große Zerstörungen in der Niederlassung anrichten würde, falls man nicht geeignete Vorsichtsmaßnahmen treffe. Eine indische Niederlassung in Südafrika hat wie die afrikanische Niederlassung keine Reize. Es ist lediglich eine Anhäufung ärmlicher Häuser in scheußlichem Zustand. Überflutende Straßenrinnen, schlechte sanitäre Einrichtungen und verrottende Küchenabfälle an jeder Straßenecke luden die Pest geradezu ein.
Madanjit ließ Mohan eine eilig hingekritzelte Nachricht zukommen. Das war in jenen Tagen die schnellste Methode der Verständigung. „Die schwarze Pest ist hier", besagte die Mitteilung. „Geschieht nicht etwas, werden Hunderte sterben."
Hier ging es um das, was Mohan am liebsten tat. Obwohl die Nachricht über die Pest ihn schockierte, eilte er ohne zu zögern auf schnellstem Wege nach dort.
Es gab keinen Zweifel, es war die Pest. Ein günstiger Umstand bestand darin, daß ihr Ursprung nicht in der indischen, sondern in der afrikanischen Kolonie lag, die sich fraglos in schlechterem Zustand als die indische befand. Dort lebte das Gros der Minenarbeiter. Ihre Wohlfahrt war für die Weißen von keinerlei Interesse. Die etwa 20 Inder, die in den Goldminen arbeiteten, brachten die Pest von dort mit.

Angewidert von der gefühllosen Haltung gegenüber den Indern, die von der Epidemie betroffen waren, hatte Mohan einen ersten Brief an die Zeitungen geschrieben, die ihn auch veröffentlichten.
Aber das war nur ein schwacher Trost. Tatsache blieb, die Pest war da, und es mußte sofort etwas getan werden, um ein Unheil abzuwenden. Also brach Majumdar, eine unternehmungsfreudige Persönlichkeit, in ein leeres Haus ein, das mit Hilfe einiger Freiwilliger in ein provisorisches Krankenhaus für die 20 Patienten verwandelt wurde.
Mohan fuhr unterdessen mit dem Rad zur Stadtverwaltung und unterrichtete den Stadtsyndikus über die Epidemie und über das, was sie getan hatten.
Er benachrichtigte auch Kasturbai, daß er möglicherweise bis zum nächsten Morgen nicht nach Hause komme. Er gab sich keine Mühe, den Grund zu erklären, weil er sie nicht unnötig beunruhigen wollte.
Daß Mohan in dieser Form von daheim wegblieb, war außergewöhnlich. Kasturbai fragte sich, welch dringende Arbeit ihn wohl zwang, wegzubleiben. Aber sie hatte keine Möglichkeit, es herauszufinden. So aß sie mit den Jungen zu Abend, beendete ihre Tagesarbeit und ging zu Bett.
Mohan bemühte sich um Hilfe. Seine drei Büroschreiber meldeten sich freiwillig, um mit ihm zusammenzuarbeiten.
Auch Dr. Godfrey eilte zu der Kolonie, als er vom Ausbruch der Pest hörte. Er untersuchte die Patienten die ganze Nacht hindurch. Am nächsten Morgen ging Mohan nach Hause, um sich zu waschen und etwas auszuruhen.
„Die Pest hat unsere indische Gemeinde am Ort ereilt", berichtete er Kasturbai. „Es gibt bereits 20 Fälle. Wir hoffen nur, daß nicht noch mehr Leute angesteckt werden."
„In diesem Fall würde ich auch gern kommen und helfen", kündigte sie an. Da Kasturbai bis dahin keine Erfahrung in Krankenpflege hatte, bat Mohan sie, die Wohnungen in der Kolonie zu besuchen, um mit den Frauen über Gesundheit und Hygiene zu sprechen und wie man die Pest feststellt, falls weitere Menschen befallen werden.
Kasturbai war diese Umgebung noch nicht sehr vertraut, wie sie das in Bombay war. Aber sie kam irgendwie zurecht und mit Hilfe der anderen Frauen säuberte sie den ganzen Bereich.
Als ob die zuständige Stadtverwaltung nicht verantwortlich gewesen sei für die bürgerlichen Annehmlichkeiten wie Krankenhäuser und Gesundheitsdienst auch für Inder, wo doch die Inder dieselben Steuern zu

zahlen hatten wie die Weißen! Dasselbe System besteht noch heute. Inder müssen ihre Schulen und Krankenhäuser selber bauen, während sie sie lediglich leiten.
Der Stadtsyndikus war sehr froh, daß Mohan und Majumdar sofort geeignete Maßnahmen ergriffen hatten. Aber zweifellos gehörte das leere Haus irgendjemand und sollte deshalb wieder geräumt werden. „Ich werde einen Ersatz dafür finden", versprach er.
An jenem Nachmittag rief er Mohan an und zeigte ihm ein unbenutztes Warenhaus, das die Stadtverwaltung ihnen zur Benutzung als Krankenhaus übergeben wollte.
Das Gebäude war schmutzig und nicht möbliert. Mohan und seine Freiwilligen mußten es gründlich reinigen. Dann gingen sie in der Kolonie von Haus zu Haus, um die erforderlichen Möbel zu sammeln, ferner Matratzen, Kissen, Töpfe und Ventilatoren, sowie alle die kleinen Dinge, die für ein Krankenhaus erforderlich sind. Die Stadtverwaltung konnte ihnen nichts geben.
Bei all diesen Arbeiten war Kasturbai von großem Nutzen. Mohan entdeckte zum erstenmal in ihr die Begabung, Frauen für Aktionen wirksam in Schwung zu bringen. Bis dahin waren die indischen Frauen scheu und fügsam und hatten kaum an irgendeiner Art Gemeindearbeit teilgenommen.
Die Frauen halfen nicht nur beim Reinigen der Zimmer, sondern schafften auch alles heran, was gebraucht wurde, sie kochten, was die Patienten benötigten.
Noch einmal stand Mohan vor dem Problem der Ernährung von Patienten mit Fleischbrühe. Er war der Pfleger und Organisator des Ganzen. Darüber hinaus war er für die Patienten nicht zuständig.
Nur drei Patienten lehnten Fleischbrühe ab und waren bereit, stattdessen Mohans Therapie zu versuchen. Mohan war glücklich, daß gerade zwei der vegetarisch und mit „Lehm-Therapie" versorgten Patienten überlebten, während alle anderen starben. Natürlich bedauerte Mohan die großen Verluste, aber er wurde zugleich in seinem Glauben an die Wirksamkeit von Vegetarismus und Lehm-Packungen bestärkt.
Zwar bereitete diese Aktivität Kasturbai viel Freude, doch war sie tief beunruhigt wegen Mohans Gesundheit. Er war fortwährend der Pest ausgesetzt. Es stand nicht in ihrer Macht, mehr zu tun, als darüber besorgt zu sein. Die Gemeinde war in Not und auf jede helfende Hand angewiesen, das wollte Kasturbai keineswegs leugnen.

Damals fing es an, daß sich europäische Freunde für Mohans Arbeit interessierten.
Der erste Europäer, der auf Mohan zukam, war Maurice West. Er hatte eine eigene Druckerei in Johannesburg und wollte den Pestopfern helfen, was Mohan ablehnte. Stattdessen empfahl er West, den „Indian Opinion" in Durban herauszugeben. Zwischen beiden wurde ein Abkommen geschlossen. West beendete seine Geschäfte in Johannesburg und ließ sich in Durban nieder.
Viel später stieß Henry Pollack zu Mohan und lebte fortan mit ihm auf der Tolstoi-Farm. Das Leben wurde für Kasturbai immer schwieriger. Sie hatte die Arbeiten im Hause praktisch allein zu verrichten. Mit einem Europäer im Haushalt war es umso mehr problematisch. Sie konnte sich kaum mit ihm verständigen.
Die eigentlichen Probleme fingen indessen erst an, als Frau Pollack zu ihnen stieß. Die Pflichten in der Küche mußten von zwei Frauen geteilt werden, die sehr unterschiedlichen Kulturkreisen angehörten und aus jeweils anderem Zusammenhang hervortraten. Dazu kam noch das Manko, nicht miteinander sprechen zu können.
Dies war für Kasturbai wahrhaft eine Prüfung. Kochen kann eine einfache Arbeit sein. Wenn sie aber von zwei Frauen nach zwei völlig verschiedenen Methoden verrichtet wird, kann leicht die eine der anderen unaufhörlich auf die Füße treten.
Kasturbai mochte Frau Pollack sehr, aber es mußte ein Ausweg aus dieser Situation gefunden werden. Sie erörterte das Problem mit Mohan. Es wurde beschlossen, die Küchenarbeit durch die Frauen im täglichen Wechsel verrichten zu lassen. Während die eine kochte, sollte die andere waschen usw.
Kasturbai war eine unverwüstliche Frau. Bis dahin hatte sie lange im Familienverband gelebt, so wie die Menschen in Indien lebten. So freute sie sich, daß sie jetzt fremde Menschen um sich hatte, die sich im Einklang mit ihr befanden. Was sie ärgerte, war ihre Unfähigkeit, mit ihnen zu plaudern, vor allem mit Frau Pollack.
Aber es öffnete sich bald ein Ausweg. Frau Pollack fing an, Kasturbai etwas Alltags-Englisch beizubringen.
Mohans zweiter Sohn Manilal war mittlerweile zehn Jahre alt, die beiden jüngeren Söhne waren sechs und vier. Während Harilal in Indien zurückgeblieben war, um Schulbildung zu erwerben, stand es um Manilals Ausbildung schlecht.

Mohan konnte ihr nicht viel Zeit widmen angesichts seiner endlosen öffentlichen Aktivitäten. Die wenige Zeit, die er fand, wurde dem Unterricht in Gujarati gewidmet. Neben seinem Wunsch, die Kinder zu Hause durch die Praxis guter Lebensführung weiterzubilden, war es Mohan wichtig, sie in ihrer Muttersprache zu unterrichten. Er war überzeugt, daß sie grundlegende Kenntnisse in Englisch von selbst erlangen würden, wenn sie heranwuchsen.

Die Erziehung der Kinder war ein Zankapfel zwischen Kasturbai und Mohan. Sie war nicht davon überzeugt, daß ihnen die Grundausbildung daheim gut zustatten käme. Daher erlag sie auch dem beharrlichen Wunsch ihres ältesten Sohnes, in Indien bleiben zu dürfen, als sie sich selbst überlassen war.

Nun, da Pollack zu ihnen gestoßen war und mit ihnen zusammenlebte, fand sie dessen Zustimmung. Pollack hatte verschiedene hitzige Debatten mit Mohan über Erziehung im allgemeinen und die Notwendigkeit von Englisch-Unterricht im besonderen.

Doch Mohan gab nicht nach. Er war in gewisser Hinsicht unerbittlich, und wenn er einmal von etwas überzeugt war, konnte nur ein Unheil seinen Glauben erschüttern.

Harilals Leben endete im Unheil. Aber Mohan war überzeugt, es wäre nicht soweit gekommen, hätte er bei ihm gelebt, statt in Indien zu bleiben.

Dieser Punkt ist strittig. Harilal wird beschrieben als der brillanteste der vier Söhne und zugleich der unnachgiebigste hinsichtlich des Wunsches nach formaler Ausbildung. Er zog es vor, gegen den Wunsch seines Vaters in Indien zu bleiben und dem eigenen Wunsch nachzugeben. Aber er konnte aus gewissen Gründen keine Fortschritte machen. Man darf annehmen, der Grund lag darin, daß er während der Jahre, in denen ein Kind bildungsfähig ist, eine Menge kostbarer Zeit verloren hatte. Als er mit zwölf anfing, zur Schule zu gehen, war er weit hinter seiner Altersgruppe zurück.

Da er den größten Teil seiner Kindheit fern vom Vater verbrachte, wurde er sicherlich dem üblichen Begehren nach Materiellem und nach persönlichen Vorteilen mehr ausgeliefert, als durch Mohans humanitäre Haltung beeinflußt. Er wurde in der Obhut von Mohans Brüdern zurückgelassen, für die das einzige Kriterium des Erfolgs die Fähigkeit eines Mannes war, Geld zu machen.

Die Brüder waren an ein Leben im Wohlstand gewöhnt, da ihr Vater und

ihr Großvater Diwans von Porbandar und vom Staate Rajkot waren. Der Diwan war eine bedeutende Persönlichkeit in den Fürstenstaaten. Er verlangte Respekt, seine Familie wurde sehr zuvorkommend behandelt und wichtig genommen.
Auch Kasturbais Eltern waren wohlhabende und bedeutende Leute und an eine Lebensart gewöhnt, die nur durch Geld erkauft werden konnte. Als ihre Eltern kurz nach ihrer Eheschließung mit Mohan starben, wurden Geschäft und Reichtum von ihren Brüdern geerbt. Einer von ihnen war Harilals Mit-Vormund.
So hatten Harilals Onkel mütterlicherseits reichlich Geld, während seine Onkel väterlicherseits keines hatten und ihren Niedergang und Daseinskampf laut bejammerten. Sie hatten sich nie vorstellen können, daß sie eines Tages wie einfache Menschen hart zu arbeiten hätten, um ihren Lebensunterhalt zu verdienen.
Als Mohans Vater noch lebte, hätte der Krämer alles, dessen sie bedurften, auf Kredit geliefert. Sie brauchten nur eine Botschaft an den Laden zu schicken. Jetzt gab es keinen Kredit mehr. Die Geschäftsleute wußten von der Notlage der Familie und bestanden darauf, daß verlangte Waren bei Lieferung bar bezahlt wurden. Das war die rauhe Wirklichkeit, mit der sich die Brüder nicht abfinden konnten.
Um etwas von dem vergangenen Glanz gehobenen Lebens wiederzuerlangen, hatten sie ihre Hoffnungen auf Mohan gesetzt. Er sollte in London studieren und dann zurückkommen, um Diwan zu werden. Aber er konnte das nicht erfüllen. Dann hatten sie gehofft, er werde zumindest als erfolgreicher Rechtsanwalt eine Menge Geld verdienen, aber auch darin hatte Mohan zunächst versagt. Als Mohan schließlich die Gelegenheit erhielt, nach Südafrika zu gehen und dort Geld zu machen, wurde er von Grundsätzen und seinem Gewissen eingeholt und entschloß sich, allem weltlichen Besitz und Komfort zu entsagen.
Mohans Brüder waren nicht bereit zu glauben, daß Mohan tatsächlich so etwas wie ein Asket geworden war. Sie waren überzeugt, es sei Kasturbai gewesen, die ihm empfohlen habe, diese Entschuldigung zu gebrauchen, um damit aufzuhören, Geld an die Familie zu senden, und alles für sich selbst zu behalten.
Diese große Enttäuschung der Brüder sowie ihre Geld- und Wohlstandsbesessenheit spiegelte sich in Harilals Gedanken wider, denn er war ihnen näher als Mohan.

Als einst Kasturbai die Schmähungen der Familie mitanhören mußte, während sie mit ihr zusammenlebte, bekam auch Harilal mit, als welch große Enttäuschung sich sein Vater entpuppte. Dies zusammen mit den eigenen Enttäuschungen in seiner Kindheit, als er Dinge tun sollte wie Reinigen, Waschen und Ausleeren von Klosetteimern, was er keinen anderen Jungen oder Mädchen seines Alters und seiner Kaste hatte tun sehen, verwandelte ihn in einen Rebellen.

Seit Harilal in der Schule erkannte, daß er weit zurück war, brachte ihn jeder kleine Anlaß dazu, seinen Vater umso mehr zu hassen. Er konnte sich nicht entschließen, durch harte Arbeit und Zielstrebigkeit es mit den anderen aufzunehmen, was angesichts seiner überdurchschnittlichen Intelligenz möglich gewesen wäre. Die Schuld an seiner Notlage schrieb er Mohan zu und verbrauchte seine Kräfte lieber damit, seinen Vater zu verdammen, als sich selbst einzusetzen. Für Harilal hatte Mohan nicht nur seine Familie vernachlässigt, sondern auch seinen Sohn, und beides war unentschuldbar.

Als aufrührerischer Sohn fand er natürlich Ventile für seinen Zorn, indem er Dinge tat, von denen er wußte, daß sein Vater sie nicht leiden konnte. Er begab sich in schlechte Gesellschaft und gab seine Studien mehr oder weniger auf. Wir werden niemals wissen, warum sich Harilal nicht entschloß, seinem Vater zu beweisen, daß er sehr viel Gutes leisten konnte, indem er studierte, so viel er konnte, und daß sein Vater im Irrtum war. Er hat zu niemandem darüber gesprochen und auch kein Bekenntnisbuch hinterlassen.

War Harilal in der Tat so strahlend, wie man ihn dafür hielt, wäre es für ihn selbstverständlich gewesen, zu beweisen, daß sein Vater zumindest in bezug auf formale Ausbildung im Unrecht war. In Wahrheit beweist alles, was Harilal tat, nur, daß Mohan im Grunde recht hatte und daß Harilal nicht ganz so klug und unternehmungsfreudig war, wenn auch Mut zeigte, indem er in Indien zurückblieb, während alle anderen nach Südafrika abreisten.

Harilals Untaten in der Schule wurden seinem Onkel zu viel, um damit fertigzuwerden. Sie fanden die leichteste Lösung des Problems heraus, indem sie glaubten, wie das damals üblich war, die Wurzel jeder Untat eines jungen Burschen liege im Geschlechtlichen.

Harilal war damals fast 15 Jahre alt. Entsprechend der Praxis in jenem Gebiet wurde er als reif betrachtet, verheiratet zu werden. Genau dies taten sie mit ihm, ohne sich die Mühe zu machen, Mohan voll zu informieren. Mittlerweile war Mohan unversöhnlich gegen Kinderheirat eingestellt. Die unbestimmte Art, in der ihm in einem Brief etwas darüber mitgeteilt wurde, erweckte in Mohan den Eindruck, daß seine Brüder Harilal verlobten, weil sie eine gute Familie mit einer guten Tochter gefunden hatten. Gewiß kümmerte sich Mohan auch nicht sehr um diese Handlungsweise. Er nahm sie hin als einen wunderlichen Einfall seines älteren Bruders, der beinahe so etwas wie ein Vater für ihn war. Freilich, auch wenn Mohan seinem Bruder gegenüber protestiert hätte, wäre solcher Protest mit der Geringschätzung abgetan worden, die man gewöhnlich für etwas Unschönes bereithält, das ein Kind getan hat. Mohan wußte das und sah die Zwecklosigkeit eines Protestes ein. Jedenfalls kehrte Harilal bald nach Südafrika zurück, und Mohan glaubte, die Verlobung schade ihm nicht.

Kasturbai wußte nicht, was sich zwischen den Brüdern abgespielt hatte. Sie hatte Mohan ärgerlich über eine törichte Entscheidung murren hören und fragte ihn daher: „Worüber murrst Du?"

„Mein großer Bruder will Harilal verloben", sagte er erbittert.

„So! Was ist daran falsch?"

„Ich mag es nicht. Der Junge ist noch zu jung, und es gibt so viel, das er lernen müßte, bevor er eine Familie gründet."

„Vielleicht möchte Harilal verheiratet werden?" meinte Kasturbai zögernd. Sie wußte, daß Mohan sehr ärgerlich war, und wollte ihn nicht reizen.

„Wie kann er in solch einem Alter wissen, was er will?" sagte er ärgerlich.

„Wenn schon! Wenn es sich bloß um eine Verlobung handelt, besteht keine Notwendigkeit, sich so sehr zu beunruhigen" tröstete sie ihn.

Für sie gab es keinen großen Unterschied. „Es ist besser, wenn Jungen und Mädchen jung verheiratet werden, als daß sie in irgendwelche Schwierigkeiten geraten." So hatte sie stets empfunden.

Es war die damals weitest verbreitete Haltung und ist sie zum Teil heute noch. Geschlechtsverkehr vor der Ehe ist undenkbar und eine der schlimmsten Sünden, die einer begehen kann. Kasturbai wollte nicht, daß ihre Kinder dieses Sakrileg begehen. Sie ging bei ihrem Urteil von dem frühen sexuellen Verlangen Mohans aus und fürchtete, auch Harilal wäre sexuell überaktiv. Von daher glaubte sie, es sei vielleicht die klügste Maßnahme, was Mohans Brüder beschlossen hatten. Wenn sie auch nicht wagen konnte, dies Mohan zu sagen.

Doch obwohl sie insgeheim eine frühe Verheiratung Harilals billigte, war sie nicht weniger als Mohan überrascht, als der junge Bursche mit seiner Braut in Durban eintraf. Beide, Mohan sowohl wie Kasturbai, hatten nicht damit gerechnet, daß ihre Brüder diesen bedeutsamen Schritt im Leben ihres Sohnes vollzogen, ohne sie zu befragen.
Während Kasturbai an dem Unabänderlichen mit einem Achselzucken vorüberging, war Mohan rasend und hilflos zugleich. Er konnte seinen Zorn nicht gut auf dem Jungen abladen, der nicht eigentlich zu tadeln war, noch konnte er ihn an seinem Bruder auslassen, der weit weg war in Indien.
Später erklärte Mohan seine Enttäuschung, aber seine Brüder schenkten einem, der ihrer Meinung nach nichts für die Familie getan hatte, keine Beachtung.
Kasturbai war enttäuscht, weil ihr ältester Sohn in ihrer Abwesenheit verheiratet worden war. Sie wäre gern dabei gewesen. Die Hochzeit eines Sohnes, und erst recht die erste der eigenen Kinder, ist für eine Hindu-Mutter ein bedeutsames Ereignis.
Es gab so vieles, das sie gern der jungen Braut gegeben hätte, und es wäre auch viel erfreulicher gewesen, wenn sie und Mohan an den Feierlichkeiten teilgenommen hätten. Daß ihnen diese Ehre und Freude verweigert wurde, war nicht gut. Aber was konnte sie daran ändern? Sie behielt ihre Enttäuschung für sich und nahm schnell die junge Braut unter ihre Fittiche.
Eine Schwiegertochter muß darauf vorbereitet werden, die Traditionen der Familie fortzusetzen. Wer kann das besser tun als eine Schwiegermutter. Kasturbai nahm sich der Aufgabe mit Eifer an.

10. Kapitel

Experimente in Erziehung. Vegetarismus und Brahmacharya

Auf der Tolstoi-Farm nahm das Leben seinen normalen Gang und war wenig ereignisreich. Die Jungen gediehen gut. Mohan setzte seine verschiedenen Experimente auf kommunalem wie gesundheitlichem Gebiet fort.

Er hatte erfahren, daß hausgemachtes Weizenvollkornbrot äußerst nahrhaft sei und kaufte deshalb eine Weizenschrotmühle. Zwei Mann waren erforderlich, um sie zu bedienen. Das war es, was er schätzte: Die Mühle verschaffte den beiden Bewegung und allen Weizenmehl, von dem Kasturbai leckeres Brot backen konnte.

Gewöhnlich verrichteten Pollack und Mohan täglich einmal diese Arbeit. Gelegentlich wurde sie von den beiden Frauen, Kasturbai und Frau Pollack, übernommen. Mohan hatte festgelegt, daß die Jungen zu keiner Arbeit gezwungen werden sollten. Er erwartete, daß sie aus eigenem Entschluß bereit waren, sich an den täglichen Hausarbeiten zu beteiligen, wenn sie die Erwachsenen arbeiten sahen. Auf diese Weise würden sie die Arbeit nicht als Last empfinden, sonderen gern tun. Und in der Tat leisteten sie etwas Hilfe. Wenn sie von der Plackerei müde waren, rannten sie davon, um zu spielen.

Kasturbai war noch nicht daran gewöhnt, daß Mohan Pflichten im Haushalt übernahm. In ihrem starr orthodoxen Milieu war es unvorstellbar, daß der Mann des Hauses Hausarbeit verrichtete. Aber Mohan war unnachgiebig. Er bestand darauf, jederart Arbeit zu verrichten, zumal es für Kasturbai schwierig war, allein damit fertig zu werden, seitdem er alle bezahlte Hilfe entlassen hatte.

Um ihr Gewissen zu erleichtern, beschwatzte sie oft Manilal, ihren zweitältesten, seinem Vater behilflich zu sein. Manilal war ein eifriger Arbeiter, aber als Kind — er war damals kaum zehn Jahre alt — spielte er auch gern.

Zufällig zu jener Zeit hatte Mohan einige Jungen aufgelesen, mit denen schwer umzugehen war. Wenn die Eltern arm waren und arbeiten gehen mußten, um ihren Lebensunterhalt zu verdienen, hatten sie keine Zeit, ihre Kinder zu erziehen, die oft reine Vagabunden wurden und schlechte Gewohnheiten annahmen.

Mohans Begeisterung für Reformen nahm ständig zu. Erfolglos hatte er sich in seiner Kindheit darin versucht, als er sich den Gefahren der Prostitution, des Fleischessens und Zigarettenrauchens aussetzte.
Als er von solchen Jungen hörte, konnte er den Wunsch nach Besserung nicht mehr unterdrücken. Er lud sie alle ein, mit auf der Tolstoi-Farm zu leben, wo sie unterrichtet werden konnten, um nützliche Bürger zu werden.
Aber unter den Jungen gab es schwierige Fälle. Sie hatten sich an eine Lebensart gewöhnt, die anscheinend kein noch so hohes Maß an Liebe oder Verstehen ändern konnte. Mehrere Wochen gingen ins Land. Kasturbai wurde unruhig. Sie sah, wie ihre eigenen Jungen durch das Verhalten der anderen beeinflußt wurden. Darin sah sie eine Wiederholung jener Gefahren, durch die Mohan seinerzeit hindurchgemußt hatte. Sie erinnerte sich ihrer damaligen aussichtslosen Warnungen und der Warnungen dritter. Aber Mohan hatte seine Freundschaft nicht aufgegeben, bis das Schicksal ihn zum Studium nach England führte. Sie wußte, daß es nutzlos wäre, Mohan jetzt etwas über die Gefahren zu sagen, denen er seine Kinder gerade aussetzte. Er würde auf keines der Argumente hören.
Daher entschloß sie sich, die Hilfe von Hermann Kallenbach, einem Johannesburger Architekten, in Anspruch zu nehmen, der Mohan sehr nahe stand. Sie glaubte, Mohan würde auf ihn hören und seinen Rat befolgen.
Sie legte Kallenbach ihre Befürchtungen dar. Er stimmte ihr zu, man könne mit Recht darüber beunruhigt sein, und versprach, mit Mohan zu reden.
Kallenbach hielt sein Versprechen. Bei der ersten Gelegenheit sagte er zu Mohan: „Ich mag Ihr Experiment mit den Jungen nicht, vor allem deshalb nicht, weil Sie Ihre Kinder schlechten Gewohnheiten aussetzen."
Mohan dachte einen Augenblick nach. Dann fragte er: „Was soll ich Ihrer Meinung nach tun?" „Schicken Sie sie weg," riet Kallenbach, „wenn Sie Ihre Kinder nicht von den anderen getrennt halten können."
„Und meinen Jungen soll ich den Eindruck vermitteln, daß sie etwas Besonderes sind und beschützt werden müssen?" fragte Mohan.
„Ja, Sie können ihnen erklären, daß das, was jene Jungen tun, nicht gut ist und sie deshalb weggeschickt werden müssen", meinte Kallenbach.

„Würde das nicht meine Jungen in bezug auf die unschönen Gewohnheiten neugierig machen und in ihnen den Wunsch erwecken, es jenen gleichzutun?“ fuhr Mohan unbeirrt fort.
Die beiden Männer besprachen die Angelegenheit ausführlich, schließlich setzte sich Mohan durch. Die fremden Jungen blieben für eine gewisse Zeit weiterhin auf der Farm. Mohan wollte, daß seine Jungen selbst erkannten, was am Verhalten der anderen falsch war. Nur dann würden sie es völlig zurückweisen.
Die Tatsache, daß Harilal noch in Indien war, bewahrte die Burschen aus Johannesburg davor, daß sie für Harilals Versagen verantwortlich gemacht werden. Für dieses Mal schien Mohans Politik erfolgreich gewesen zu sein. Oder hatte wieder einmal die Vorsehung dazu beigetragen, daß Mohan und die Kinder vor schlimmerem bewahrt blieben?
Keiner der drei Jungen hatte etwas von den üblen Gewohnheiten übernommen, deren die Jungen aus Johannesburg bezichtigt wurden. Der Leser mag selbst entscheiden, ob der Grund dafür in ihrer Erleuchtung lag oder in der Tatsache, daß die Zulu-Revolution in Natal ausgebrochen war.
Die Zeitungen waren damals voll von Berichten über einen Aufstand der Zulus in Natal. Um der weißen Leserschaft zu gefallen, wurde in den Berichten übertrieben und verzerrt. Die Zulus waren die am meisten unterdrückte Klasse, sie wurden als Sklaven benutzt. Aus den Zeitungsberichten entnahm Mohan, daß der Sachverhalt sehr ernst war. Er fühlte mit den Zulus, war aber wegen der Gewaltanwendung in seiner ersten Reaktion schmerzlich berührt.
Er erörterte die Lage mit allen, die auf der Tolstoi-Farm lebten. Auch Kasturbai hatte sich ihre Meinung über die Sache gebildet. Sie verstand den Ernst der Lage und schlug vor: „Ich meine, Du solltest nach Natal gehen und den Verwundeten helfen.“
Mohan schaute sie ehrfurchts- und respektvoll an. Zum erstenmal erkannte er, daß auch sie fähig war, vernünftigen und wesentlichen Rat zu erteilen.
„Das bedeutet, daß wir unsere hiesige Ansiedlung schließen und nach Phönix umziehen müssen“, sagte er, an alle gewandt, die sich versammelt hatten.
Er wußte ganz genau, daß Kasturbai etwas gegen Umzug hatte. Sie war in den vergangenen paar Jahren so oft umgezogen, daß man sie deswegen nicht tadeln konnte.

Das wußte Kasturbai, als sie ihren Rat vorbrachte. Sie war jetzt sozusagen an Mohans wunderliche Einfälle und Ideen gewöhnt. Es kostete zwar große Mühe, das Zuhause allzu oft zu wechseln, aber es gefiel ihr, Mohan in seine Arbeit vertieft und sich daran freuen zu sehen. Über die Jahre hatte sie erkannt, daß es ihm eine Leidenschaft war und große Genugtuung gab, Kranke zu pflegen. Da sie das wußte, war sie die letzte, die ihn behindern wollte, bloß weil sie nicht gern von einem Ort zum anderen zog.
Bereits als Mohan an den Gouverneur von Natal schrieb und ihm die Dienste des indischen Freiwilligen-Korps anbot, das sich um die Verwundeten kümmern sollte, begann Kasturbai mit dem Packen. Sie war überzeugt, daß der Gouverneur das Angebot annahm. Und selbst wenn er es nicht annahm, würde Mohan einen Weg finden, ins Dickicht des Krieges hineinzugelangen.
Als die Zustimmung des Gouverneurs eintraf, war Kasturbai fertig zum Umzug. Sie reisten sofort ab und begannen ein neues Leben in Phönix. Für Kasturbai war es der letzte Ortswechsel. Sie sollte nie mehr zur Tolstoi-Farm zurückkommen.
Phönix war damals ein wilder, von Schlangen geplagter Außenposten inmitten endloser Zuckerrohrfelder. Die nächste Eisenbahnstation, die einzige Verbindung zwischen Phönix und der Zivilisation, war zwei Meilen entfernt. Man mußte den Weg dorthin zu Fuß zurücklegen oder, wenn man krank war, auf einer fahrbaren Trage. Der Weg war besonders unangenehm nach Regenfällen, wenn man durch knietiefen Schlamm und angeschwollene Flüsse zu waten hatte. Aber nichts davon berührte Kasturbai. Gleichmütig nahm sie sowohl ein Leben in Luxus in einem gut möblierten Stadthaus als auch eines der Armut in einem baufälligen Holz- und Eisenschuppen an, wo man zunächst auf den Boden zu schauen hatte, ob man nicht auf eine Schlange trat, wenn man aus dem Bett aufstand.
Kasturbai war sehr klein und zart und hatte viel Menstruationsschwierigkeiten. Der Blutverlust in den letzten Monaten war zu hoch und schwächte sie sehr. Davon erfuhr Mohan erst einige Monate später, nachdem sie sich längst in Phönix niedergelassen hatten. Er war mit seinem Freiwilligen-Korps und anderen sozialen Aufgaben so sehr beschäftigt, daß er nicht erkannte, wie sehr sich Kasturbai in ihrem Aussehen verändert hatte und wie ernsthaft sie erkrankt war.

Mohan pendelte damals zwischen Durban und Johannesburg, wo er noch seine Anwaltspraxis unterhielt und wo die Inder seiner Hilfe bedurften, hin und her. Als er wieder einmal in Durban war, brachte er Kasturbai zu einem Arzt zur Untersuchung. Der Arzt war ein persönlicher Freund Mohans. Er untersuchte Kasturbai und stellte fest, daß ihre Gebärmutter entfernt werden müsse. Er bot an, Kasturbai in seinem Haus zu behalten, wo sie die Ruhe hätte, die sie dringend brauche, und wo der Arzt ein wachsames Auge auf sie werfen könne.
Nach der Operation sagte der Arzt zu Mohan: „Sie mögen nach Johannesburg reisen und Ihre Arbeit tun. Ich werde mich um Kasturbai kümmern."
Mohan fühlte sich sehr erleichtert, verabschiedete sich und fuhr nach Johannesburg. Der Arzt war vielleicht zu zuversichtlich. Kasturbai verlor weiterhin eine Menge Blut. Die starken Dosen an Medizin ließen sie stark geschwächt sein. Der Arzt meinte, Kasturbai brauche etwas zusätzliche Nahrung, um den Blutverlust auszugleichen, eine Kräftigung, die sie kaum von einer streng vegetarischen Diät erhalten könne. Er selbst war kein Vegetarier und glaubte fest, was sie brauche, sei Rindfleischbrühe, sie gebe Kasturbai Kraft.
Mohan hatte gerade mit seiner Arbeit in Johannesburg angefangen, als der Arzt ihn anrief und sagte: „Kasturbai ist sehr schwach. Ich meine, sie muß Rindsbrühe bekommen."
„Das ist ausgeschlossen" war Mohans erste Reaktion.
„Ich bange um ihr Leben", beharrte der Arzt. „Sie werden sie verlieren, wenn Sie nicht auf mich hören."
„Haben Sie Kasturbai zu der Sache befragt?" wollte Mohan wissen. „Wenn sie zustimmt, habe ich nichts dagegen."
„Ich kann sie nicht fragen", sagte der Arzt, „denn ich glaube, sie kann in ihrer Lage nicht über derartige Dinge entscheiden."
„Gut, ich kann Ihnen keine Genehmigung in ihrem Namen geben", erwiderte Mohan und fügte hinzu: „Ich werde morgen früh dort sein, dann können wir darüber entscheiden."
Aber bevor Mohan dort war, hatte der Arzt Kasturbai ohne ihr Wissen eine Schale voll Rindsbrühe gegeben.
Am nächsten Morgen, als Mohan in Durban eintraf, eilte er geradewegs zu dem Haus des Arztes. Er war erschrocken, Kasturbai in solchem Zustand vorzufinden.

„Sie braucht etwas, das all das Blut, das sie verliert, schnell ausgleicht", meinte der Arzt. „Und das einzige, das ihr helfen kann, ist Rindsbrühe."
„Aber ich sagte doch, das ist unmöglich", erwiderte Mohan.
„Ich habe ihr bereits eine Schale voll gegeben", sagte der Arzt.
Mohan war schockiert. Er traute seinen Ohren nicht. „Was sagen Sie?" fragte er.
„Ich sagte, ich habe ihr bereits eine Schale voll gegeben", antwortete der Arzt.
„Haben Sie sie gefragt?" wollte Mohan wissen.
„Nein, warum sollte ich? Ich bin Arzt und brauche nicht meine Patienten über die Art der Behandlung, die ich verschreibe, um Rat zu fragen", antwortete der Arzt.
Er war ein enger Freund Mohans, und was er auch getan hatte, er hatte es in guter Absicht getan. Aber Mohan betrachtete es als Betrug und sagte das auch.
Er wußte, es würde Kasturbai das Herz brechen, wenn sie erfuhr, daß man sie Rindsbrühe hatte essen lassen. Es war schlimm genug, nichtvegetarische Nahrung zu essen. Rindsbrühe zu essen, war für eine Hindu-Frau frevlerisch.
Dies war nicht der Augenblick, es Kasturbai zu berichten, noch war sie in einer Verfassung, um für sich zu entscheiden. Doch Mohan sprach sie an.
„Der Doktor meint, Du müßtest Rindsbrühe essen, um Kraft zu gewinnen", erklärte er ihr.
„Niemals!" sagte Kasturbai mit kaum hörbarer Stimme. „Nimm mich mit nach Phönix, dort wird es mir besser gehen."
Kasturbai mußte sofort hier weggebracht werden, daran bestand kein Zweifel. Mohan hatte seinen Glauben an den Arzt verloren und eingesehen, daß er ihm nicht mehr vertrauen könne. „Sie möchte zurück nach Phönix", sagte Mohan dem Arzt. „Und ich habe die Absicht, sie dorthin zu bringen."
„Das geschieht nur gegen den ausdrücklichen Rat des Arztes. Kasturbai befindet sich in einem Zustand, in dem sie nicht transportfähig ist, ganz zu schweigen von der weiten Entfernung bis Phönix."
Aber Mohan war davon überzeugt, daß einem Arzt, der Kasturbai im vollen Wissen um ihre ablehnende Einstellung und erst recht, nachdem er es selbst ausdrücklich verboten hatte, Rindsbrühe gab, nicht mehr ver-

traut werden konnte. Deshalb sagte er: „Welche Folgen das auch haben mag, ich bringe sie zurück."
Obwohl der Arzt und dessen Frau sich sehr um Kasturbai bemüht hatten, fühlte sie sich nicht recht wohl in dem fremden Haus. Wahrscheinlich merkte sie, daß etwas verkehrt war. „Du brauchst Dich nicht um mich zu sorgen", sagte sie zu Mohan. „Nichts wird passieren. Ich verspreche Dir, es wird mir bald besser gehen."
Soweit so gut. Aber wie konnte Mohan Kasturbai nach Phönix bringen? Es war eine lange und anstrengende Reise dorthin, die selbst einen Gesunden erschöpft sein ließ.
Mohan hatte ein Konzept. In Phönix lag eine unbenutzte Hängematte herum. Ergänzte man sie durch zwei Bambusrohre, konnten vier Personen Kasturbai wie auf einer Tragbahre tragen. Nach Phönix sandte er einen Boten per Zug voraus. Er sollte einige Leute zum Bahnhof kommen lassen und eine Flasche heißer Milch mitbringen.
Nachmittags ließ Mohan eine Rikscha kommen, das einzige Mal, daß er in einem Gefährt saß, das von einem menschlichen Wesen gezogen wurde. Er konnte Rikschas nicht leiden und vermied es, sie zu benutzen. Aber jetzt lag ein Notfall vor, und man konnte nicht auf ein anderes Fahrzeug ausweichen.
Als die Rikscha eintraf, nahm Mohan Kasturbai und trug sie auf seinen Armen aus dem Haus, nachdem er sich von dem freundlichen Arzt und dessen Frau verabschiedet hatte. Dann saß er mit Kasturbai in seinen Armen in der Rikscha.
Kasturbai war ganz unglücklich und hilflos. Für sie war es unvorstellbar, in aller Öffentlichkeit im Schoße ihres Mannes zu liegen. Aber sie konnte nichts dagegen tun. Sie war, gelinde gesagt, von allen Kräften verlassen. War sie doch bekannt dafür, daß sie größte körperliche Pein ertragen konnte, ohne sich darüber auch nur zu beklagen.
Mohan war erstaunt über Kasturbais geringes Gewicht, das beinahe gar kein Gewicht für ein menschliches Wesen war. Es wies lediglich auf die Schwere ihrer Krankheit hin und ließ ihn umso mehr beunruhigt sein. Er trug sie sanft von der Rikscha in das Bahnhofsgebäude und weiter zum Zug. Glücklicherweise war der Zug nicht sehr besetzt. Kasturbai konnte auf der Sitzbank schlafen.
Als sie auf dem Bahnhof von Phönix ankamen, warteten seine Leute schon und hatten alles dabei, um das Mohan gebeten hatte. Die Zwei-Meilen-Fahrt ließ sich nicht gerade leicht an. Es hatte vormittags gereg-

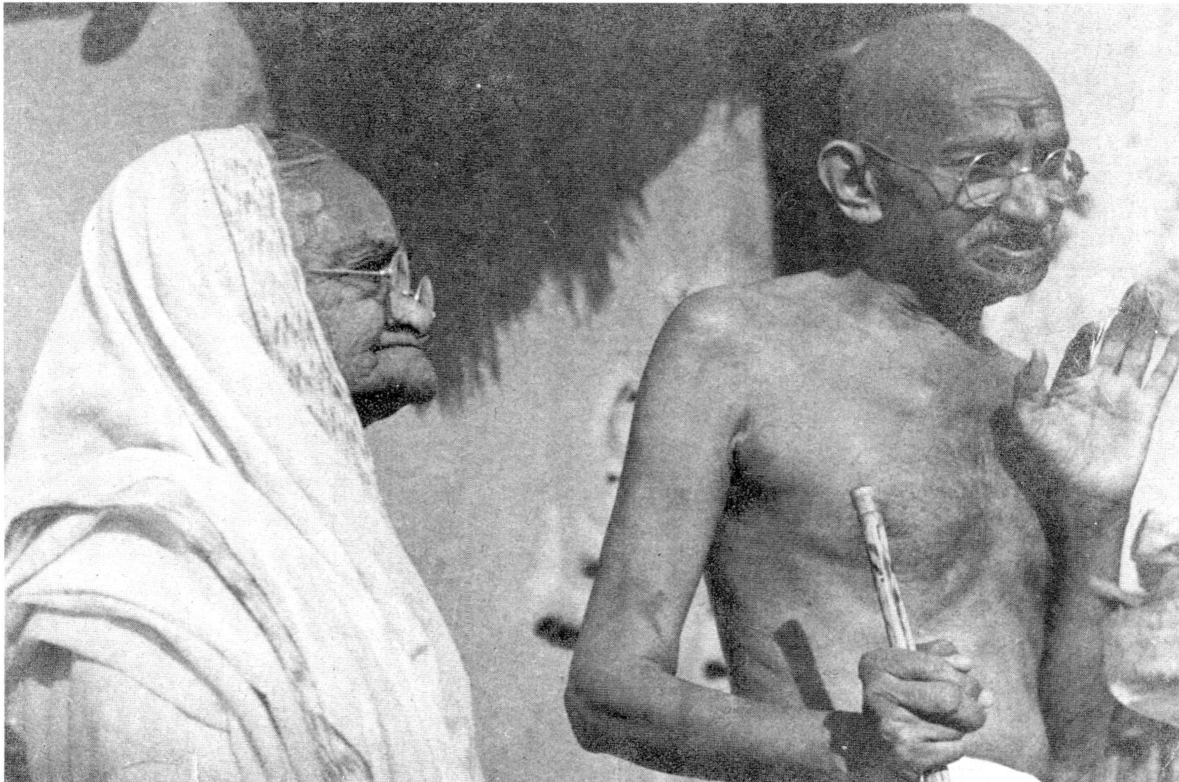

Abb. 3: Kasturbai und Mohan

Abb. 4: Kasturbai

net, die Strecke durch die Zuckerrohrfelder war voller Schlamm. Mohan gab Kasturbai etwas Milch zu trinken. Dann legten sie sie auf die behelfsmäßige Tragbahre und traten den schwierigsten Teil der Reise an. Nach großen Strapazen erreichten sie Phönix.

Von jenem Tag an versuchte Mohan sie mit Lehm-Packungen zu behandeln. Kasturbai war nie eine große Gläubige gegenüber seinen Theorien und Gesundheitsmarotten gewesen, aber sie hatte ihm öfter erlaubt zu experimentieren, wenn andere Behandlung nicht weiterhalf. Ob es die Lehm-Packungen waren oder ob die Blutungen aus eigenem Antrieb aufhörten, wußte damals niemand. Alle waren glücklich, und nach ein paar Wochen war Kasturbai wieder mobil. Zwar war sie noch nicht so aktiv wie früher, aber sie hantierte herum und verrichtete leichte Hausarbeiten.

Einige Monate hielt sich Kasturbai ganz gut. Sie hatte das Gewicht, das sie verloren hatte, noch nicht zurückgewonnen, aber sie hatte auch nicht weiter an Gewicht verloren.

Mittlerweile hatte Mohan mehr Bücher über Naturheilkunde, diätetische Heilung und andere verwandte Dinge studiert. Er hatte gelesen, daß Menschen, die gesundheitlich schwach sind, bei ihrer Ernährung alle Arten von Hülsenfrüchten und Salz vermeiden sollten. Mohan fand das sinnvoll, wußte aber nicht, wie er Kasturbai davon überzeugen könnte.

Sie mochte wie Mohan gutes Essen. Aber während Mohan danach verlangte, seine Sinne durch bestimmte Speisen zu zügeln, glaubte Kasturbai nicht, daß es irgendeinen Zusammenhang zwischen Nahrung und Triebhaftigkeit gebe. Sie war überzeugt, daß Speisen halfen, den Körper aufzubauen, und daß Speisen, die man gern aß, dem Körper helfen konnten, die Nahrung umso besser aufzunehmen.

Sie war nicht in der Lage, etwas bloß deshalb zu akzeptieren, weil jemand sagte, es solle akzeptiert werden. Sie brauchte zunächst den Beweis durch Erfolg.

Als ihre Blutung wieder eintrat, meinte Mohan, sie solle es mit einer Diät versuchen, die alle Hülsenfrüchte ausschloß. Als er ihr dies empfahl, erwiderte sie scharf: „Warum machst Du Deine Experimente nicht mit Dir selbst?"

Mohan liebte das Essen. Zwar hatte er von Kindheit an gelernt, sein Essen zu kontrollieren, machte aber noch immer Umstände mit dem, was er und wieviel er aß.

Hülsenfrüchte jeder Art waren seine Schwäche. Er mochte keine Mahlzeit einnehmen ohne wenigstens ein Gericht aus Hülsenfrüchten. Kasturbai wußte das und sagte: „Warum gibst Du die Hülsenfrüchte nicht auf, bevor Du anderen den Rat erteilst, sie aufzugeben?"
Mohan erfaßte den tieferen Sinn dieses Einwandes: Bitte niemals jemanden, etwas zu tun, das du selbst nicht zu tun bereit bist! Kasturbai hatte die Bemerkung im Scherz gemacht. Sie hatte nicht erwartet, daß Mohan sie ernst nimmt.
„Jawohl", sagte er, „ich werde von heute an ein Jahr lang alle Hülsenfrüchte meiden! Wirst Du mir jetzt folgen?"
Kasturbai war entsetzt. „O nein, das kannst Du nicht tun", murmelte sie. „Ich habe nur gescherzt."
„Du magst gescherzt haben, aber Du hast mir eine wichtige Lektion erteilt. Das werde ich nicht vergessen."
„Nein, nein! Ich kann das nicht zulassen", bat sie dringend. „Bitte nimm Dein Gelöbnis zurück; ich werde tun, was Du willst."
„Wie kann ich Worte zurücknehmen, die meine Lippen verlassen haben?" fragte Mohan. „Sind sie einmal ausgesprochen, sind sie außerhalb meines Machtbereichs. Was taugen Worte, wenn sie ohne Überzeugung ausgesprochen werden?"
„Aber warum solltest Du wegen mir leiden?" beharrte Kasturbai.
„Weil ich will, daß Du etwas aufgibst, das Du magst. Und so ist es nur fair, wenn auch ich fähig bin, Dinge aufzugeben, die ich mag, wie ich das von anderen erwarte."
Das wurde für beide zugleich der erste Schritt, den Gaumen zu beherrschen und sich auf die Härten des Gefängnislebens vorzubereiten. Die Erfahrung kam Mohan gut zustatten, als er das erstemal in Südafrika im Gefängnis saß.
Die Nahrung, die die Gefängnisverwaltung zuteilen ließ, war mild, frei von Gewürzen und Salz. Gemäß den Bestimmungen sollte den Gefangenen etwas Salz auf den Tisch gestellt werden. Mohan und seine Mitgefangenen fanden das töricht. Er nahm die Gelegenheit und fragte den Gefängnisdirektor, ob die Speisen nicht gewürzt werden könnten.
„Sie sind hier nicht in Ferien", stellte der Direktor fest. „Sie wurden bestraft, und dies ist ein Teil der Bestrafung."
„Ich stimme Ihnen zu", antwortete Mohan. „Aber Sie können wenigstens die Köche bitten, das Salz während des Kochens den Speisen hinzuzufügen, statt es getrennt auf dem Tisch zu servieren."

„Nein, das geht nicht“, war die kurze Erwiderung.
Damals erkannte Mohan: Wahre Satyagrahis werden ohne alle diese Bedürfnisse des Lebens auskommen müssen. Sie haben zu lernen, unter den schlechtest möglichen Bedingungen zu leben, so daß der Unterdrücker sie nicht einschüchtern kann.
Mohan war damals Kasturbai dankbar, daß sie unnachgiebig war und es möglich machte, daß er die Dinge aufgab, die er am meisten mochte — Hülsenfrüchte.
Als er aus dem Gefängnis heraus war, hieß ihn Kasturbai mit einem Fest willkommen. Er aß so gern das süße indische Brot, das man puranpoli nennt. Jedes runde Pfannkuchen-Brot wird separat gebacken. Der Spaß besteht darin, es so heiß zu essen, wie es aus dem Ofen kommt. Es wird mit einem Stich Butter gereicht.
Mohan sah zu, wie Kasturbai den Brotteig bereitete und empfahl seinen beiden Jungen: „Laßt uns sehen, ob wir Eure Mutter heute besiegen können. Wir essen alles Brot auf.“
„Ja, das ist eine gute Idee!“ rief Manilal, ein guter Esser wie sein Vater.
„Ich fordere Euch auf, es zu versuchen“, sagte Kasturbai lächelnd.
Der Wettkampf begann. Kasturbai bereitete das Brot, und Mohan und die beiden Jungen aßen darauflos. Bald gaben die Jungen auf. Nicht so Mohan. Er aß weiter und weiter.
Dann sah er, daß Kasturbai weiteren Teig knetete und fragte laut lachend: „Willst Du Deine Niederlage noch immer nicht eingestehen?“
Kasturbai lächelte und sagte: „Nun gut, ich bin besiegt, aber bedenke, ich bin noch nicht müde, Brot zu backen.“
Das waren Tage, an denen sich Mohan gelegentlich gehen ließ. Er aß manchmal mehr als er konnte. Kam das einmal vor, machte er deutlich, daß er für ausreichend körperliche Bewegung sorge, um das Essen zu verdauen.
Es gab eine ähnliche Gelegenheit, bei der er seinen Sohn Manilal bestrafen mußte, weil der nicht wußte, wann man zu essen aufhört. Er aß weiter, bis ihm ganz unbehaglich zu Mute war. Es war auch an einem Festtag, den Kasturbai beging, indem sie süßes Brot backte, das alle so gern mochten.
Diesmal fand der Wettkampf unter den Jungen statt, zwischen Manilal und Surendra Meth, der in Phönix lebte.
Manilals unersättliche Art beunruhigte Mohan und Kasturbai immer wieder. „Wir sollten ihm heute eine Lektion erteilen“, sagte er zu ihr.

„Was schlägst Du vor zu tun?“ fragte Kasturbai.
„Gestatte ihm zu essen, soviel er will. Laß ihn nicht innehalten. Später werden wir es ihm erklären“, empfahl Mohan. Kasturbai war einverstanden.
Da ihn niemand stoppte, aß Manilal immer weiter, bis er nicht mehr konnte. Dann war er nicht mehr fähig, aufzustehen, und bald hatte er Magenbeschwerden. Da sagte Mohan zu ihm: „Erkennst Du jetzt die Folgen davon, daß Du Dich überfüttert hast? Worin liegt der Sinn, so viel zu essen, daß Du solches Unbehagen empfindest?“ Manilal begriff und begab sich nie wieder in solche Eß-Orgien.
Auch Mohan erlaubte sich zum letztenmal solche Eßgewohnheit. Mehr und mehr wurde ihm bewußt, daß er seine Triebe zu zügeln habe. Kasturbais mäßige Gesundheit, sein Hang zur Sozialarbeit und die Erkenntnis, daß er um ihretwillen häufiger im Gefängnis landete, als er vorgesehen hatte, trugen zu ihrem Teil dazu bei.
In gewissem Sinne spielte Kasturbai mit Mohan dasselbe Spiel, das Mohan mit Manilal spielte. Sie verweigerte ihm nichts, was er begehrte, auch nicht Sexualität. War sie körperlich einmal nicht in der Lage, dem zu entsprechen, fügte sie sich in der Hoffnung, er werde seinen Fehler eines Tages erkennen.
Jetzt war der Zeitpunkt gekommen, da Mohan anfing, es zu begreifen. Er verlangte zuviel von Kasturbai. Und wegen seiner unkontrollierten Triebe war er unfähig, sich ganz der Gemeindearbeit zu widmen.
Es dämmerte ihm, daß er seine Triebe zu beherrschen habe. Brahmacharya üben bedeutete, einen davon zu beherrschen.
Je mehr er darüber nachdachte, umso mehr war er überzeugt. Nachdem er den Entschluß gefaßt hatte, berichtete er darüber Kasturbai. Sie verstand, was er meinte, und war entschlossen, ihm beim Erreichen seines Zieles zu helfen, insoweit es sein Freiwerden von sexuellem Verlangen betraf. Aber sie konnte nicht verstehen, warum er sich beim Essen solche Zügel anlegen mußte.
„Schließlich ist Nahrung für den Körper wesentlich“, sagte sie. „Wenn Du so viel zu arbeiten hast, braucht Dein Körper entsprechende Ernährung.“
„Einverstanden“, sagte Mohan, „aber einige Arten von Nahrung sind überflüssig und tragen nur dazu bei, weitere Wünsche zu wecken. Was für den Körper wesentlich ist, werde ich zu mir nehmen, aber das, was sexuelle Wünsche entfacht, muß ich meiden.“

Kasturbai konnte zwar den Gedanken nicht leiden, verstand aber, worauf er hinaus wollte, und entschloß sich, ihm zu helfen, so gut sie konnte.
Sie holte ihre Sachen aus Mohans Schlafzimmer. Von Stunde an änderten sich ihre Beziehungen.
Etwa zu derselben Zeit entschied die Regierung von Südafrika, daß Hindu-Heiraten nicht mehr anerkannt würden. Ein Gesetz dazu wurde im Parlament eingebracht. Es besagte, daß Tausende von Indern, die als Eheleute zusammenlebten, nicht mehr als solche anerkannt würden. Das war eine schwere Ungerechtigkeit. Die indischen Frauen hatten dagegen anzukämpfen.
Mohan sah eine Gelegenheit, die Frauen für den Kampf um gleiche Rechte mitzureißen.
Eines Tages in Phönix — Mohan half Kasturbai beim Gemüseputzen, beide hatten eine Zeitlang geschwiegen — murmelte er plötzlich: „Weißt Du, daß Du bald aufhörst, meine Frau zu sein?"
Kasturbai war so verblüfft, daß sie nicht sicher war, ob sie richtig gehört habe. „Was hast Du gesagt?" fragte sie zurück.
„Ich sagte, bald wirst Du aufhören, meine Frau zu sein, und wirst von Rechtswegen als ein Fräulein betrachtet", erwiderte Mohan.
„Was für ein ausgemachter Blödsinn", entfuhr es Kasturbai. „Du bringst manchmal Sachen hervor!"
Mohan lachte: „Nicht ich bin es, der so etwas sagte, Dummerchen. Es ist General Smuts, der Premierminister."
„Nun, er ist albern und dumm und scheint nichts Besseres zu tun zu haben." Kasturbai erwiderte das in einem Ton, der besagte, daß sie nicht bereit war, solche absurden Dinge zu diskutieren.
„Du magst denken, was Du willst, er meint das ganz ernst und wird damit ungestraft davonkommen, es sei denn, ihr Frauen erhebt Eure Stimme dagegen", warnte Mohan.
„Gut, was sollen wir Deiner Meinung nach tun?" fragte Kasturbai, die sehr wohl wußte, worauf Mohan hinaus wollte.
„Protestiere laut und deutlich und geh, falls notwendig, ins Gefängnis!" antwortete Mohan. „So, jetzt willst Du Deine Frau auch noch ins Gefängnis schicken?" tadelte ihn Kasturbai lächelnd.
„Die Alternative ist, daß Du fortan mit mir als mein Fräulein lebst und allen rechtlichen Schutz aufgibst, der einer Frau gebührt", erklärte er.
„Ja, ich verstehe. Aber wie steht es mit meiner Diät. Ich glaube nicht,

daß sie mir besonderes Essen im Gefängnis geben werden", sagte Kasturbai ernster. Sie hielt seit längerem eine streng salzlose und von Hülsenfrüchten freie Diät ein, die ihre Gesundheit in leidlich gutem Zustand hielt. Jetzt sorgte sie sich über die Folgen, die es hätte, wenn sie die Diät aufgeben mußte.

„Das ist kein Problem", meinte Mohan beinahe gleichgültig. „Verlange Früchte und lebe von Früchte-Diät!"

„Nach allem, was Du mir von der Gefängnis-Verwaltung erzählt hast, glaubst Du wirklich, sie werden mir, nur weil ich darum bitte, Früchte geben?" fragte Kasturbai.

„Vielleicht nicht", sagte Mohan nachdenklich. „Du könntest bis zum Tode fasten müssen, damit sie Deine Bedürfnisse begreifen."

„So, zuerst willst Du Deine Frau ins Gefängnis schicken, und nun willst Du sie auch noch töten! Was für eine Art von Mann bist Du eigentlich?" tadelte ihn Kasturbai, und beide mußten laut lachen.

11. Kapitel

Zwei Briefe

Kasturbai führte ein paar Demonstrationen gegen die Regierung an. Doch glücklicherweise ließ man sie ungeschoren davonkommen, und sie mußten keine großen Unannehmlichkeiten auf sich nehmen. Ihre Gesundheit bot weiterhin Grund zur Besorgnis. Sie fühlte sich ein paar Tage wohl, dann ein paar Tage schlecht. Aber sie kämpfte tapfer dagegen an.

Ihr war bewußt, daß sich Mohan inmitten bedeutender Veränderungen seines Lebens und in einem gleichermaßen wichtigen Kampf gegen die zunehmende Ungerechtigkeit befand. Es war ihre Pflicht, ihm in beidem zu helfen und dafür zu sorgen, daß er Erfolg hatte. Sie beklagte sich daher niemals über ihre Gesundheit, zumindest nicht, solange sie es gelassen ertragen konnte. Selbst wenn sie dazu nicht in der Lage war und ihre körperliche Qual mitteilen mußte, untertrieb sie gewöhnlich die Tatsachen, um Mohan keinen Kummer zu bereiten.

Zu dieser Zeit war Mohan vorübergehend immer wieder im Gefängnis und für längere Zeitabschnitte von zu Hause abwesend. Er war ein wirklicher Satyagrahi geworden, der vielem in seinem Leben entsagt hatte. Er war ein Brahmachari geworden. Aber bloße Abstinenz vom Geschlechtlichen stellte ihn nicht zufrieden. Er wollte das Geschlechtliche aus seinem Organismus ausrotten. Geschlechtlichkeit sollte nicht einmal in seinen Gedanken erscheinen, in seinem Körper gewiß nicht empfunden werden. Der bloße Gedanke an das Geschlechtliche erschien ihm ebenso vom Übel wie die Ausführung des Aktes selbst. Er richtete daher seine Energien auf völlige Ausmerzung des Geschlechtlichen durch diätetische Experimente. Kasturbai mußte ihm dabei helfen, indem sie die Küche entsprechend führte und die Gerichte gemäß seinen Anweisungen bereitete. Einmal sollte es gekochtes Gemüse sein, ein andermal Früchte und Gemüse und ein drittes Mal Nüsse und Milch. Aber sie beklagte sich nie.

Es war irgendwann im Jahre 1908. Mohan hatte ein Gruppe von Satyagrahis geführt. In der Provinz Transvaal wurden sie alle verhaftet. Mohan wurde zu sechs Monaten Gefängnis verurteilt. Da erkrankte Kasturbai wieder ernstlich. Sie war mit ihren drei Söhnen, Manilal, Ramdas und Devadas, ihrer Schwiegertochter Chanchi, der Frau von Harilal,

dem ältesten Sohn, und ihrer Enkelin Rami, die gerade geboren worden war, in Phönix. Da waren auch noch die anderen Mitbewohner des Hauses, aber Kasturbais Zustand muß wohl alle zu großer Besorgnis veranlaßt haben, denn sie sandten ein Telegramm an Mr. West in Johannesburg, damit er Mohan benachrichtige.
Der Wortlaut des Telegramms ist unbekannt. Wenn man ihn von Mohans Antwortbrief her rekonstruiert, muß Mohan darin gebeten worden sein, so schnell wie möglich nach Hause zu kommen. Die Antwort erfolgte am 9. November 1908 vom Gefängnis in Transvaal aus und hatte folgenden Wortlaut:

„Meine liebste Kastur! Mr. West hat mir gerade die Nachricht über Deinen Gesundheitszustand übermittelt. Obwohl ich um Deine Gesundheit bange, bin ich nicht in der Lage, zu kommen und Dich zu pflegen. Ich hoffe, Du wirst verstehen, daß ich auf alles im Leben um des Satyagraha-Kampfes willen verzichtet habe. Wenn ich nun zu Dir kommen sollte, müßte ich mich schuldig bekennen, das Gesetz gebrochen zu haben, und die Strafe absitzen, so daß ich aus der Haft entlassen werden könnte. Du weißt, daß dies nicht möglich ist. Der Kampf würde dadurch zur Farce.
Ich bin jedoch sicher, daß Du Dich besser fühlen wirst, wenn Du den Mut behältst und gut ißt. Indessen, wenn es Dir bestimmt ist, zu sterben, ist es, denke ich, besser, daß Du mir vorangehst. Du weißt, wie sehr ich Dich liebe. Und Du mußt wissen, daß ich fortfahren werde, Dich genauso sehr zu lieben, auch wenn Du von mir gegangen bist. Auch wenn Du stirbst, wirst Du für mich ewig leben. Deine Seele ist unsterblich.
Meinerseits möchte ich Dir versichern, daß ich keinerlei Absicht hege, nach Deinem Tod eine andere Frau zu heiraten. Ich habe Dir das mehrere Male gesagt. Du mußt auf Gott vertrauen und Deine Seele freilassen. Dein Tod wird ein weiteres großes Opfer aus Anlaß von Satyagraha sein. Mein Kampf ist nicht nur gegen die Behörden, sondern gegen die Natur selbst gerichtet. Ich hoffe, Du wirst dies verstehen und Dich nicht verletzt fühlen. Das ist alles, worum ich Dich bitte. Dein Mohandas."
Am Schluß des Briefes wendet sich Mohan an seine Schwiegertochter Chanchi und seinen Sohn Manilal:
„Ich möchte, daß Ihr beide den obigen Brief lest und Eurer Mutter laut vorlest. Ich bin sicher, man wird Euch beide nicht bitten müssen, Euch um Mutter zu kümmern. Ich will heute nicht viel schreiben.

Seid nicht nervös. Ich benachrichtige Harilal. Er wird, da bin ich sicher, bald nach Phönix kommen. Ich bin sehr beunruhigt, aber ich weiß keinen anderen Rat. Über Mutters Gesundheit müßt Ihr mich regelmäßig auf dem laufenden halten. Kümmert Euch um Ramdeva (Ramdas und Devadas, d. V.). Ich werde beten, daß Mutter bald wieder auf den Beinen ist. Segenswünsche von Mohandas."

Ein paar Monate später war Kasturbai wieder auf den Beinen. Die Angst war vorüber, und trotz des freimütigen Bekenntnisses Mohans, der den Satyagraha-Kampf selbst über den Tod von Kasturbai gestellt hatte, verschlechterte sich ihre Beziehung zueinander keineswegs. Sie würdigte seinen edlen Standpunkt und beschloß, ihn so gut sie konnte in seinen Anstrengungen zu unterstützen, jene Schwächen zu überwinden, denen die Menschen in ihren irdischen Bindungen unterworfen werden.

Manilal war damals gerade 16 Jahre alt. Er hatte die schwere Verantwortung der Leitung des Phönix-Ashrams und der Versorgung der Familie auf sich zu nehmen. Für ihn war es eine Art Fortsetzung seiner Ausbildung.

Am 25. März 1909 schrieb Mohan an Manilal aus dem Gefängnis in Pretoria folgenden Brief:

„Mein lieber Sohn! Ich habe das Recht, jeden Monat einen Brief zu schreiben und ebenso jeden Monat einen Brief zu empfangen. Es entstand für mich die Frage, wem ich schreiben sollte. Ich dachte an Mr. Ritch, Herrn Pollack und Dich. Ich wählte Dich, da Du meiner Auffassung nach meinen Gedanken am nächsten gestanden hast.

Was mich betrifft, habe ich nichts mitzuteilen. Ich darf nicht viel sagen. Ich bin ganz im Frieden, und niemand braucht sich um mich zu sorgen. Ich hoffe, daß Mutter jetzt wohlauf ist. Ich weiß, daß mehrere Briefe von Dir eingegangen sind, mir aber nicht ausgehändigt wurden. Der Vize-Gouverneur war jedoch anständig genug, mir mitzuteilen, daß es ihr weiterhin gut geht. Geht sie jetzt frei umher? Ich hoffe, daß sie und Ihr alle morgens weiterhin Sago und Milch zu Euch nehmt.

Und wie geht es Chanchi? Sag ihr, daß ich jeden Tag an sie denke. Ich hoffe, daß sie von allen Ärgernissen befreit wurde und daß sie und Rami (Harilals Tochter, d. V.) wohlauf sind.

Ramdas und Devadas halten sich hoffentlich gut, lernen ihre Lektionen und machen keinen Kummer? Ist Ramdas von seinem Husten befreit? Ich vertraue darauf, daß Ihr alle Willie gut behandelt habt, während er

bei uns war. Den Rest an Nahrungsmitteln, die Mr. Cordes dagelassen hat, werdet Ihr ihm zweifellos zurückgegeben haben.
Und nun zu Dir! Wie geht es Dir? Obwohl ich glaube, daß Du wohl in der Lage bist, all die Last zu tragen, die ich Dir auferlegt habe, und daß Du es ganz gern tust, habe ich oft gedacht, daß Du mehr Anleitung brauchtest, als ich Dir geben konnte. Ich weiß auch, daß Du manchmal glaubtest, Deine Ausbildung würde vernachlässigt. Ich habe jetzt im Gefängnis viel gelesen. Ich habe Emerson, Ruskin und Mazzini gelesen. Ich habe auch die Upanischaden gelesen. Alle bestätigen die Ansicht, daß Erziehung nicht ein Wissen in Buchstaben anstrebt, sondern Aufbau des Charakters, Erkenntnis der Pflicht. Unsere eigenen Worte bedeuten wörtlich Üben. Wenn diese Auffassung richtig ist, und für mein Bewußtsein ist sie die einzige Auffassung, erhältst Du das bestmögliche Ausbildungstraining. Was kann besser sein, als die Gelegenheit zu erhalten, die Mutter zu pflegen und ihr kränkelndes Wesen freundlich mitzutragen oder sich um Chanchi zu kümmern, ihre Bedürfnisse rechtzeitig zu erkennen und sich ihr gegenüber so zu benehmen, daß sie den Mangel an Harilal nicht empfindet, oder der Hüter von Ramdas und Devadas zu sein? Wenn Du das mit Erfolg tust, hast Du mehr als die halbe Ausbildung empfangen.
Ich wurde sehr beeindruckt von einer Passage in Nathuramjis Einführung in die Upanischaden. Er sagt, daß die Brahmacharya-Stufe, das ist die erste Stufe, gleich der letzten ist, das ist die Sannyasin-Stufe. Das ist zutreffend. Vergnügen gibt es nur im Alter der Unschuld, das heißt nur bis zum zwölften Lebensjahr. Sobald der Junge das Alter der freien Willensbildung erreicht hat, wird ihm beigebracht, seine Verantwortung zu erkennen. Von diesem Alter an sollte jeder Junge Enthaltsamkeit in Gedanke und Tat praktizieren. Das muß für ihn nicht ein ärgerliches Lernen und Ausüben bedeuten, sondern sollte ihm natürlich sein. Es sollte sein Vergnügen sein. Ich kann mich mehrerer solcher Jungen in Rajkot erinnern. Darf ich Dir sagen, daß meine größte Freude, als ich jünger war als Du, darin bestand, meinen Vater zu pflegen. Nach meinem zwölften Lebensjahr hatte ich kaum oder gar keine Vergnügen. Wenn Du die drei Tugenden übst, wenn sie zum Bestandteil Deines Lebens werden, hast Du, insoweit es mich betrifft, Deine Ausbildung abgeschlossen — Dein Üben. Mit ihnen ausgerüstet, wirst Du, glaube mir, in jedem Teil der Welt Dein Brot verdienen und Dir den Weg bahnen, um das wahre Wissen über die Seele, Dich selbst und Gott zu erlangen.

Das heißt nicht, Du solltest keine schriftliche Unterweisung erhalten. Das solltest Du und tust Du ja auch. Aber das ist etwas, worüber Du Dich nicht aufregen solltest. Du hast eine Menge Zeit dafür zur Verfügung, und im Grunde sollst Du solche Unterweisung erhalten, damit Dein Üben für die anderen von Nutzen sein kann.
Bedenke bitte, daß unser Los fortan Armut heißt. Je mehr ich darüber nachdenke, desto mehr glaube ich, daß es segensreicher ist, arm zu sein als reich. Sinn und Zweck der Armut sind weitaus angenehmer als die der Reichtümer.
Du bist mit der heiligen Schnur versehen worden. Ich möchte, daß Du ihr gemäß lebst. Es scheint mir für angemessene Gottesverehrung beinahe unerläßlich, daß man sein Bett vor Sonnenaufgang verläßt. Versuche deshalb, regelmäßige Zeiten einzuhalten. Ich habe viel darüber nachgedacht und auch etwas gelesen. Ich kann bei allem Respekt nicht mit der Propaganda des Swamiji übereinstimmen.
(Dies ist eine Bezugnahme auf Swami Dayanand Saraswati, der nach Südafrika gekommen war, um eine reformistische Hindu-Bewegung zu propagieren, genannt Arya Samaj. Sie glaubt an Konversion und Rekonversion von Hindus, die zum Übertritt zu Christentum oder Islam bekehrt worden waren. D. V.)
Ich glaube, es ist ein Fehler, wenn diejenigen, die die heilige Schnur für lange Zeit aufgegeben haben, sie wieder annehmen. So wie die Dinge liegen, haben wir zu viele falsche Abgrenzungen zwischen den Shudras und den anderen. Deshalb ist die heilige Schnur heute eher ein Hindernis denn eine Hilfe. Ich würde diesen Standpunkt gern ausführlich behandeln, aber ich kann das im Augenblick nicht. Ich bin mir darüber im klaren, daß ich diese Ansichten vor jemandem zum Ausdruck bringe, der diesem Gegenstand ein lebenslanges Studium gewidmet hat. Doch ich dachte, daß ich dem Swami weitergebe, worüber ich nachgedacht habe. Ich habe das Gayatri (eine alte Hindu-Schrift, d. V.) studiert. Ich habe den Text gern. Ich habe auch das Buch studiert, das mir der Swami gab. Ich verdanke seinem Studium sehr viel Gutes. Es macht mich noch neugieriger auf das Leben von Swami Dayanand. Ich glaube, daß die Interpretation, die Swami Dayanand dem Gayatri und mehreren Mantras der Vayasaneya Upanischad gibt, völlig verschieden ist von jener der orthodoxen Schulen. Nun, welche Bedeutung stimmt? Ich weiß es nicht. Ich zögere, die umwälzende Methode der Interpretation, die Swami Dayanand empfiehlt, geradewegs zu akzeptieren. Sehr gern

würde ich dies alles aus dem Munde des Swami erfahren. Ich hoffe, er reist nicht ab, bevor ich hier herauskomme. Sollte er vorher abreisen, wird er freundlicherweise all die Literatur, die er entbehren kann, zurücklassen oder sie von Indien schicken? Ich würde auch gern wissen, was die orthodoxe Schule über Swami Dayanands Lehren gesagt hat. Sage bitte dem Swami Dank für die handgestrickten Socken und die Handschuhe, die er mir schickte. Und erbitte seine Anschrift in Indien. Zeige diesen Brief dem Swami ganz und laß mich wissen, was er sagt.

Bhatt Keshavram habe ich noch nicht dafür gedankt, daß er mich mit den Upanischaden beschenkt hat. Das Buch war von unschätzbarem Wert. Es hat mir viel Trost gegeben. Schreibe ihm und danke ihm in meinem Namen und sage ihm, was ich oben gesagt habe.

Wie geht es mit der Schule voran? Sind weitere Jungen dazu gekommen? Wie geht es Ebrahim und Mamkuin (zwei der Jungen, die in Phönix wegen der neuen Art der Grundausbildung — Basic education — lebten, die Mahatma Gandhi erteilte, d. V.)? Falls das Haus gebaut wird, sollte Chaganbhai sich darum kümmern, daß vier Tanks (Wasserbehälter) an den vier Ecken angelegt werden. Man sollte sich diesbezüglich an Mr. Ismail Gora wenden. (Mahatma Gandhi hatte es zur Gewohnheit gemacht, Regenwasser in Tanks = Reservebecken aufzufangen, damit es für Trink- und andere Bedürfnisse der Siedlung verwendet werden konnte. D. V.)

Wie geht es Mr. Cordes? Sag ihm, ich hätte die Vorführung in Kallenbachs Haus an dem Tag, an dem ich nach Volksrust abreiste, nicht vergessen. Ich denke oft daran und an ihn zurück und sage mir, wie egoistisch wir alle im Grunde doch sind.

Mrs. West muß unterdessen über den Berg sein. Laß mich wissen, wie es ihr, Mrs. Pymal und Devibehen geht. Ich vertraue darauf, daß Mrs. Pymal weiterhin als Mutter der Wohngemeinschaft tätig ist.

Ist Thakar angekommen? Falls ja, wo wohnt er? Wie geht es ihm? Wie geht es seiner Frau? Ich hoffe, daß es Kachabhais Sohn jetzt einigermaßen geht und daß Dhoribhai und Nagar jetzt versorgt sind.

Laß Mr. Patak über die Finanzen des Büros wachen. Dadoo . . . sollte aufgesucht und gebeten werden, einen Teil der Schulden, die sie haben, zu bezahlen. Mr. MacLutyre kümmert sich hoffentlich um den geschäftlichen Teil des Büros. Wie steht es mit Miss Schlesens Artikeln? Ich bin berechtigt, einen Besucher im Monat zu empfangen. So laß Mr. Polack

kommen. Er hat noch nicht die Bücher gesandt, um die ich gebeten hatte.
Ich erhielt Puroshottamdas' Brief, aber ich war nicht in der Lage, darauf zu antworten. Er sollte die Veranda mit einem Zaun versehen. Mit den anderen Ergänzungen, denke ich, sollte man warten, es sei denn, sie wären dringend erforderlich. Sag ihm, ich hoffte, er hätte das Gespräch, das ich mit ihm führte, gut verarbeitet. Es hat in mir große Erwartungen geweckt, denen er entsprechen muß. Und wie geht es der armen Am? Sie muß mit Arbeit überlastet sein.
Bitte laß mich wissen, wie es weiterhin Misses Sam, Bihary, Muthu, Rajeoomar, Ram und Mannesing geht! Grüße sie von mir. Ich hoffe, Mr. Mannesing ist nicht wiederum des Dschungellebens müde geworden. Grüße Mr. West von mir und bitte ihn, er solle sich des Auftrags erinnern, den ich ihm am Tag meiner Abreise von Phönix gab.
Und nun wieder zu Dir! Widme genügend Zeit dem Garten, dem tatsächlichen Umgraben, Unkraut hacken usw. Wir müssen in Zukunft davon leben. Und Du solltest der Gartenexperte der Familie sein. Halte die Werkzeuge an ihrem zuständigen Platz und halte sie absolut in Ordnung. Bei Deinen Übungsstunden solltest Du viel Aufmerksamkeit der Mathematik und dem Sanskrit widmen. Letzteres ist unbedingt für Dich erforderlich. Im späteren Leben tut man sich mit beiden Disziplinen schwer. Ich hoffe, Du vernachlässigst nicht Deine Musik. Du solltest eine Auswahl aller guten Partien in Hymnen und Versen treffen, sei es in Englisch, Gujarati oder Hindi, und sie mit guter Handschrift in einem Buch aufschreiben. Am Ende des Jahres wirst Du eine gute Sammlung haben. Alle diese Dinge kannst Du leicht tun, wenn Du methodisch vorgehst und nicht aufgeregt bist und denkst, Du hättest zu viel zu tun, und Dich dann fragst, was Du zuerst tun sollst. Das wirst Du in der Praxis herausfinden, wenn Du geduldig bist und sorgfältig mit Deiner Zeit umgehst. Ich hoffe, Du führst genau Buch über jeden Pfennig, der für den Haushalt ausgegeben wird.
Erinnere Anandlalbhai an sein Versprechen, diesmal sein Studium nicht zu unterbrechen! Noch mehr liegt mir daran, daß er Vijia ordentlich einübt. Hat er den Garten sichergestellt? Sage bitte Maganlalbhai, daß ich ihm raten würde, Emersons Essays zu lesen. Man kann sie für neun Paise in Durban bekommen. Es gibt einen billigen Nachdruck. Solche Essays sind es wert, studiert zu werden. Er sollte sie lesen, die wichtigen Passagen anstreichen und in ein Notizbuch abschreiben. Für

meine Begriffe enthalten die Essays die Lehre der indischen Weisheit, von einem westlichen Guru vorgetragen. Es ist erfrischend, unser Eigenes einmal in anderer Verkleidung zu sehen. Er sollte auch versuchen, Tolstois „Das Königreich Gottes ist in Dir" zu lesen. Es ist ein sehr leicht eingängiges Buch. Das Englisch der Übersetzung ist sehr einfach. Was noch wichtiger ist: Tolstoi praktiziert, was er predigt.
Ich hoffe, die abendliche Andacht wird fortgesetzt und Du und alle anderen wohnen dem Gottesdienst bei Mr. West bei.
Du solltest diesen Brief abschreiben. Laß Dir von den anderen helfen und schick eine Abschrift an Herrn Polack, eine weitere an Herrn Kallenbach und eine dritte an Swamiji. Du solltest meinen Brief sorgfältig lesen und mir ins einzelne gehend antworten. Du kannst auf eine Antwort von Herrn Polack warten, so daß Du mir mitteilen kannst, was er zu sagen hat. Sobald Du meinen Brief gelesen und verstanden hast, kannst Du damit anfangen, Deine Antwort niederzuschreiben. Sie sollte in Tinte ausgeführt werden und ordentlich sein. Sie mag so lang sein, wie Du willst. Sie sollte aber keine Information über den Kampf enthalten. Dann dürfte es nicht schwierig sein, Deinen Brief zu erhalten. Du kannst Dir mit der Antwort Zeit lassen. Dieser Brief wird vielleicht am Dienstag in Deinen Händen sein. Ich werde eine Woche von diesem Datum an warten. Du kannst auch länger machen, wenn Du willst. Du solltest Swamijis und Kallenbachs Briefe ebenfalls abwarten, bevor Du Deinen Brief verschließt, und mir mitteilen, was sie zu sagen haben.
Schreibe täglich ein bißchen. Was Du nicht in Englisch ausdrücken kannst, magst Du Dir von Puroshottamdas übersetzen lassen. Falls Du irgendeinen Teil dieses Briefes nicht verstehst, solltest Du ihn Dir übersetzen lassen.
Sende mir bitte ein Buch über Algebra, ganz gleich welches. Und nun schließe ich mit Liebe für alle und Küsse für Ramdas, Devadas und Rami. Von Vater."
Mohan ließ selten, wenn überhaupt, eine Gelegenheit aus, seine Söhne anzuleiten und zu unterweisen, und wenn er hart war, so war er zu ihnen härter als zu irgendjemand sonst.

12. Kapitel

Harilal und Manilal

Was mit Mohan in Transvaal geschah, als er die Agitation gegen die Registrierung von Indern leitete, wußte Kasturbai nur aus Zeitungsberichten, und das auch nur, wenn jemand daran dachte, es ihr zu übersetzen. Das waren qualvolle Monate. Bislang war sie daran gewöhnt, daß Mohan für längere Zeitabschnitte von zu Hause weg war. Nun aber stand er in Konfrontation mit der Provinzregierung und würde für lange Zeitspannen eingesperrt werden. Was würde bei dem Kampf herauskommen? Ihr war die Unnachgiebigkeit der Weißen hinlänglich bekannt. Wenn man sie wütend machte, das wußte sie, konnten sie blutrünstig werden.

Trotz ihrer Furcht vor körperlicher Verletzung war sie doch überzeugt von der Gerechtigkeit des Kampfes. Wie in der Vergangenheit wußte sie, daß Gott Mohan beschützen würde und daß es ihre Pflicht war, sich darum zu kümmern, daß die Kinder und der Ashram in Phönix bei der Arbeit, die Mohan vorgezeichnet hatte, nicht nachließen.

Kasturbai bedauerte kaum jemals sich selbst, weil sie nicht die Ausbildung hatte, die ein eher förderliches Verständnis für Mohans Werk erleichtert hätte. Sie glaubte auch nicht, inkompetent zu sein in der Gefolgschaft der klugen und vielrassigen Menge, die Mohan anzog. Sie war von ihrer Begabung überzeugt und selbstsicher und, wenn notwendig, machte sie sich selbst auch den weißen Ashram-Bewohnern verständlich.

Deshalb wurde sie von jedem nicht nur sehr geachtet, weil sie Mohans Frau war. Vielmehr erweckte sie wegen ihrer Art Bewunderung und Respekt. Wenn Mohan die Fähigkeit hatte, das kleinste Detail zu beachten, das wir oft zu übersehen oder zu ignorieren geneigt sind, so war Kasturbai noch genauer. Nichts entging ihren Augen, und nichts blieb ungetan, weil übersehen.

„Vergessen" oder „übersehen" kamen in Kasturbais Vokabular einfach nicht vor. Sie machte alles, was ihr zugedacht war, und kümmerte sich auch darum, daß diejenigen, die um sie herum waren, ebenfalls ihre Arbeit verrichteten. Doch war sie in ihrer Haltung niemals diktatorisch, wie die meisten Menschen in solcher Lage bekanntlich sind.

Unter Indern wird eine Schwiegertochter, die ins Haus kommt, im Grunde genommen zum Eigentum der Schwiegermutter, die mit ihren alten Freunden auf dem Sofa zu sitzen pflegt und Befehle erteilt, die ebenso geschwind ausgeführt werden müssen, wie sie erteilt werden. Kasturbai hatte ihre Schwiegertochter in Phönix. Sie hätte sie behandeln können, wie eben Schwiegertöchter behandelt werden und wie sie es selbst hatte durchmachen müssen. Aber sie suchte nicht nach Vergeltung.

Indessen empfand sie einen Mangel durch das Nichtvorhandensein einer Tochter. Vermutlich füllte die junge Gulab, die noch in ihren Mädchenjahren war, diese Leere in bewundernswerter Weise aus. Sie formte Gulab zu einer tüchtigen Hausfrau und deren Söhne zu gewandten jungen Männern.

Während Mohan die Kampagne gegen die Regierung von Transvaal leitete, ging die Arbeit in Phönix unbeeinträchtigt weiter. In den Zeitungen hatten sie von Mohans Verhaftung gelesen, später auch den Bericht über seine Freilassung wegen Diskussionen mit General Smuts. Es gab Hoffnung und Jubel bei den Kindern und unter den übrigen Bewohnern des Phönix-Ashrams, denn sie hielten dieses Ereignis für einen gewaltigen Sieg für die indische Gemeinde, zumal sie befürchtet hatten, Mohan könne, und sei es auch nur für eine kurze Zeit, nicht nach Hause kommen.

Kasturbai war in der Küche und half die Abendmahlzeit vorbereiten, als Manilal vom Feld hereingestürzt kam.

„Ba, Ba!“ rief er nach seiner Mutter Kasturbai.

„Was gibt es?“ fragte sie.

„Bapu ist freigelassen worden“, erwiderte er aufgeregt.

Auch Devadas und Ramdas kamen in die Küche gerannt und wollten die Neuigkeit erfahren.

Kasturbai seufzte vor Erleichterung, aber sie verlor nicht ihren Gleichmut.

„Das ist sehr gut“, sagte sie. „Aber habt Ihr Jungen all Eure Arbeit erledigt?“

Sie schickte sie mit einem Klaps auf den Rücken, damit sie in ihrer Freude ihre Pflicht nicht vergaßen, zurück an ihre Arbeit.

Es war zu der Jahreszeit, da die Ananasfrüchte geerntet werden mußten. Als Teil der landwirtschaftlichen Aktivität waren mehrere Hektar mit Ananas bepflanzt worden. Die Früchte waren jetzt saftig und reif.

Es war ein heißer Tag. Da Manilal alt genug war, den Erwachsenen zu helfen, hatte auch er die stachligen Früchte zu pflücken und für den Markt zu verpacken. Ramdas und Devadas, zehn beziehungsweise acht Jahre alt, halfen so gut sie konnten.

Nachdem Kasturbai ihre Arbeit in der Küche beendet hatte, ging sie hinaus ins Farmgelände, um nachzusehen, was die Jungen machten.

Beim Anblick seiner Mutter stand Manilal auf, wischte sich die Augenbrauen mit den Hemdsärmeln trocken und sagte: „O, ich bin so durstig."

„Du hast all diese Ananas-Früchte, um Deinen Durst zu stillen", sagte Kasturbai und lachte. „Auf was wartest Du noch?"

„Du meinst, ich kann sie wirklich essen?" fragte Manilal, äußerst verwundert.

„Jawohl, Du kannst. Ihr Sinn besteht darin, gegessen zu werden, nicht wahr?" meinte sie.

„Ja, aber ich dachte, sie müßten zum Markt gebracht werden", erwiderte Manilal, als er neben dem Haufen geernteter Früchte saß und eine von ihnen zu schälen begann.

Eine halbe Stunde später kam Kasturbai wieder und fand ihren Sohn noch immer dabei.

„Quält Dich Dein Durst noch immer?" fragte sie lächelnd.

Manilal blickte verlegen auf. Er hatte 18 Ananas-Früchte verzehrt und war nun so voll, daß er sich kaum nach vorn beugen konnte, um zu arbeiten.

Zwei Tage später traf die Nachricht in Phönix ein, daß Mohan von einem Pathanen schwer verprügelt worden sei. Die Botschaft war verstümmelt, sie enthielt nicht genug Einzelheiten.

Alle waren beunruhigt. Am meisten Kasturbai. Irgendjemand meinte, sie solle nach Johannesburg eilen, um an seiner Seite zu sein.

„Nein, nein", erklärte sie, „so etwas kann ich nicht tun. Wie die Dinge liegen, hat Phönix nicht genug Geld, und ich kann nicht das bißchen, das da ist, für meine selbstsüchtigen Bedürfnisse verwenden."

„Aber wir werden es schon schaffen, irgendwie darüber hinwegzukommen", meinte Mr. West.

„Es besteht wirklich keine Notwendigkeit. Ich bin sicher, da sind genug Freunde, die gut für ihn sorgen. Außerdem wissen Sie, wie sehr er stets auf korrekten Gebrauch öffentlicher Mittel bedacht ist", sagte Kasturbai und ließ keine weiteren Argumente zu.

Wenn Mohan sehr genau, ja übergenau mit öffentlichen Mitteln war, so war es Kasturbai nicht weniger. Auch wenn sie nicht Arithmetik gelernt hatte, so machte sie doch stets genaue Aufzeichnungen über jeden Cent, der ihr gegeben worden war, so daß sie später, am Abend, entweder Mohan oder Manilal, wer eben verfügbar war, ordentlich abrechnen konnte.

Kasturbai verbrachte viele Tage in banger Erwartung, bis sie einen Brief von Mohan erhielt, worin er allen im Ashram die Umstände erklärte, unter denen er verprügelt worden war und wie gut ihn Reverend Doke und dessen liebe Frau gepflegt hatten. Mohan schrieb, er beabsichtige, so bald als möglich nach Phönix zu kommen. Es war ihm gegenwärtig, daß einige Mitglieder der indischen Gemeinde zu der Ansicht neigten, er habe sie im Stich gelassen, als er, mit den Bedingungen zur Ansiedlung, wie sie General Smuts angeboten hatte, einverstanden war. Er war überzeugt, daß er richtig gehandelt hatte und es jetzt seine Aufgabe war, die Lage denen zu erläutern, die Zweifel gegen ihn hegten. Ein Gefühl von Ressentiment hatte auch die Provinz Natal erreicht, wo die Moslem-Pathanen in Durban ebenso zornig angedroht hatten, ihn zu verprügeln.

Mohan solle nicht sofort nach Natal kommen, rieten ihm seine Freunde, und wenn doch, dann solle er nicht zu Versammlungen sprechen. Aber das war für Mohan unvollziehbar. Er würde auf Versammlungen sprechen, um seinen Standpunkt zu erläutern. Und wenn jene, die seine Integrität in Zweifel ziehen, gewalttätig würden, habe er sich dem zu stellen und die Folgen zu erleiden.

Bezeichnend ist die Tatsache, daß es die flatterhaften Pathanen mit ihrer Vergangenheit als hitzige, streitbare Rasse waren, die Mohans Integrität anzweifelten. Es gibt Grund zu der Annahme, die Saat der Zwietracht sei von Agenten der weißen Regierung gesät worden, die darauf aus war, die Bewegung zu zerschlagen. Es war der Beginn der Politik der Trennung der verschiedenen Rassen und Gemeinden, damit diese nicht zusammenkommen und gegen die weiße Minderheiten-Regierung gemeinsam kämpfen würden.

Indessen traf Mohan in Phönix ein, und seine Ankunft wurde weithin bekanntgemacht. Auch wurden mehrere Versammlungen organisiert.

Mohans Wunsch, zuerst nach Phönix zu kommen, bevor er an öffentlichen Versammlungen in Durban teilnahm, war darin begründet, daß er Phönix sehen, all seine Kollegen treffen und, was am wichtigsten war,

Kasturbai und seinen Kindern die Art der Vereinbarung und die Umstände erklären wollte, unter denen sie zustande gekommen war.
Er mußte mit Kasturbai über die Gefahren sprechen, denen er jetzt ausgesetzt war, und daß er beim nächsten Mal möglicherweise nicht so viel Glück habe, auch wenn er der Schlägerei in Johannesburg mit nur geringen Verletzungen entkommen war. Er hatte zwar viele Freunde, sich aber ebenso gut einige Feinde gemacht, die so gewalttätig waren, daß sie einen Menschen töten würden, wenn sie ihn des Betrugs verdächtigten. Mohan war entschlossen, sein Leben für die Sache zu opfern. Er wollte, trotz gegenteiligen Rates der Freunde und Kollegen, an angesagten Versammlungen teilnehmen.
Mohan empfand zutiefst den Frieden in Phönix, wo der nächste Nachbar Meilen entfernt war. Seine vergrößerte Familie hatte die Angelegenheiten des Ashrams getreulich gehandhabt, er war äußerst froh darüber.
In indischen Familien ist eine solche Heimkehr fast immer eine Gelegenheit zu einem Fest. Es mag der Tatsache zuzuschreiben sein, daß eine indische Frau keine anderen Mittel hat, um ihrer Freude Ausdruck zu verleihen, wenn ihr Mann nach langer Abwesenheit heimkehrt. In einem westlichen Haus pflegt eine Frau ihren Mann zu umarmen, zu küssen und viel Aufhebens zu machen, selbst wenn andere anwesend sind. Das würde eine indische Frau aus ihrem starken Gefühl für Bescheidenheit nicht tun. Ihre Freude findet deshalb Ausdruck in der Vorbereitung eines Festes mit all den Gerichten, die ihr Mann gern ißt.
Von daher war Kasturbai in schwieriger Lage. Ein paar Jahre zuvor hätte sie die verschiedenen Gerichte, von denen sie wußte, daß Mohan sie gern aß, gekannt und liebevoll zubereitet. Seit er sich nun auf Satyagraha eingelassen hatte, hatte er seinen Verbrauch an Nahrungsmitteln bewußt auf das äußerste Minimum reduziert und sich auf Experimente eingelassen wie das Essen von rohem Gemüse oder von Früchten und Nüssen usw.
Es war schwierig genug, sich über seine verschiedenen Reisen auf dem laufenden zu halten, ganz zu schweigen von seinen Eßgewohnheiten. Seitdem Kasturbai von seiner Ankunft gehört hatte, wurde sie von dem Gedanken geplagt, was sie denn kochen solle. Schließlich nahm sie sich vor, all das zu kochen, was er essen konnte, selbst wenn er sich mitten in einem Gelöbnis befand.
Nach langer Zeit saß die Phönix-Familie mal wieder zu einem gemein-

samen Mahl um einen Tisch versammelt. Mohan sprach währenddessen über seine Erfahrungen in Johannesburg, die Bewegung als Ganzes und die Schläge, die er durch die Hände eines Pathanen bezogen hatte. Vermutlich war er vom Erzählen seiner Erlebnisse so sehr in Anspruch genommen, daß er kaum wußte, was er aß.
Der Rest des Tages wurde damit zugebracht, einen Bericht über die Aktivitäten in Phönix anzuhören. Mohan war an jeder Einzelheit interessiert. Er wollte wissen, wer kam, was er sagte, warum er kam, wie man sich um ihn kümmerte usw. Von jedem Mitglied erfuhr er die Einzelheiten zu jedem kleinen Vorkommnis, das sich ereignet hatte. Auch seine Söhne und die anderen Jungen und Mädchen im Ashram mußten ihm alles berichten, was sie selbst betraf und während der viereinhalb Monate seiner Abwesenheit passiert war.
Kasturbai erhielt als letzte die Gelegenheit zur Berichterstattung. Hierauf hatte Mohan gewartet.
„Ich möchte, daß Du erfährst, daß unser Kampf eine kritische Stufe erreicht hat", begann er nach ihrem Bericht, „wir waren bis jetzt alle einig, und die Leute akzeptierten mich als ihren Führer. Nun aber gibt es einige Leute, die meine Standhaftigkeit anzweifeln und gedroht haben, mich zu töten."
„Dein Gottvertrauen wird Dich schützen", sagte Kasturbai in ruhigem Ton.
„Glaubst Du wie die anderen, daß ich mich von den Versammlungen fernhalten sollte?" fragte Mohan.
„Keineswegs", antwortete Kasturbai rasch, „das ist undenkbar. Aber ich möchte, daß Du mit klarem Bewußtsein gehst. Deine Aufgabe gehört den Menschen und Dir selbst. Du darfst Deine Gedanken nicht durch Besorgnis über mich und die Kinder belasten. Nichts wird uns geschehen. Und ich versichere Dir, daß ich für die Kinder sorgen und sie großziehen werde, wie Du es wünschst."
Mohan war erfreut über diese weisen Worte seiner Frau, die während seiner verschiedenen Prüfungen und Leiden eine Säule der Kraft geworden war.
„Ich hatte erwartet, dies von Dir zu hören, meine Liebe", sagte er erleichtert.
„Gott wird mit Dir sein!" fügte Kasturbai feierlich hinzu. „Er wird Dich beschützen, und er wird jenen, die fehlgeleitet sind und Dir mißtrauen, den rechten Weg zeigen. Wir werden für Dich beten."

Mohan erklärte ihr, es sei möglich, daß ihm schwere Prüfungen bevorstünden, falls er nicht in der Lage sei, die Leute zu überzeugen, die jetzt gegen ihn waren.
„Sei unbesorgt! Ich bin aufs schlimmste gefaßt. Seit Du im öffentlichen Leben stehst, habe ich mich darauf vorbereitet, stets das Schlimmste zu erwarten“, erklärte Kasturbai.
In der Zurückgezogenheit ihres Schlafzimmers, als niemand in der Nähe war, der sie sah, vergoß Kasturbai ein paar Tränen der Angst. Aber sie war entschlossen, ihre Schwäche niemandem zu zeigen.
Noch einmal entkam Mohan knapp einer öffentlichen Versammlung, auf der sich einige zusammengerottet hatten, um ihn zu mißhandeln. Der schnellen Reaktion einiger seiner Freunde verdankte er seine Rettung. Obwohl die Männer, die angedroht hatten, Ärger zu machen, verhaftet worden waren, weigerte sich Mohan, irgendwelche Vorwürfe gegen sie zu erheben.
Nachdem er der Versammlung in Durban entkommen war, beschloß er, nach Phönix zurückzukehren. Dort konnte er arbeiten und durch das Sprachrohr „Indian Opinion“ allwöchentlich die Menschen über die strittigen Abmachungen informieren. Aber seine Freunde traten dafür ein, daß er in Durban blieb, wo sie ihm zur Hand sein konnten und die Polizei herbeigerufen werden konnte, falls irgendwelcher Ärger eintrat.
„Die Unruhestifter könnten nach Phönix kommen und Sie ermorden“, führten sie an. „Niemand würde Bescheid wissen.“
„Aber ich kann mich nicht die ganze Zeit verstecken“, protestierte Mohan. „Früher oder später muß ich herauskommen.“
„Ja, aber wir sind hier, um Sie zu beschützen“, sagten die jungen Enthusiasten.
„Was brauche ich Schutz, wenn Gott mit mir ist? Außerdem kann einer, der sein Leben für den Dienst an den Menschen hingegeben hat, nicht Angst vor diesen Menschen haben. Er hat ihnen offen gegenüberzutreten. Wenn er dabei verletzt wird, muß er auch dies tapfer ertragen.“
Mohan blieb entschlossen, nach Phönix zurückzukehren. Die vier strammen jungen Männer — mindestens einer von ihnen war ein Berufsboxer — entschlossen sich, ihn zu begleiten, um ihn zu beschützen. Mohan konnte ihnen das nicht abschlagen.
Um der Hitze zu entgehen, war er in Phönix gewöhnt, während des Sommers draußen, unter freiem Himmel zu schlafen. Das behielt er bei, was seine selbsternannten Leibwächter dazu zwang, die ganze Nacht über

wach und auf der Hut zu sein, damit nicht jemand im Dunkeln käme und Mohan hinterhältig angreifen würde.
In seinem Buch „Satyagraha in Südafrika" beschreibt Mohan diese Vorgänge unbeschwert und räumt ein, daß er in diesen Nächten wahrscheinlich nur friedlich schlief, weil er sicher war, daß es jemanden gab, der auf ihn aufpaßte. Wären diese Männer nicht dagewesen, wäre sein Geist gegenüber jeder Art Geräusch wachsam geblieben, sein Schlaf wäre unregelmäßig und unzureichend gewesen. Er gibt zu, daß das ein Maßstab für seine letzte Schwäche war, derzufolge er Gott nicht so völlig vertraute, wie er es sollte.
Zu dieser Zeit geschah es, daß Kasturbai einmal ihren ältesten Sohn in düsterer Stimmung fand. Sie bemühte sich intensiv, herauszufinden, worüber sich Harilal Gedanken machte. Aber Harilal war nicht der Typ, der sich leicht mitteilte.
Harilals Hauptvorwurf gegen seinen Vater, das wußte Kasturbai, lautete, sein Vater habe nichts getan, um seinen eigenen Kindern zu helfen, es im Leben zu etwas zu bringen. Das war mittlerweile eine alte Geschichte. Kasturbai wußte nichts von Vorfällen, die sich kürzlich ereignet und diese Vorwürfe vertieft hätten.
Der junge Mann, der bereits ein Vater war, taute allmählich auf und erzählte seiner Mutter von dem Entschluß der Inder, einen der jungen Leute nach England zu schicken, damit er dort die Rechte studiert, so daß er nach Rückkehr im Kampf der Inder um gleiche Rechte und Möglichkeiten wirksam helfen könne.
„Sie hatten die Auswahl gänzlich Vater überlassen. Obgleich ich in der Prüfung ebenso gut war und alle Anforderungen erfüllte, faßte er meine Verwendung nicht einmal ins Auge", sagte Harilal bitter. „Er wählte stattdessen Sorabji Shapurji Adajania aus."
Kasturbai versuchte den aufgeregten jungen Harilal zu beruhigen: „Er hatte wahrscheinlich gute Gründe, so zu verfahren."
„Ich sage Dir, es gibt keinen anderen Grund: er kümmert sich nicht um uns und wird nichts für uns tun", brach es zornig aus Harilal hervor. „Er will, daß wir gewöhnliche Arbeiter bleiben, die all die niedrige Arbeit tun, während die anderen Jungen die Chance bekommen, zur Ausbildung nach England zu gehen."
„Ich möchte nicht, daß Du so über Deinen Vater sprichst", maßregelte ihn Kasturbai. „Du mußt Deinem Vater vertrauen und wissen, daß er genauso viel an Dich denkt wie an irgendeinen anderen."

Harilal sagte nichts mehr. Aber er stimmte nicht mit der Bewertung seiner Mutter überein.
Sorabji Shapurji Adajania bewies, daß er des Vertrauens würdig war, das man in ihn gesetzt hatte. Er studierte und kam nach Transvaal zurück, arbeitete hart in der Gemeinde und half furchtlos, den ungerechten Gesetzen der weißen Regierung Widerstand zu leisten. Daß er so plötzlich und jung sterben würde, konnte niemand ahnen. Aber durch seinen Tod erschienen die Bemühungen der indischen Gemeinde wie vergeudet.
Demgegenüber erreichte Harilal trotz seiner Unvernunft ein hohes Alter. Einige glauben, daß Harilal, wäre er für diese Arbeit ausgewählt worden, nicht vom rechten Weg abgewichen wäre und der indischen Gemeinde sehr viel länger gedient hätte, als es Adajania getan hat. Aber das ist strittig. Hier setzt man voraus, daß Harilals einziger Vorwurf gegen seinen Vater darin bestand, keine formale Ausbildung erhalten zu haben.
Aber Mohan war mittlerweile ein sehr guter Beurteiler von Charakteren geworden und möglicherweise zu jener Zeit davon überzeugt, daß die Wahl Harilals ihn zweierlei Vorwürfen preisgeben würde.
Zum einen würden ihm viele vorgeworfen haben, daß er das Nest seiner Familie mit öffentlichen Fonds speist. Das war ein Sachverhalt, den er peinlichst vermied, selbst um den Preis einer Entfremdung gegenüber seinen eigenen Kindern.
Zum anderen erkannte Mohan als guter Beurteiler von Charakteren in Harilal eine Anlage zur Labilität und Flüchtigkeit, die schließlich seinen Niedergang begründeten. Harilal hatte auch von Mohans älterem Bruder und den Onkeln mütterlicherseits das Verlangen, Geld zu machen, geerbt. Wäre Harilal aus England zurückgekommen und hätte seine Praxis mit der Absicht begonnen, Reichtum anzuhäufen, hätte das nicht nur den eigentlichen Zweck des ganzen Projektes verdorben, sondern auch Mohan den Haß der Gemeinde eingetragen.
Kasturbai versuchte oft vergeblich, ihren Sohn aus seiner Reserve hervorzulocken und über seine Probleme sprechen zu lassen. Er wollte nicht sprechen, und sie konnte nichts dagegen ausrichten.
Sie war überzeugt, daß auch Mohan bemerkt hatte, welche Veränderung in Harilal vorsichging. Kasturbai wollte ihn nicht mit diesem Problem behelligen. Sie vermied, das Thema anzusprechen, während er genug anderen Problemen konfrontiert war. Mit Mohan hoffte sie, daß Ha-

rilal bald die Berechtigung des väterlichen Standpunktes einsah und seine Schwierigkeiten überwand.
Aber es kam nicht dazu. Als Mohan ein paar Jahre später glaubte, seine Mission in Südafrika sei erfüllt, und Harilal in Phönix zurücklassen wollte, damit er sich um die dort hinterlassene Arbeit kümmere, während der Rest der Familie nach Indien zurückkehren sollte, verweigerte sich Harilal. Weder in Südafrika noch in der Gemeindearbeit, die in Phönix zu leisten war, fand er etwas von Interesse. Er wollte mit nach Indien zurück und dort noch einmal nach besten Kräften versuchen, sich ein unabhängiges Leben aufzubauen.
Kasturbai und Mohan hatten keine andere Wahl und willigten ein. Kasturbai hatte gehofft, Harilal würde das Angebot annehmen. Für sie als Mutter war es einfacher, einen Sohn zurückzulassen, der bereits verheiratet war und drei Kinder hatte. Die nächste Wahl fiel naturgemäß auf Manilal, den zweitältesten. Aber er war noch jung und unverheiratet, und sie ließ ihn nur ungern in diesem fremden Land allein und ohne den Schutz der Familie zurück. Offensichtlich ging es nicht anders.
Sie versuchte noch einmal, mit Harilal zu reden, doch er wollte nicht von seinem Entschluß abrücken. So blieb ihr nur, von Manilal das feierliche Versprechen einzuholen, daß er an den Grundsätzen der Familie festhalten und hart und ehrenhaft arbeiten werde.
Während Mohan, Kasturbai und Hermann Kallenbach, der gute Freund der Familie, nach London reisten, schiffte sich der Rest der Phönix-Wohngemeinschaft nach Indien ein, wo er im Rabindranath-Tagore-Institut, Shantiniketan, auf Mohans Ankunft warten wollte.
Shantiniketan war eine Art Kunst-Akademie in ländlicher Lage und ideal geeignet für den einfachen Lebensstil derer, die sich Mohan angeschlossen hatten. Er schickte seine jungen Leute dorthin in der Hoffnung, die paar Monate dort würden ihnen Gelegenheit bieten, ein wenig indischer Kultur aufzunehmen. Sollte einer von ihnen das Bedürfnis dazu haben, könnte er auch länger dort bleiben und indische Musik und Malerei studieren.
Harilal jedoch war entschlossen, sein Leben unabhängig von seinem Vater zu führen. Es gelang ihm, eine Anstellung in einer der bekanntesten Handelsniederlassungen in Kalkutta zu bekommen.
Nach mehreren Monaten traf Mohan ein. Er blieb mit seiner Phönix-Gemeinschaft weiterhin in Kalkutta.

Inzwischen litt Harilal unter Komplexen, die sich in ihm immer tiefer festsetzten. Nichts konnte ihn zufriedenstellen. Zwar war er jetzt unabhängig, aber er hatte keine ihn zufriedenstellende Arbeit, mit der er rasch zu Geld kommen konnte. Er wurde mehr und mehr desillusioniert, wechselte häufig seine beruflichen Bindungen und versuchte sogar, sich mit einem kleinen Geschäft selbständig zu machen.
Eine Familie zu ernähren, wurde in der Tat für ihn unmöglich. Er konnte einfach nicht genug verdienen, um für die Bedürfnisse heranwachsender Kinder zu sorgen. Nachdem seine Familie nach Indien zurückgekehrt war, war ihnen noch ein kleines Mädchen geboren worden.
Harilal beschloß, seine Familie zu seinen Eltern zu schicken, die inzwischen in der Nähe von Ahmedabad in Gujarat einen Ashram gegründet hatten. Seine Frau und seine Kinder hätten dadurch eine Veränderung, und er selbst würde etwas Zeit gewinnen, um sich über sein persönliches Leben Klarheit zu verschaffen.
Die harten Lebensumstände in der großen Stadt bei ungenügenden Barmitteln sowie die Zwangsvorstellung, mehr Geld machen zu müssen, verfehlten keineswegs ihre Wirkung auf Harilal. Zusammen mit den Komplexen, unter denen er litt, machte ihn das zu einem willfährigen Opfer skrupelloser Zeitgenossen. Er fing Freundschaften mit zweifelhaften Leuten an und machte sich einige üble Gewohnheiten zu eigen.
Als er seine Familie zu seinen Eltern schickte, hatte er keine Ahnung, daß er seine Frau Gulab nicht wiedersehen sollte. Durch die Entbehrungen daheim und die rasch aufeinanderfolgenden Schwangerschaften war Gulab sehr geschwächt. Bald nachdem sie bei Mohan und Kasturbai im Kochrab-Ashram unweit Ahmedabad eingetroffen war, wurde die dortige Gegend von der schwersten Grippe-Epidemie heimgesucht, die die Geschichte kennt. Gulab hatte keine Widerstandskräfte und steckte sich an. Bald darauf starb sie. Harilal wurde einer weiteren seelischen Erschütterung ausgesetzt.
Gulab ließ ihn mit vier kleinen Kindern zurück, die nun keine Mutter mehr hatten. Kasturbai nahm die Kinder sofort in ihre Obhut.
Nach allem, was man weiß, war Harilal ein sehr kräftiger junger Mann. Ebenso wie er hinter Geld her war, wurde er von einem starken sexuellen Trieb bestimmt. Er glaubte im Gegensatz zu Mohan , daß es ohne sexuelle Erfüllung nicht ging. Das verursachte eine weitere Spannung zwischen Vater und Sohn.

Die Beziehung zwischen einem indischen Vater und seinem Sohn ist niemals so unpersönlich, daß die Wünsche des Vaters ignoriert würden. In Indien mag ein Sohn oder eine Tochter noch so alt sein, solange die Eltern noch leben, erwartet man, daß sie zu jeder wichtigen Entscheidung ihre formelle Zustimmung geben.
So ersuchte auch Harilal um Zustimmung seiner Eltern, als er meinte, er müsse wieder heiraten, weil ein einsames Leben untragbar für ihn wäre. Kasturbai konnte sich nicht vorstellen, daß jemand so bald nach dem Tod des Gatten wieder heiraten wollte, zumal das in Indien heute wie damals nicht üblich war bzw. ist.
Mohan glaubte, es sei von Harilal moralisch falsch, wieder heiraten zu wollen. Er sprach mit ihm darüber. Nach langen Auseinandersetzungen ließ er sich dahingehend erweichen, daß er sagte: „Du magst eine Witwe finden, die ebenso viele Kinder hat wie Du. Dann werde ich die Frage noch einmal erwägen."
Das war für Harilal zu viel. Eine Witwe mit Kindern zu heiraten, war ihm unvorstellbar. Er hatte einfach nicht den Mut, solche Mißachtung der Hindu-Tradition auf sich zu nehmen. Stattdessen fuhr er nach Kalkutta zurück. In seinem Leben begann der Abstieg. Er wurde zum Alkoholiker, zum Spieler und besuchte Freudenhäuser. Es hat den Anschein, als ob er geneigt war, all das zu tun, wogegen seine Eltern ankämpften.
Kasturbai und Mohan wurden von Berichten über sein Verhalten, soweit sie zu ihnen drangen, schmerzlich berührt. Aber sie sahen ein, daß er alt genug war, um zu wissen, was er tat, und daß sie kaum etwas tun konnten, um seinem Mißgeschick abzuhelfen.
Mohan verstieß ihn unverzüglich und warnte jeden, der versuchte, ihm mit Geld oder auf andere Weise zu helfen. Er tue es auf eigenes Risiko.
Für Kasturbai war Harilals Verhalten ein übler Schlag. Sie betete ihren ältesten Sohn eigentlich an. Er war ihr einziger Weggenosse und die Quelle ihrer Freude in den langen Jahren, als Mohan in England und später in Südafrika war. Oft weinte sie wegen ihm. Und wenn jemand von Kalkutta kam, drang sie in ihn ein, um herauszufinden, ob es irgendwelche Neuigkeiten von ihrem Sohn Harilal gab. Selbst wenn die Nachrichten unerfreulich waren, hörte sie aufmerksam hin.
Des öfteren fragte sie sich, ob sie etwas tun könne, das ihn veranlaßte, sich zu wandeln und zur Familie zurückzukommen. Sie überlegte, ob es hilfreich sei, wenn sie nach Kalkutta führe und ihm klarmachte, daß er sich falsch verhielt. Aber sie kannte ihren Sohn. Sie wußte um die Ab-

gründe seiner Unzufriedenheit und das Ausmaß seiner Unnachgiebigkeit und sah ein, daß ihr Einreden auf Harilal nichts Gutes bewirken würde. Nur Gott könnte ihn schützen. Sie begann, für seine Seele zu beten und an bestimmten Tagen der Woche zu fasten in der Hoffnung, der Allmächtige werde durch ihr Opfer veranlaßt, etwas für ihren Sohn zu tun.

Etwa um diese Zeit geschah es, daß Manilal einmal nach Indien kam, um seine Eltern zu besuchen. Er fuhr direkt zum Kochrab-Ashram, wo er ein paar Tage mit seinen Eltern zusammensein wollte. Über die Widerspenstigkeit seines Bruders war er informiert und war sehr traurig darüber. Ihm war auch bekannt, daß sein Vater allen verboten hatte, Harilal irgendwie zu helfen.

Aber Harilal gab sich so leicht nicht geschlagen. Als er von Manilals Ankunft erfuhr, schrieb er ihm einen Brief, in dem er dringend um etwas Geld bat, damit er einmal ordentlich essen könne, was er mehrere Wochen lang nicht gekonnt habe.

Es war eine fadenscheinige, rührselige Geschichte. Aber Manilal konnte solch leidenschaftlicher Bitte nicht widerstehen, obgleich er wußte, daß die Dinge anders lagen. „Was ist, wenn er wirklich Hunger leidet oder, wie er sagt, beinahe vor Hunger umkommt?" dachte er.

Jedenfalls hatte Manilal nicht viel Geld zur Hand, da ihm Geld nie so wichtig war. Er schaute in seine Taschen und fand eine Zehn-Rupien-Note. Damit ging er zum nächsten Postamt und sandte eine Postüberweisung an die Adresse seines älteren Bruders, die auf dessen Brief angegeben war.

Manilal rechnete nicht damit, daß ihm die Postbehörde eine Empfangsbestätigung zuschickte, die von Harilal unterzeichnet war. Die Quittung kam mit der üblichen Post an den Ashram. Sie zog die Aufmerksamkeit des Mannes auf sich, der die Briefe aussortierte. Er hob schadenfroh seine Augenbrauen und dachte bei sich: „Nun, gut. Jemand hat gegen Bapus Anweisungen verstoßen."

Anstatt zu Manilal zu gehen und ihn um eine Erklärung zu bitten, lieferte der Mann die Empfangsbestätigung sofort Mohan aus und fügte seinen Kommentar hinzu. „Bapu, jemand", sagte er, obwohl er wußte, um wen es sich handelte, „hat Geld an Harilal gesandt".

Mohan blickte auf die Empfangsbestätigung. Mißbilligung trat auf seine Stirn. Er ließ Manilal kommen und legte ihm die Quittung vor. „Hast Du dieses Geld an Deinen Bruder geschickt?" fragte er.

„Ja, das habe ich!" bekannte Manilal, rot vor Scham übers ganze Gesicht.
„Weißt Du nicht, daß ich jedem verboten habe, ihm zu helfen?" hakte Mohan nach.
„Ja, ich weiß", erwiderte Manilal, der noch verlegen auf den Boden blickte.
„Dann mußt Du für Deine Unvernunft bestraft werden! Du hast Deinem Bruder mit diesem Geld geholfen, Alkohol zu kaufen", stellte Mohan fest.
Manilal erklärte, er sei durch den Brief bewegt gewesen und habe geglaubt, es könne ja tatsächlich möglich sein, daß Harilal Hunger litt.
„Das könnte sein", antwortete Mohan. „Wenn er es tut, kann er immer hierher kommen und bereuen, was er getan hat. Dann wird er nie wieder Hunger leiden."
Das traf zu. Manilal hatte keine weiteren Argumente anzubieten.
Am nächsten Tag rief Mohan Manilal zu sich, übergab ihm eine Fahrkarte nach Madras und sagte: „Du wirst nach Madras fahren und sechs Monate dort leben, ohne Deine Identität preiszugeben. Du wirst kein Geld von hier bekommen."
Nur mit einer Fahrkarte nach Madras ausgestattet und sonst nichts im Gepäck, verließ Manilal niedergeschlagen den Ashram. Er hatte sich nach mehreren Jahren des Alleinlebens in Phönix wieder mit der Familie verbunden. Er war seinen Eltern ergeben und hatte damit gerechnet, ein paar Monate mit ihnen zu verbringen. Nun war diese Unüberlegtheit seinerseits dazu angetan, ihm sechs Monate zu stehlen. Wenn die Verbannung um war, würde es Zeit für ihn, zurückzukehren. Er bedauerte sich sehr, aber noch weitaus mehr seine Eltern, für deren Kummer er die Ursache geliefert hatte. Das verletzte ihn am meisten. Sein ganzes Leben hatter er sich bemüht, der ideale Sohn zu sein. Gewissenhaft versuchte er so zu leben, wie es seine Eltern wohl gern sahen.
Jetzt hatte eine einzelne gedankenlose Handlung seinerseits einen Rückschlag verursacht. Dabei war er seinen Eltern so ergeben, daß er es vorzog, sich das Leben schwerer zu machen als unbedingt nötig, obwohl er es sich in den sechs Monaten, die er ins Exil verbannt war, leicht hätte bequem machen können.
Er schlief im Sand des Marina Beach, verdingte sich als Arbeiter und aß nur Nüsse und Getreidekörner, was er sich als einziges leisten konnte. Für die Zeit nach Verbüßen seiner Strafe nahm er sich vor, niemals wie-

der etwas zu tun, das den Zorn seiner Eltern auslösen würde. Kasturbai empfand doppelten Schmerz, als sie hörte, daß Manilal weggeschickt werde sollte. Sie hatte bereits einen Sohn verloren. Nun sagte sie einem weiteren Lebewohl.

Wegen geringfügiger Unüberlegtheiten mußte Manilal viel erdulden. Kasturbai wußte darum. Sie war dankbar, daß er nicht der aufsässige Typ war, der, anstatt zu leiden und zu lernen, seine Eltern verließ, um seinen eigenen Weg zu gehen.

Zunächst hatte Manilal wegen seiner Freude am Essen zu leiden. Mohan ließ ihn Gelübde ablegen, mit denen er sich verbot, was er gern aß. Eine andere Ausbildung zu suchen als die unorthodoxe Form der Erziehung, die Mohan verordnete, war Manilal nicht gestattet. Als der älteste und hingebungsvollste im Haus mußte Manilal die Verantwortung für die Familie auf seine Schultern nehmen und harte Arbeit auf der Farm leisten, während die anderen Jungen seines Alters sich eines sorglosen Lebens mit Spaß und Spiel erfreuen konnten.

Im reiferen Alter von 18 Jahren ließ man ihn eine junge Frau pflegen, die eigentlich nicht sehr krank war. Man ließ ihn die Frau waschen und ihr die Kleider wechseln, was ein Experiment sein sollte bezüglich der Fähigkeit des Jungen, seine sexuellen Triebe unter Kontrolle zu halten. Die Frau wurde dadurch zu geschlechtlichem Kontakt gereizt und verführte Manilal, sie zu küssen und zu umarmen. Er stolperte in diese unwiderstehliche Falle und beugte sich, um die Frau zu küssen, als jemand hereinkam und die beiden bei einer verbotenen intimen Handlung ertappte. Wiederum wurde die Angelegenheit Mohan berichtet, der hart und mitleidlos reagierte. Manilal fühlte sich mit mehr Schuld beladen, als es der sogenannte Tatbestand rechtfertigt.

Nach einer Reihe von Fasten und anderen Formen der Bestrafung erklärte Mohan, Manilal werde nicht vor dem 30. Lebensjahr gestattet zu heiraten, damit er dafür bezahle, daß er nicht fähig sei, seine sexuellen Triebe zu beherrschen.

Kasturbai war die Härte dieser Disziplin bewußt. Sie kannte auch die außergewöhnlich starken sexuellen Triebe, die die Gandhis von ihren Vorvätern ererbt hatten. Mohans Vater hatte mit 45 Jahren wiedergeheiratet und weitere Kinder gezeugt. Kasturbai kannte auch Mohans eigenen sexuellen Trieb genau. Niemand konnte in Zweifel ziehen, daß diese Instinkte auf die Kinder übergegangen waren. Harilal hatte schon in jungen Jahren sexuelle Aktivität gezeigt. Glücklicherweise wurde er

früh verheiratet und dadurch davor bewahrt, vom rechten Weg abzukommen. Zumindest erschien es zum damaligen Zeitpunkt so.
Nun hatte Manilal genauso reagiert, wie jeder normale Junge seines Alters unter den Umständen, in denen er sich mit der Frau allein fand, reagiert hätte. Da er das Pech hatte, im Augenblick des Küssens ertappt zu werden, war er dazu verdammt, bis zu seinem 30. Lebensjahr als Junggeselle zu leben. Was aber, wenn er seine sexuellen Triebe nicht beherrschen könnte? Wenn er anfing, mit unbekannten Frauen unerlaubte voreheliche Beziehungen zu pflegen? Diese und zahlreiche andere Fragen quälten Kasturbai.
Nun wurde eine weitere Art ernster Strafe gegen den jungen Mann verhängt. Warum sollte er nicht gegen seinen Vater revoltieren? Was, wenn er es tat? Wieviel davon konnte er hinnehmen? fragte sich Kasturbai. Sie fürchtete sich vor dem Gedanken, noch einen Sohn zu verlieren, weil auch er nicht den Idealismus des Vaters akzeptieren konnte.
„Ich glaube, Du bist zu hart zu den Jungen", hielt sie Mohan vor, nachdem Manilal abgereist war.
„Glaubst Du, das, was er getan hat, sei unbedeutend?" fragte Mohan.
„Im Grunde waren es nur zehn Rupien, die er seinem Bruder auf dessen leidenschaftlichen Brief hin geschickt hat", antwortete Kasturbai.
„Es ist nicht die Höhe des Betrages, die wichtig ist. Es ist das gedankenlose Handeln. Wie wird Harilal jemals in die Knie gezwungen, wenn alle ihm weiterhin mit kleinen Geldbeträgen helfen?"
„Das kann ich nicht beurteilen", antwortete Kasturbai. „Aber ich fürchte, wir können einen weiteren Sohn verlieren, wenn wir so weitermachen wie bisher. Du bist gelegentlich mit Deinen eigenen Kindern strenger als mit den anderen."
Mohan befand sich nicht gerade in einer glücklichen Gemütsverfassung. Diese letzte Bemerkung verletzte ihn, und in schmerzvollem Ton sagte er: „Das geschieht, weil ich möchte, daß meine Kinder tadellos dastehen, gleich von welcher Seite sie beurteilt werden."
Manilal verbüßte seine Strafe gewissenhaft, kehrte nach Hause zurück und reiste bald nach Südafrika ab. Indessen blieb Harilal der Krebsschaden der Familie. Er dachte nicht daran, zu seinen Eltern zurückzukehren, obwohl er oft wegen Geldmangels Hunger litt.
Etwa um diese Zeit machte sich Mohan einen Namen als Führer in Indien. Die Briten hatten zu unterscheiden begonnen zwischen Hindus und Moslems und spielten beide gegeneinander aus, damit der Druck

auf sie verringert würde. Folglich wurden die Moslems Hindu-Führern gegenüber mißtrauisch.
Mohan begann, mit seiner hohen Moral und seiner realistischen Politik die nationalistischen Moslems anzuziehen. Das gefiel der wütenden Moslem-Liga gar nicht. Sie wollte Mohan in Mißkredit bringen und glaubte, ihn in die Schranken weisen zu müssen. Sie fuhren fort mit ihrer ständigen Schimpfkanonade gegen ihn. Als ihnen jemand von Harilals Alkoholismus und ewigem Geldbedarf berichtete, wollten sie das ausnutzen und glaubten damit, Mohans Ruf hinreichend zu schädigen. So wurde Harilal von einigen Moslems Freundschaft erwiesen. Unter Einfluß von Alkohol wurde er gebeten, Erklärungen abzugeben, in denen er Mohan, seinen Vater, verspottete. Dann konvertierte er zum Islam. Beiden Ereignissen wurde weite Verbreitung verschafft. Kasturbai fühlte sich zutiefst verletzt.
Sie rief ihren jüngsten Sohn Devadas zu sich und diktierte ihm folgenden Brief:
„Mein lieber Sohn Harilal! Ich habe gehört, daß Dich kürzlich in Madras, als Du Dich im Zustand der Trunkenheit mitternachts auf offener Straße schlecht benahmst, Polizeibeamte fanden und in Gewahrsam nahmen. Am nächsten Tag wurdest Du einem Richter vorgeführt, der Dich mit einer Geldstrafe von einer Rupie belegte. Er muß ein sehr gutherziger Mensch gewesen sein, der Dich so nachsichtig behandelte. Selbst der Richter erwies Deinem Vater Respekt. (Die richterlichen Beamten waren damals Symbol britischer Unterdrückung, und man erwartete von ihnen nicht, daß sie auf einen Führer der Nationalisten, der für die Unabhängigkeit des Landes warb, Rücksicht nahmen oder ihm Respekt zeigten. D. V.). Aber ich bin sehr unglücklich, seit ich von diesem Vorfall hörte. Ich weiß nicht, ob Du in jener Nacht allein oder in Gesellschaft Deiner Freunde warst. Auf jeden Fall handeltest Du ungehörig.
Ich weiß nicht, was ich Dir sagen soll. Ich habe Dich all die langen Jahre gebeten, Dich unter Kontrolle zu halten. Aber Du bist von ‚schlecht' zu ‚sehr schlecht' gekommen. Jetzt machst Du mein Dasein unmöglich. Denk über das Elend nach, das Du Deinen betagten Eltern an ihrem Lebensabend verursachst.
Dein Vater spricht nicht darüber, aber ich weiß, wie sehr die Schläge, die Du ihm versetzest, sein Herz zerbrechen. Du begehst eine große Sünde und verletzest auf diese Weise immer wieder unsere Gefühle.

Obwohl Du als unser Sohn geboren wurdest, benimmst Du Dich tatsächlich wie unser Feind.
Mir wurde gesagt, daß Du neulich bei Deinem Umherirren Deinen großen Vater kritisiert und lächerlich gemacht hast. Das geziemt sich nicht für einen klugen Jungen wie Dich. Merkst Du nicht, daß Du nur Dich selbst entehrst, wenn Du über Deinen Vater schlecht sprichst? Er hat nichts als Liebe für Dich in seinem Herzen. Du weißt, daß er der Reinheit des Betragens große Bedeutung beimißt. Aber Du hast seinem Rat niemals irgendwelche Beachtung geschenkt. Und doch hat er Dir angeboten, Dich bei sich zu behalten, Dich zu ernähren und mit Kleidung zu versorgen und auch zu pflegen.
Er hat so viele andere Verantwortlichkeiten in dieser Welt. Mehr kann er nicht für Dich tun. Er kann nur sein Schicksal bedauern. Gott hat ihm eine große Willenskraft gegeben. Er möge ihm das Leben gewähren, das er zur Erfüllung seiner Mission auf dieser Erde braucht. Aber ich bin eine gebrechliche, alte Frau, unfähig, den inneren Schmerz zu ertragen, den Du mir bereitest.
Täglich bekommt Dein Vater Briefe von Leuten, die über Dein Verhalten klagen. Er erleidet still all diese Schande. Aber Du hast nirgendwo für mich Platz gelassen. Aus reiner Schmach kann ich mein Haupt nicht aufrecht tragen und so den Menschen gegenübertreten. Dein Vater verzeiht Dir stets, aber Gott wird Dein Benehmen nicht dulden.
In Madras warst Du Gast einer bedeutenden und bekannten Persönlichkeit. Aber Du mißbrauchtest ihre Gastfreundschaft, indem Du ihr Haus verließest und Dich so sehr daneben benahmst, wie berichtet wird. Das muß Deinen Gastgeber in eine peinliche Lage gebracht haben.
Jeden Morgen, wenn ich aufstehe, schaudert mich bei dem Gedanken an neue schmachvolle Nachrichten, die die Zeitungen bringen. Manchmal möchte ich gern wissen, wo Du bist, wo Du schläfst und was Du ißt. Vielleicht nimmst Du verbotene Speise zu Dir. Dies und ähnliche Gedanken bereiten mir schlaflose Nächte. Oft ist mir, als ob ich Dich träfe. Aber ich weiß nicht, wo ich Dich finden soll. Du bist mein ältester Sohn und beinahe 50 Jahre alt. Ich habe sogar Angst, mich Dir zu nähern, weil Du mich demütigen könntest.
Ich weiß nicht, warum Du die angestammte Religion ablegtest. Das ist Deine Angelegenheit. Aber wie ich höre, machst Du Dich daran, unschuldige und unwissende Menschen zu ersuchen, Deinem Beispiel zu folgen. Warum willst Du Deine Grenzen nicht erkennen? Was weißt Du

über Religion? Was für ein Urteil kannst Du in Deiner geistigen Verfassung geltend machen? Die Menschen werden leicht in die Irre geleitet durch die Tatsache, daß Du der Sohn Deines Vaters bist. Du bist nicht geeignet, Religion zu predigen. Wenn Du so weitermachst, wirst Du in absehbarer Zeit von allen gemieden werden. Ich ersuche Dich deshalb, innezuhalten, nachzudenken und von dem Unfug abzulassen.
Ich sah nicht gern, daß Du konvertierst, aber als ich Deine Erklärung las, Du hättest Dich dazu entschlossen, um Dich zu bessern, war ich heimlich froh über Deine Konversion. Ich hoffte, daß Du nun ein Leben ohne Trunkenheit beginnen würdest. Aber auch diese Hoffnung wurde zerschlagen. In Bombay trafen Dich kürzlich einige Deiner Freunde und Dir Wohlwollende öfters in schlechterem Zustand an als zuvor. Du weißt, wie unglücklich Dein Vater über Dein Verhalten ist.
Deine Töchter und Dein Schwiegersohn tragen immer schwerer an der Last der Sorge, die Dein Verhalten ihnen auferlegt."
Nachdem sie diesen ergreifenden Brief an ihren ungeratenen Sohn diktiert hatte, richtete Kasturbai einen Appell an die Moslems, die dazu beigetragen hatten, daß Harilal zu ihrem Glauben übertrat.
Sie schrieb: „Ich war nicht in der Lage, Ihr Handeln zu verstehen. Ich beziehe mich nur auf jene von Ihnen, die an den gegenwärtigen Aktivitäten meines Sohnes aktiv teilnehmen.
Ich weiß und bin froh darüber, daß eine große Zahl denkender Moslems und alle unsere langjährigen Moslem-Freunde diese ganze Episode zutiefst verdammen.
Ich vermisse heute die Gegenwart der großen Seele Dr. Ansaris, der sowohl meinem Sohn als auch Ihnen weisen Rat erteilt hätte. Aber es gibt andere, ebenso edle und einflußreiche, wenn mir auch nicht so gut bekannte Moslems, von denen ich hoffe, sie werden Sie sorgfältig beraten.
Ich finde, daß der sogenannte Wechsel seines Glaubens meinen Sohn nicht befreit, sondern die Dinge wirklich schlimmer gemacht hat. Sie sollten ihn dafür rügen und versuchen, ihn von den üblen Gewohnheiten abzubringen. Einige Leute sind sogar soweit gegangen und haben meinem Jungen den Beinahmen ‚Maulvi' (ein Priester des Islam, d. V.) verliehen. Ist das fair? Erlaubt Ihre Religion, daß Menschen wie mein Sohn ‚Maulvi' genannt werden?
Ich verstehe nicht, was für eine Freude Sie dabei empfinden, wenn Sie ihn auf diese Weise feiern. Wenn Sie ihn wirklich als Ihren Bruder

betrachten, werden Sie anders verfahren, als es jetzt geschieht. Denn was Sie tun, geschieht ganz und gar nicht in seinem Interesse. Wenn es natürlich Ihr Wunsch ist, uns bloß lächerlich zu machen, habe ich Ihnen nichts mehr zu sagen. Dann mögen Sie Schlimmeres tun.
Aber die schwache Stimme eines anderen Verwundeten wird vielleicht das Gewissen derer erwecken, die in der Lage sind, Sie zu beeinflussen. Ich empfinde es als meine Pflicht, zu wiederholen, was ich meinem Sohn gesagt habe: daß Sie in den Augen Gottes nicht das Rechte tun."

13. Kapitel

Rassen- und Kasten-Vorurteile — Sushilas Erinnerungen

Nachdem sie wieder in Südafrika waren, hatte Kasturbai ihre erste Feuerprobe im Gefängnis zu bestehen (23. September 1913). Danach half sie Mohan bei dem, was als die letzte größere Konfrontation mit der weißen Regierung Südafrikas bezeichnet werden kann.
Während die Frauen von Natal verhaftet wurden, weil sie die Grenze nach Transvaal ohne gültige Ausweise überschritten, ließ man die Frauen, die von Transvaal nach Natal kamen, frei. Das überraschte die Frauen sowohl wie die Führung. Zweifellos wollte die südafrikanische Regierung in der Bewegung Zwietracht säen, damit sie sich selbst zerstöre. Viele Jahre später in den frühen fünfziger Jahren, als die Inder, die Afrikaner und die Mischrassen sich entschlossen, vereint gegen Apartheid und Rassendiskriminierung vorzugehen, benutzte die weiße Regierung von Südafrika dasselbe Mittel, um die Einigkeit der drei farbigen Gruppen zu brechen. Für das gleiche Vergehen wurden unterschiedliche Gefängnisstrafen ausgesprochen. Die farbigen Gruppen zerstritten sich schnell, ihre Einheit zerbrach.
Mohan hatte diese Möglichkeit vorausgesehen und einen Gegenplan ausgearbeitet. Mit Kasturbais Hilfe hielt er die Frauen zusammen und empfahl denen, die von Transvaal kamen, weiterzuziehen nach Newcastle in Natal, falls sich die Polizei in Volksrust weigerte, sie wegen Überschreitens der Provinz-Grenze zu verhaften. Newcastle liegt etwas über 60 Meilen von der Grenze Transvaals entfernt und hat große Kohlevorkommen, wo man damals Inder unter miserablen Bedingungen arbeiten ließ. Mohans Plan sah vor, daß die Frauen zu den indischen Minenarbeitern sprechen, ihnen die verschiedenen diskriminierenden Gesetze erläutern und ihre Unterstützung gewinnen sollten.
Mohan hatte keinen großen Widerhall bei den Bergleuten erwartet. Er war überzeugt, die Frauen würden verhaftet, noch bevor sie zu den Bergleuten sprechen konnten. Stattdessen wurden die Bergleute durch die mißliche Lage der Frauen so stark motiviert, daß sie sich entschlossen, sofort die Arbeit niederzulegen.
Für Mohan war das Triumph und Tragödie zugleich. Er war hocherfreut, daß die Leute so rückhaltlos reagierten. Andererseits wurde er über-

rascht, denn er hatte keine Mittel, für mehrere hundert Bergleute zu sorgen, die ihre Arbeit verloren und damit obdachlos wurden.
Als die Nachricht vom Streik Mohan und Kasturbai in Phönix erreichte, entschlossen sie sich, unverzüglich nach Newcastle zu fahren. Es schien dort ein größeres Problem zu entstehen, so daß ihre Anwesenheit an Ort und Stelle wichtig war.
In Newcastle organisierte Kasturbai die Frauen rasch in Gruppen, die ein großes Flüchtlingslager aufbauen sollten, während Mohan die Männer zusammenholte, um ihnen die Folgen ihres jetzigen Tuns zu erklären. Er malte ein düsteres Bild mit Hunger und Heimatlosigkeit. Die Möglichkeit, daß die Leute ihre Arbeit verlieren und auf die Straße geworfen würden, war einbezogen. Doch die Männer blieben standhaft.
Mohan reiste nach Durban, um zu den Minenbesitzern zu sprechen. Sie waren nicht bereit, auf irgendwelche Argumente zu hören.
„Es wird keine Veränderungen in den Arbeitsbedingungen geben", sagten sie ihm. Niedergeschlagen kehrte Mohan nach Newcastle zurück. Er beschloß, die Arbeiter aus ihren Häusern zu evakuieren, bevor die Minenbesitzer sie hinauswarfen.
Unterstützt von der Regierung, waren die Minenbesitzer überzeugt, daß Mohan kaum in der Lage sei, den Streik ohne Geldmittel durchzuhalten. Nahrungsmittel und die Notwendigkeit eines Obdachs würden die Bergleute bald anderen Sinnes sein lassen und an ihre Arbeit zurückbringen.
Auf einem kleinen privaten Grundstück war eine provisorische Zeltstadt entstanden. Die Leute drängten sich zusammen, so gut sie konnten. Und wenn niemand hinschaute, wurde auch Ehebruch begangen. Angeleitet von Mohan, versuchten Kasturbai und die Freiwilligen aus Transvaal, die Lage zu meistern. Das konnte offensichtlich nicht lange gut gehen. Es mußte etwas geschehen.
„Warum nehmen wir nicht alle mit zur Tolstoi-Farm?" regte Kasturbai an
Einen Augenblick lang war Mohan verdutzt. Er wollte schon den Vorschlag als unpraktisch zurückweisen, als seine Augen aufleuchteten und er zu begreifen begann.
„Das ist eine glänzende Idee", sagte er begeistert. Wir könnten von hier zur Tolstoi-Farm marschieren. Wenn uns die Regierung unterwegs verhaftet, ist es genau das, was wir wollen. Wenn nicht, werden wir die Tolstoi-Farm erreichen und alle Arbeiter dort unterbringen."

Die Lösung war beinahe wunderbar. Mohan traf sofort entsprechende Maßnahmen. Er schickte Hermann Kallenbach zur Tolstoi-Farm, wo Hütten aufzustellen waren, um die Arbeiter unterzubringen.
Wegen ihres Gesundheitszustandes konnte Kasturbai nicht mit ihnen marschieren. Sie wurde nach Phönix zurückgeschickt, um dort nach dem Rechten zu sehen.
Kasturbai war glücklich, an der wichtigen Aufgabe mitwirken zu können, die darin bestand, daß sich die Inder aus dem gesellschaftlichen und wirtschaftlichen Morast erhoben, in den sie die Umstände und die Vorurteile des weißen Mannes gebracht hatten.
Sie wünschte, sie wäre bei besserer Gesundheit, um substantiell mehr leisten zu können. Aber sie erkannte ihre Grenzen und wollte niemandem eine Last sein.
Kasturbai vermied das Rampenlicht. Sie kümmerte sich nicht um Publicity. Sie war zufrieden damit, still im Schatten ihres Mannes zu leben und ihr Scherflein zu dem Werk, das er unternommen hatte, beizutragen.
Deshalb haderte sie auch nicht mit dem Beschluß, nach Phönix zurückzufahren. Der Marsch sollte lang und äußerst schwierig werden. Gott allein wußte, was die Behörden unternehmen würden. Die Teilnehmer würden Nächte im Freien verbringen und sich verpflegungsmäßig mit dem begnügen müssen, was ihnen von sympathisierenden indischen Händlern zur Verfügung gestellt wurde.
Sie wußte, daß sie in vielfältiger Weise hätte helfen können, falls sie Gewaltmärsche über große Entfernungen hätte durchstehen können. Sie hätte für die Leute gekocht, die Frauen und Kinder organisiert und sich um deren Probleme gekümmert, eine Arbeit, die sie liebte und in der sie reichlich erfahren war. Nun mußte diese Arbeit Mohan überlassen bleiben.
Der legendäre Marsch wurde sogar über die Grenze genehmigt. Den Behörden war bewußt, daß Verhaftung dieser Leute genau das war, was Mohan wollte. Den Gefallen wollten sie ihm nicht tun. Als die Regierung aber erkannte, daß der Marsch nicht nur ungehindert voranging, sondern auch überall im Lande großes Interesse hervorrief, entschloß sie sich, Mohan vorübergehend festzunehmen und den Marschteilnehmern zu gestatten, sich angesichts des Mangels an Führung zu zerstreuen. Doch wurde Mohan freigelassen, tat er sich sofort wieder mit den Teilnehmern des Marsches zusammen. Beim dritten Mal wurde er

jedoch endgültig eingesperrt. Dasselbe geschah mit den Marschteilnehmern.
Mohan verbrachte sechs Monate im Gefängnis. Während dieser Zeit blieb Kasturbai in Phönix und setzte die Arbeit des Ashrams fort. Die Bergleute wurden unsäglichen Härten ausgesetzt. Die Bergwerke wurden in Gefängnisse verwandelt, ihre leitenden Aufseher in Gefängnisbeamte. Die Arbeiter wurden an die Arbeit in den Minen geprügelt. So verschlechterte sich ihre Lage noch.
Nach seiner Entlassung glaubte Mohan, es sei geboten, nach Indien zurückzugehen, eine Entscheidung, die Kasturbai gern mitvollzog. Vorbereitungen dazu wurden getroffen.
In Europa führten politische Spannungen zur Kriegserklärung. Aber Mohan mußte nach London reisen, um der britischen Regierung den Fall der Inder in Südafrika darzulegen sowie um Gokhale zu treffen.
Noch bevor Mohan, Kasturbai und Kallenbach nach England abreisten, waren die übrigen Familienmitglieder und Ashram-Bewohner nach Indien unterwegs.
Kasturbai hatte darauf bestanden, mit Mohan zu reisen, denn sie meinte, daß Mohan hinsichtlich seiner besonderen Eßgewohnheiten ohne sie verloren war. Mohan hatte zwar in England als Vegetarier gelebt, aber seit damals andere Eßgewohnheiten angenommen, die nicht leicht einzuhalten waren. Wenn Kasturbai nicht da war, um die Mahlzeiten für ihn zu bereiten, würde er einfach nichts essen.
Kasturbai wollte nicht, daß er sich einer Früchtediät unterzog und seine Gesundheit ruinierte. Andererseits brauchte Mohan Kasturbai aus mehreren Gründen an seiner Seite. Ihr Gesundheitszustand war in den letzten Jahren nicht gut. Sie war öfters schwer erkrankt und gab zu ernster Besorgnis Anlaß. Außerdem wußte Mohan nicht, wie lange er in England bleiben müsse. Sollte Kasturbai in Indien erkranken, während er sich in England aufhielt, könnte er nicht im Frieden mit sich selbst sein. Sie hatten in Indien kein Haus mehr. Mohans Brüder und Kasturbais Brüder hatten die Beziehungen zu ihnen ganz abgebrochen. Für sie stand fest, daß Mohan sie um die Unterhaltsbeihilfe betrog, deren Überweisung an die Brüder er eingestellt hatte. Wer würde sich unter solchen Umständen um Kasturbai kümmern, falls sie in Indien erkrankte? Jeder von beiden hatte seine eigenen Gründe für den Wunsch zusammenzubleiben, und so entschieden sich beide trotz des kalten Winters für England.

Für Kasturbai war es die erste Englandreise. Obwohl ihr bewußt war, daß sie kaum Zeit für Sehenswürdigkeiten finden würde, war sie verständlicherweise erregt durch die Aussicht, den Ort kennenzulernen, an dem Mohan als junger Mensch ausgebildet worden war. Sie hegte auch die Hoffnung, einigen seiner Freunde zu begegnen, obgleich sie wußte, daß sie der Unterhaltung in Englisch nicht gewachsen war.
Die Seereise nach England verlief ohne Zwischenfall, abgesehen davon, daß Kasturbai neue Weltteile kennenlernte.
Sie erreichten England, als die Wolken des Krieges sich erheblich verdichteten. Mohan wurde unerbittlich von dem Gedanken ergriffen, ein Ambulanz-Korps zu organisieren. Alle rieten ihm davon ab, auch Kasturbai. Sie betrachtete es als glückhaften Zufall, daß sie ihn nach England begleitet hatte, um das zu vermeiden. Schließlich waren es aber die Differenzen mit den britischen Behörden, die die Idee mit dem Ambulanz-Korps gegenstandslos machten.
Als sich die britischen Behörden weigerten, Kallenbach, einem Deutschen, die Ausreise nach Indien zu erlauben, mußten sich Mohan und Kasturbai von Kallenbach trennen und ihren Weg allein gehen.
Für Kallenbach bestand keine Veranlassung, in England zu bleiben, wo er als Deutscher inhaftiert worden wäre. Er reiste unverzüglich nach Südafrika zurück, nachdem Mohan und Kasturbai nach Indien abgereist waren.
Beim Abschied bat Kasturbai voll Tränen Kallenbach, ein Auge auf ihren Sohn Manilal zu werfen, der ohne elterlichen Schutz allein in Südafrika war.
In Indien wurde Kasturbai und Mohan ein herzlicher Empfang bereitet. Mohan stürzte sich gleich in eine Analyse der indischen Politik. Kasturbai folgte ihm, wohin er auch ging. So begleitete sie ihn nach Poona, um B. G. Gokhale zu besuchen, der Mohans politischer Lehrmeister war. Gokhale befand sich nicht bei bester Gesundheit, aber sie wurden warm empfangen.
Kasturbai war begierig darauf, ihre Kinder wiederzusehen, die mit dem Rest der Phönix-Gemeinschaft in Kalkutta unter der Fürsorge von C. F. Andrews und dem Dichter Rabindranath Tagore lebten.
Aber es gab gewisse Verpflichtungen, die sie zu erfüllen hatten, bevor sie nach Kalkutta fuhren.
„Wir sollten nach Rajkot fahren und dort unsere Verwandten besuchen", erinnerte sie Mohan in Poona. Sie hatte den starken Wunsch,

die Frau von Mohans älterem Bruder, die inzwischen verwitwet war, aufzusuchen. Mohans Bruder war einige Monate zuvor gestorben.
Lange vor seinem Tod hatte er den großen Wunsch geäußert, Südafrika kennenzulernen, obwohl zu diesem Zeitpunkt seine Beziehung zu Mohan bereits gespannt war. Man darf annehmen, daß sein Wunsch, nach Südafrika zu reisen, nicht so sehr darauf gerichtet war, Mohan und seine Familie zu besuchen, als vielmehr zu überprüfen, ob Mohan wirklich, wie er angab, allen materiellen Besitz aufgegeben hatte. Dieser Gedanke hatte ihn sein ganzes Leben beschäftigt. Er konnte einfach die Tatsache nicht akzeptieren, daß jemand eine lukrative Praxis aufgab. Unglücklicherweise ging es mit seiner Gesundheit bergab, und er verstarb nach einigen Monaten.
„Ja, Du hast recht!“ stimmte Mohan Kasturbai zu. „Wir werden direkt nach Rajkot fahren.“
Gokhale hatte inzwischen Mohan gedrängt, sich wenigstens für ein Jahr aus der indischen Politik herauszuhalten. „Fahre im Lande umher, sieh Dich um, beobachte, höre zu, berichtige Deine Ideen und erst dann steig ein!“ sagte er.
Mohan versprach, diesem Rat getreu zu verfahren.
Als sie schließlich in Kalkutta ankamen, waren sie glücklich, daß sich die Phönix-Gemeinschaft in Shantiniketan wie zu Hause fühlte. Die ganze Zeit waren sie deswegen besorgt gewesen.
Mohan hatte sich freilich irgendwo niederzulassen, aber wo, hatte er noch nicht entschieden. Er dachte, für eine Weile sollten alle in Shantiniketan bleiben, wo er Zeit fand, darüber nachzudenken.
Aber das sollte nicht sein. Gokhales plötzlicher Tod erschütterte ihn sehr und rief ihn zurück nach Poona. Mit Kasturbai und Maganlal Gandhi, einem Cousin, machte er sich auf den Weg nach dort. Die anderen ließ er in Shantiniketan zurück.
Kasturbai war inzwischen an das dauernde Reisen gewöhnt. Zwar hatte sie keinen Spaß daran, aber sie schätzte die Gelegenheit, mit Mohan zusammenzusein. Auch er war von ihr abhängig geworden.
Nachdem er so viele Jahre in einer durchorganisierten Gesellschaft in Südafrika gelebt hatte, fand Mohan auf Schritt und Tritt die Zustände in Indien ganz entsetzlich. Selbst der einfache Vorgang des Erwerbs einer Eisenbahnfahrkarte war äußerst desorganisiert. Die Menschen folgten nicht der Regel, daß, wer zuerst kommt, auch zuerst bedient wird. In einen Zug zu gelangen, glich einem Kampf mit der Menge. Bei jedem

Schritt mußte man stark und keck sein, und die Beamten interessierten sich am wenigsten für die Rechte und Bequemlichkeiten der Fahrgäste. Die Menschen waren auch schmutzig und rücksichtslos. Mit jedem Schritt lernten Kasturbai und Mohan neue Lektionen hinzu und wurden sich der Aufgabe bewußt, die vor ihnen lag.
Mehrere Monate lang fuhren sie im Lande umher, sahen sich um und lernten dazu. Sie fanden auch einen Ort, an dem sie sich mit ihrem Ashram niederlassen konnten. Einem peinlichen Umstand mußten sie ins Auge blicken: Sie hatten keinerlei Geld, um es in irgendein Projekt zu investieren.
Kasturbai war darauf aus, sich irgendwo in Gujarat niederzulassen. Ihre Begründung war, daß sie sich unter Menschen, die zu ihr in der eigenen Sprache redeten, eher zu Hause fühle. Mohan stimmte dem Vorschlag zu, weil auch er eine starke Bindung an seine engere Heimat Gujarat empfand. Indem er Gujarat diente, könnte er dem ganzen Land dienen.
Die Lösung des Problems ergab sich bei der zufälligen Begegnung mit einem bekannten Rechtsanwalt aus Gujarat. Kasturbai und Mohan erläuterten gerade Freunden in Ahmedabad ihren Wunsch, als dieser Anwalt die Nutzung seines Landhauses in einem Dorf namens Kochrab, ein paar Meilen von Ahmedabad, anbot.
„Wenn Sie wollen, können Sie sich dort mit Ihrem Ashram niederlassen", sagte er.
Mohan und Kasturbai besuchten den Ort und fanden übereinstimmend, daß er nicht besser hätte sein können und sie ihn nehmen wollten.
Es wurde ein Ausschuß von Freunden gebildet, die sich um finanzielle und andere Hilfe für den Ashram bemühen wollten.
Aber Mohan machte ihnen nachdrücklich bewußt: „Mein Ashram wird für alle Kasten offen sein. Ich nehme auch eine kastenlose Familie auf, wenn sie in den Ashram eintreten will."
Die Freunde lachten: „Da mußt Du zuerst eine Familie finden, die bereit ist, mit Euch zu leben", sagten sie. Sie waren überzeugt, daß kein Harijan jemals einwilligen würde, mit Mohan in dem Ashram zu leben, einmal wegen der strengen Regeln, die Mohan festgelegt hatte, sodann auch weil eine Harijan-Familie den Zorn der Gesellschaft fürchtete, die argwöhnt, eine solche Harijan-Familie versuche, die gesellschaftlichen Schranken zu durchbrechen.
Der Kochrab-Ashram wurde gegründet, und die Phönix-Gruppe verband

sich wieder mit Kasturbai, die noch einmal von der Hoffnung erfüllt wurde, ein ruhiges, einfaches Leben zu führen.
Kurz darauf erhielt jedoch Mohan einen Brief von Thakkar Bapa, einem Mitglied der Gesellschaft der Diener Indiens in Poona, in dem es hieß, in Bombay sei eine Harijan-Familie bereit, in den Ashram einzutreten. Es waren Dudhabhai, Daniben und ihre Tochter Laxmi. Mohan zeigte den Brief allen 25 Mitgliedern des Ashrams. Alle wußten, dies war es, was Mohan stets gewollt hatte. Sie willigten ein, die Familie in ihrer Mitte willkommen zu heißen. Selbst diejenigen, die persönliche Vorbehalte hatten, wagten nicht, dieser revolutionären Neuerung Widerstand entgegenzusetzen.
Kasturbai hatte schon lange ihre Identität mit der von Mohan verbunden und war bereit, alles zu tun, was ihn glücklich machte. In Südafrika hatte sie die Nachtgeschirre von Fremden geleert, die bei ihnen gewohnt hatten. Jedesmal hatte sie jedoch versichert, sie hätte ein Vollbad genommen und ihre Kleider gewechselt. Viele ihrer Vorurteile waren abgeschwächt worden. Aber der Gedanke, das Haus, die Küche und das Geschirr mit einem Unberührbaren zu teilen, hatte in Indien etwas Unerträgliches. Doch sie behielt ihre Vorbehalte für sich.
Die Frauen, allen voran Kasturbai, beschlossen, sich auf ihre Weise darum zu kümmern, daß die Unberührbaren-Familie nicht die Küche und die Nahrung befleckte. Es war das erste Mal, daß sie ihrem tiefverwurzelten Vorurteil ausgeliefert wurden. Wie die Freunde in Ahmedabad waren auch die Mitglieder von Mohans Ashram davon überzeugt gewesen, daß Mohan niemals eine Harijan-Familie überreden könne, in den Ashram einzutreten. Solange es nur eine Frage der theoretischen Übereinstimmung mit Mohan war, hatten sie nichts dagegen gehabt.
Zu ihrem größten Entsetzen war dies nun Wirklichkeit geworden. Während die anderen Mohan notfalls verlassen und weggehen konnten, konnte sie das nicht.
Niemand jedoch verließ Mohan. Alle blieben da. Als die Harijan-Familie ankam, wurde sie, wie jeder andere, willkommen geheißen.
Außerhalb des Ashrams begegnete man den Harijans mit Feindseligkeiten. Als zum Beispiel Dudhabhai und die anderen Männer des Ashrams zum Brunnen gingen, um Wasser zu holen, machten die Nachbarn eine Szene, beschimpften und beleidigten Dudhabhai und versuchten, ihn zu einer Schlägerei zu provozieren, so daß sie eine Ausrede hatten, wenn sie ihn verprügelten.

Mohan sah diese Gefahr voraus und warnte jeden, besonders Dudhabhai, sich provozieren zu lassen, wie sehr man ihnen auch beleidigend begegnen werde. Jeder ging seiner Tätigkeit wie gewöhnlich nach und ignorierte die Bemerkungen der Nachbarn. Nach kurzer Zeit gaben die Nachbarn auf und begannen, Dudhabhai als einen der ihren zu akzeptieren.

Der schwerste Schlag sollte aber noch kommen. Als bekannt wurde, daß Mohan eine Harijan-Familie in dem Ashram aufgenommen hatte, wandten sich Freunde ab, die Beiträge für den Ashram-Fond geleistet hatten. Sie waren nicht mehr daran interessiert, Mohan zu unterstützen.

Die eigentliche Verwaltung des Ashrams lag in den Händen von Mohans Cousin Maganlalbhai, der normalerweise Mohan niemals mit materiellen Dingen wie Versorgungsmaßnahmen für den Ashram belästigte. Maganlal bewältigte dies alles sehr gut allein, bis er erkannte, daß die Mittel des Ashrams mehr und mehr versiegten. Auf Rückfragen wurde ihm mitgeteilt, daß sich die regelmäßigen Spender zurückgezogen hätten. Neue Spender ausfindig zu machen, ging über seine Fähigkeiten hinaus.

Als die Sache dringend wurde, sandte er Mohan eine Botschaft, in der er von der finanziellen Krise berichtete. Voll Vertrauen in die Güte von Mensch und Gott riet Mohan zum Gebet. Die Antwort darauf blieb nicht aus. Der Textil-Magnat Ambalal Sarabhai fuhr zum Ashram und hinterließ dort 13000 Rupien.

Während dieser äußeren Krise fand Mohan keine Zeit, die subtile Diskriminierung der Harijan-Familie zu erkennen, die im Ashram von einigen Frauen einschließlich Kasturbai praktiziert wurde. Zum Beispiel wurde Daniben nicht erlaubt, beim Kochen zu helfen. Oder Dudhabhai wurde draußen vor der Küchentür angehalten. Oder wenn sich einer von den Harijans zufällig in die Küche verlief und irgendwelche Haushaltsgegenstände berührte, wurden diese sofort gewaschen.

Der Glaube an die Unberührbarkeit war so tief im Bewußtsein dieser älteren Frauen eingewurzelt, daß es schwierig war, ihn wieder auszurotten. Sie sahen nicht, wie unmenschlich sie sich verhielten. Für sie war eine unberührbare Person jemand, der Nachtgeschirr leert, reinigt und zurückbringt. Sie betrachteten das als eine äußerst schmutzige Arbeit und wußten nie, ob die betreffende Person anschließend gebadet und die Kleider gewechselt hatte. Wenn solche Regeln von der Hindu-Religion seit mehreren tausend Jahren gepredigt worden sind, können sie beim Einzelnen nicht in wenigen Monaten oder Jahren ausgerottet werden.

Kasturbai wußte, daß sie nicht richtig handelte. Ihr Bewußtsein war durch ihre Reisen nach Südafrika zwar geweitet worden. Aber in dem Augenblick, als sie dem Problem gegenüberstand und eine religiöse Barriere niederzubrechen hatte, erlebte sie, daß es ihr an dem nötigen Mut fehlte, dessen es bedurfte.

Sie hätte vielleicht anders gehandelt, wenn Mohan dieses Problem in all den Jahren einmal mit ihr besprochen hätte. Aber das hatte er nicht getan. Er hatte es als selbstverständlich betrachtet, daß sie von diesem Vorurteil automatisch, allein dadurch, daß sie seine Frau war, frei wurde.

Andererseits war Kasturbai selbstbewußt und fühlte sich unabhängig und erlaubte niemandem, auch nicht Mohan, es als „selbstverständlich" zu betrachten, daß sie sich wandelte. Sie war bereit, sich zu wandeln, aber nur, wenn alles fein säuberlich erklärt wurde.

Mohan war durch das vorurteilsvolle Verhalten der Leute außerhalb des Ashrams weder überrascht noch verletzt. Aber er war überzeugt, daß seine eigenen Leute die Harijans nicht diskriminieren würden. Deshalb war er schockiert, als er von dem Verhalten der älteren Frauen des Ashrams erfuhr.

Seine Enttäuschung äußerte er eines Abends bei der Zusammenkunft zum Gebet. Er teilte seinen Leuten mit, sie könnten jederzeit den Ashram verlassen, wenn das die Art und Weise sei, in der sie sich der Familie eines Mannes gegenüber verhalten wollten, der sich entschlossen hatte, mit ihnen zusammenzuleben. Er sagte, er würde eine solche ungleiche Behandlung von niemandem im Ashram hinnehmen.

An jenem Abend kam es zu einer Gewissenserforschung. Alle, die sich diskriminierend verhalten hatten, gingen zu Mohan auf sein Zimmer und entschuldigten sich. Sie sagten, sie hätten ihn keineswegs verletzen wollen, noch hätten sie persönlich etwas gegen die Harijan-Familie. Sie seien lediglich jedesmal, wenn sie die Harijan-Familie sahen, von religiösen Vorstellungen geleitet worden und zu ängstlich gewesen, die alten Lehren zu mißachten. Sie taten auch Abbitte bei Dudhabhai und Daniben, weil sie sie gekränkt hätten, und versprachen, sie würden so etwas nicht wieder tun. Die Harmonie kehrte wieder in den Ashram zurück.

Dudhabhai und Daniben hatten ein kleines Mädchen namens Laxmi. Das Baby war ein reizendes Kind. Da sich nun Kasturbai von ihrem Vorurteil befreit hatte, wurde ihr zum erstenmal das Harijan-Kind richtig bewußt. Kasturbai hatte nie eine Tochter gehabt. Wie die meisten indischen Mütter sehnte sie sich danach.
An den darauffolgenden Tagen kümmerte sich Kasturbai ganz intensiv um Laxmi. Sie benutzte jede freie Minute, um nach dem Kind zu sehen oder mit ihm zu spielen, es zu füttern und sogar zu waschen.
Dudhabhais Eintritt in den Ashram, so scheint es, hatte nur den Sinn, allen in bezug auf das Zusammenleben der Kasten eine Lektion zu erteilen. Denn er blieb nicht lange im Ashram. Er hatte eine Anstellung in Bombay und bat um die Erlaubnis, nach dort zurückzugehen.
Mohan bedauerte das natürlich, aber er konnte Dudhabhai nicht von seinem Vorhaben abbringen. Noch mehr bedauerte das Kasturbai.
„Ihr mögt gehen, wenn Ihr wollt, aber können wir nicht wenigstens Laxmi hier behalten?" fragte sie.
„Wer kümmert sich um Laxmi, wenn sie hier bleibt?" fragte Mohan belustigt.
„Ich werde es tun!" antwortete Kasturbai.
Das Harijan-Ehepaar stand während dieses Wortwechsels in betretenem Schweigen da.
„Vielleicht können wir das Kind hier behalten, wenn es etwas älter ist", fragte Mohan die Eltern. Darin willigten sie ein.
Laxmi ist heute Großmutter. Ihre Erinnerungen an ihre damaligen Erlebnisse und an die ihrer Eltern werden am besten mit ihren eigenen Worten geschildert. Heute lebt sie in einer kleinen Wohnung in Ahmedabad, wo ihr Sohn und ihre Schwiegertochter arbeiten. Laxmi wurde als die „adoptierte" Tochter Kasturbais und Mohans bekannt. Eine gesetzliche Adoption hat es jedoch nie gegeben. Ihre Eltern schickten sie, „wie versprochen", als sie fünf Jahre alt wurde, zu Kasturbai. Laxmi berichtet:
Gandhiji war meinem Vater als Gandhi Saheb bekannt. Da er Gandhiji nie gesehen hatte, dachte mein Vater, ein Sahib müsse eine bedeutende und eindrucksvolle Person wie ein Prinz sein. Er fragte viele Leute nach dem Weg. Schließlich erreichten wir den Kochrab-Ashram und betraten Gandhijis Hütte.
Dort trafen wir einen zarten Mann, der nichts weiter als ein Leinentuch trug. Er saß in einer Ecke des Zimmers und arbeitete. Da mein Vater ein

großartiges Bild von Gandhi in seiner Vorstellung hatte, dachte er, dieser Mann dort müsse so etwas wie sein Sekretär sein.
„Wo können wir Gandhiji treffen?“ fragte mein Vater. Gandhiji lächelte und sagte: „Sie sind genau richtig hier!“ Da er uns erwartet hatte, erriet er, wer wir waren.
Bevor mein Vater seine Fassung wiedergefunden hatte, fragte Gandhiji: „Sind Sie nicht Dudhabhai aus Bombay?“
„Ja, ja“, stammelte der.
Gandhiji bat uns, Platz zu nehmen und es uns bequem zu machen. Mein Vater gehorchte zögernd und beantwortete zunächst einmal alle Fragen, die Gandhiji stellte.
Etwas später meinte Gandhiji: „Heute seid Ihr unsere Gäste und eßt mit uns!“
Mein Vater zögerte noch, da er nicht wußte, wie die anderen beim Essen auf einen Harijan reagieren würden, der unter ihnen weilte, um mit ihnen zu essen. Er sagte zu Gandhiji: „Bitte, machen Sie damit keine Umstände, ich kann mit der Familie irgendwo draußen in einem Restaurant essen.“
„Unsinn“, sagte Gandhi. Er hatte wahrscheinlich erraten, warum mein Vater außerhalb essen gehen wollte. Aber keiner von beiden sprach es aus.
In jenen Tagen experimentierte Gandhiji mit seiner Diät. Er wollte, daß alle, die mit ihm zusammenlebten, Genuß und Geschmäcklerei mieden, daher war das gekochte Essen sehr einfach und salzlos.
An einem bestimmten Tag hatten sie Bitterkürbis gekocht, der selbst dann noch bitter schmeckt, wenn er mit allen Gewürzen zubereitet wird. Im Ashram wurde er schlicht gekocht und ungesalzen gereicht. Er war kaum hinunterzubringen, aber meine Eltern aßen ihn tapfer.
Nach dem Essen wandte sich mein Vater an Gandhiji, denn er war der einzige, den er bis jetzt gesprochen hatte, und fragte: „Wenn Sie mir zeigen, wo der Wasserhahn ist, gehen wir hin und spülen unsere Teller.“
Darauf rief Gandhiji laut: „Rama!“ Das war der abgekürzte Name von Mohans drittem Sohn Ramdas, aber mein Vater wußte das nicht. In Bombay, von wo wir gerade gekommen waren, ist „Rama“ die umgangssprachliche Bezeichnung für einen Hausdiener.
Als der zierliche Junge kam, sagte Gandhiji zu ihm: „Nimm bitte das Geschirr und spüle es!“ Der Junge nahm es gehorsam und ging.

Mein Vater wehrte sich und sagte, er würde es gern selbst spülen, da er dachte, selbst ein Diener könnte etwas dagegen haben, das Geschirr eines Harijans zu spülen, wenn er davon erfährt. Aber Gandhiji bestand darauf, und so hatte mein Vater keine Einwände.
Er folgte jedoch dem Jungen zu der Wasserzapfstelle und begann, sich mit ihm zu unterhalten.
„Wieviele Kinder hat Gandhi, und wo sind sie jetzt?" fragte er.
Während dieser Unterhaltung erfuhr mein Vater, daß „Rama" in Wirklichkeit einer der Söhne war.
Nun verwirrte ihn noch mehr, daß der Sohn eines so bedeutenden Mannes sein Geschirr spülen sollte. Er versuchte, es ihm wegzunehmen und selbst zu spülen, aber Rama sagte: „Sie sind ein Gast des Ashrams, und es ist unsere Pflicht, es Ihnen behaglich zu machen."
Als das Geschirr gespült war, fragte mein Vater, ob er ein Glas Wasser zu trinken haben könne. Rama nahm ihn mit in die Küche, wo Kasturbai und Santokben, die Frau von Gandhijis Vetter Chaganlal, saßen.
Nachdem Rama ihm das Glas Wasser gegeben hatte, verwickelte Kasturbai meinen Vater in ein Gespräch. Sie fragte ihn, wo er herkomme und was wir machten. Dann fragte Santokben, so als ob sie nach dem Namen dieses Mannes fragen wollte: „Entschuldigen Sie, welcher Kaste gehören Sie an?"
Zögernd antwortete Dudhabhai, er sei ein Harijan. Er wußte, was ihre Reaktion sein würde. Und um weitere Peinlichkeiten zu vermeiden, drehte er sich um und verließ die Küche, wobei er die beiden Frauen entsetzt zurückließ.
Santokben fand als erste die Sprache wieder. Sie wußte zwar ebenso wie Kasturbai, daß sie beide ihr Mißfallen nicht zur Schau stellen durften, sie empfahl aber, die Küche sofort zu schrubben, das von Dudhabhai benutzte Geschirr zu spülen und noch eine bestimmte Buße für beide, um sich von der Verunreinigung zu befreien. Das alles machten sie sehr unauffällig.
An den folgenden Tagen wurden wir natürlich von allen als Mitglieder der Ashram-Gemeinschaft akzeptiert. Kasturbai und meine Mutter kamen gut miteinander aus und verrichteten die Küchenarbeit gemeinsam.
Nach einigen Wochen mußten wir wieder zurück. Mein Vater hatte an seine Anstellung als Lehrer zu denken, die er um des Experimentes von Gandhiji willen noch nicht aufgeben wollte. Ich war noch zu jung, um

im Ashram zurückgelassen zu werden. So versprach mein Vater Kasturbai, daß er mich zurückschicken werde, sobald ich fünf Jahre alt sei. Außerdem werden wir jedesmal zum Ashram kommen, wenn wir Ferien haben, fügte sie hinzu.

So kam es, daß ich im Alter von fünf Jahren zurückkam, um bei Kasturbai zu leben. Aber die Verhältnisse hatten sich inzwischen geändert. Der Ashram war von Kochrab nach Sabarmati umgezogen. Dort lebten im Ashram mehr Menschen, und Kasturbai war jetzt zu sehr mit den zunehmenden Aktivitäten Gandhijis befaßt, als daß sie sich allein meiner Fürsorge hätte widmen können.

Damals war Gandhijis Schwester in den Ashram eingetreten, um dort zu leben. Zwar glaubte sie an das Kastensystem. Sie kümmerte sich aber um mich, weil Gandhiji darauf bestand. Devadas, Gandhijis jüngster Sohn, war begeistert, weil er eine jüngere Schwester bekam. Er verbrachte einen großen Teil seiner freien Zeit damit, mit mir zu spielen.

Putlibai, Gandhijis Schwester, war mehr als nur gekränkt, daß sie sich um ein Harijan-Mädchen kümmern sollte. Ich verurteile sie deswegen nicht, denn alte Gewohnheiten sterben nur langsam ab, besonders wenn sie durch die Religion tief eingewurzelt sind. Wenn sie etwas für mich tat, achtete sie darauf, daß sie mich nicht berührte, und wenn ich sie unabsichtlich doch berührte, nahm sie sofort ein Bad und wechselte alle ihre Kleider.

Die Jahre gingen dahin. Gandhiji setzte die Freiheitsbewegung in Gang. Später zog ich um in ein Mädchenheim und ging zur Schule.

Einige Jahre später wurde ich mit einem südindischen Brahmanen verlobt. Sein Name war Marutayya. Er lebte im Ashram. Der Heiratsantrag wurde von Gandhiji und Kasturbai vorgebracht Ich war damals an Heirat nicht sehr interessiert, so wurde die Hochzeit um zwei Jahre verschoben. Inzwischen nahm ich am Freiheitskampf teil, wurde mit anderen Mädchen meines Alters verhaftet und ins Gefängnis geworfen.

Während dieser Zeit erfuhr ich, daß auch Kasturbai und Gandhiji im Gefängnis waren. Da mein Heiratsmoratorium abgelaufen war, legten die Ashram-Mitglieder, die noch frei waren, die Hochzeitszeremonie auf den Tag nach meiner Freilassung fest. Aber ich war immer noch nicht bereit zu heiraten. Als ich von der Zeremonie erfuhr, besuchte ich Kasturbai im Gefängnis und bat um ihre Hilfe, die Hochzeit zu verschieben. „Wenn es alle so wünschen", sagte sie mir, „solltest Du Deine Hochzeit nicht weiter verschieben."

„Aber Ba“, wandte ich ein, „ich möchte an der Bewegung teilnehmen.“
„Das kannst Du auch nach Deiner Heirat tun“, sagte sie. „Es gibt keinen Grund, all Deine Aktivitäten aufzugeben.“
Ich erkannte, daß weitere Auseinandersetzungen zwecklos waren. So heirateten Marutayya und ich 1933. Kasturbai und Gandhiji sandten ihre Segenswünsche aus dem Gefängnis.
Nach der Hochzeit zog ich um nach Bardoli, wo mein Mann in einem Heim-Industrie-Zentrum arbeitete, in dem sie das Spinnrad zu verbessern versuchten. Später wurde dieses Zentrum nach Ahmedabad verlegt, und auch wir zogen nach dort.
Ich wollte im Ashram leben. Aber Gandhiji gestattete es nicht. Es galt als Gesetz, daß nur diejenigen im Ashram leben durften, die dort auch arbeiteten. Da die Arbeit meines Mannes nicht mit dem Ashram verknüpft war, konnten wir dort nicht bleiben.
Doch ich ging oft zu Ba und wohnte bei ihr, wie es eine indische Braut zu tun pflegt, die hingeht und ein paar Tage mit ihren Eltern verbringt. Sooft ich zu ihr kam, Ba war stets um mich bemüht. Sie sorgte dafür, daß ich alles zu essen bekam, was ich gern mochte. Sie gab mir neue Kleider und Geschenke für meinen Mann, später sogar für meine Kinder. Im Ashram waren Geschenke eigentlich verboten, es wurden aber immer kleine Ersatzgaben für mich zustande gebracht.
Bezüglich der Geschenke erinnere ich mich eines lustigen Wortwechsels zwischen Ba und Gandhiji zur Zeit meiner Heirat.
Wie ich schon sagte, waren beide zu der Zeit im Gefängnis, und ich war hingegangen, um sie zu besuchen. Gandhiji sagte zu Kasturbai im Scherz: „Ich meine, Du solltest Laxmi alles Gold, das Du gehortet hast, zur Hochzeit schenken.“
„Gold?“, sagte sie mit gespieltem Zorn. „Mit einem Dieb wie Dir in der Nähe erwartest Du, daß einer Gold hat?“
Dann brachen beide in helles Gelächter aus.
Jahre später starb mein Mann. Er ließ mich mit zwei Kindern zurück. Ich ersuchte um die Erlaubnis, mit meinen Kindern im Ashram zu leben, wurde aber von Lasmidas Asher, der damals zuständig war, darauf hingewiesen, daß ich dem Ashram allen Schmuck und alles Geld, das ich besaß, zu schenken habe und daß außerdem erwartet würde, daß ich acht Stunden am Tag arbeitete, um den Lebensunterhalt zu verdienen.
„Ich kann diese Bedingungen nicht annehmen“, sagte ich, „da ich an meine Kinder denken muß.“

Dann schrieb ich an Gandhiji, der in Delhi war, und fragte ihn, ob er die Ashram-Regel einmal beugen könne, um mich unterzubringen. Er schrieb zurück und verneinte dies.
„Regeln werden gemacht, um beachtet, nicht um gebeugt oder gebrochen zu werden", schrieb er mir.
So zog ich in mein altes Haus in Ahmedabad und erhielt einen Posten als Schwesternhelferin in einem privaten Mütter-Hospital in der Nachbarschaft.
Als ich bei einer anderen Gelegenheit Kasturbai in Ahmedabad besuchte, gingen gerade einige Ashram-Bewohnerinnen aus, um Saris zu kaufen. Ich schloß mich ihnen an.
Gandhiji hatte es damals zur Regel gemacht, daß Baumwollkleidung nur gekauft werden konnte, wenn man selbst handgesponnenes Garn dagegen eintauschte. Nach meiner Heirat war ich zu träge gewesen und hatte mehrere Jahre nicht mehr gesponnen. Ich brauchte aber einen Sari. So kaufte ich erst einmal Garn, dann tauschte ich es gegen einen Sari ein.
Als wir nach dem Einkauf zum Ashram zurückkehrten, machten Gandhiji und Kasturbai ihren abendlichen Spaziergang. Er sah uns kommen und fragte, wo wir gewesen seien. Eines der Mädchen antwortete, sie seien ausgegangen, um Saris zu kaufen.
Gandhiji fragte, wie viele von uns ihr eigenes Garn gesponnen hätten. Da konnte nicht gelogen werden. So stellte sich heraus, daß ich die einzige war, die das Garn gekauft hatte.
„Das hätte ich nicht von meiner eigenen Tochter gedacht!" sagte er.
Kasturbai stand dabei und hörte schweigend zu.
„Warum hast Du nicht gesponnen?" fragte er.
„Ach, ich hatte keine Zeit", log ich.
„Bist Du den ganzen Tag so beschäftigt, daß Du nicht eine Stunde dem Spinnen widmen kannst?" fragte er.
Ich konnte nicht weiter lügen und schwieg deshalb.
„Ich fürchte, Du mußt den Kauf rückgängig machen und den Sari zurückbringen", sagte er.
Ich war sehr enttäuscht, wagte aber nichts einzuwenden.
Kasturbai übernahm meine Verteidigung: „Laß das Mädchen den Sari behalten. Sie wird versprechen, es nicht wiederzutun."
„Nein, ich kann keine Ausnahme machen", sagte er unnachgiebig, „am wenigsten bei Familienangehörigen."

Kasturbei wandte sich zu mir, legte den Arm um meine Schulter und sagte: „Gut, mein Mädchen. Du sollst wissen, wie streng Dein Vater ist. Wenn er nein sagt, kann ich ihn nicht umstimmen. Außerdem weißt Du, daß Du im Unrecht bist."
So mußte ich am nächsten Tag zu dem Laden gehen und den Sari zurückgeben.
Manchmal wurden die Regeln ohne Wissen Gandhijis doch gebrochen. Hier ein Beispiel:
Als ich verheiratet wurde, wollte mir Premaben Kantak, die ebenfalls im Ashram lebte und die mich stets als ihre jüngere Schwester betrachtet hatte, ein Hochzeitsgeschenk geben. Aber Geschenke waren im Ashram verboten. Außerdem war keinem Mitglied des Ashrams gestattet, Wertgegenstände wie Schmuck zu behalten. Premaben hatte es jedoch fertiggebracht, eine goldene Kette zu verbergen. Als ich den Ashram mit meinem Mann verließ, kam sie, um uns zum Bahnhof zu bringen.
Sanft legte sie die Kette um meinen Hals und flüsterte mir ins Ohr: „Das ist ein wertvolles Familien-Erbstück, das ich vor Bapuji (Gandhi) verbergen konnte. Ich möchte, daß Du es als Hochzeitsgeschenk bekommst."
Ich war begeistert und trug es stets um den Hals.
Die meisten Frauen, vor allem die von außerhalb, die Gandhiji besuchen kamen, ließen ihren wertvollen Schmuck zu Hause, da Gandhiji wohlbekannt dafür war, daß er sie überredete, den Schmuck dem Ashram zu schenken.
Als ich das erstemal nach meiner Hochzeit zum Ashram zurückkam, um Kasturbai und Gandhiji zu besuchen, vergaß ich, die goldene Kette abzulegen, bevor ich das Ashram-Gelände betrat und ging, wie üblich, direkt in Gandhis Zimmer. Als mir bewußt wurde, daß ich noch die Kette um meinen Hals trug, zog ich das lose Ende meines Saris um den Hals, um die Kette zu verbergen. Aber Gandhiji war schneller.
„Was willst Du vor mir verbergen?" fragte er scherzhaft.
„Nichts, Bapuji", sagte ich demütig.
„O doch, Du verbirgst etwas, das um Deinen Hals hängt", sagte er lächelnd. „Ich weiß, es ist eine goldene Kette."
Aber er fragte mich nicht, woher ich sie hatte, noch befahl er mir, sie an die Armen wegzugeben. Das war ungewöhnlich.
Ein befremdendes Phänomen, das der Ashram Gandhijis hervorbrachte, war eine große Zahl von Spähern und Zuträgern. Häufig wurde selbst

Kasturbai davon betroffen. Aber sie konnte mit solchen Fällen selbst fertig werden. Nicht so einfach war es für die anderen, so im Falle von Manilal, der für sechs Monate verbannt wurde, bloß weil er ein paar Rupien an seinen älteren Bruder geschickt hatte, der als Alkoholiker bekannt war. —

Wegen dieses Zustandes geriet auch Laxmi bei mehreren Gelegenheiten in Schwierigkeiten. Es sieht so aus, als ob jeder, der auf irgendeine Weise mit Gandhiji in Verbindung stand, zu einem selbsternannten Wächter über die Moral anderer Leute wurde und Freude daran hatte, andere in der Wertschätzung Gandhis herabzusetzen, um selbst höher zu steigen.

Laxmi erzählt uns aus der Zeit nach ihrer Hochzeit von einer Reise nach Bombay, wo sie ihre Eltern besuchte. Jemand hatte ihr einen weißen Sari zur Hochzeit geschenkt. Laxmi wollte gern einige Muster darauf gedruckt bekommen. Ihre Freunde in Baroda empfahlen ihr, sie solle ihn mit Stickereien verzieren.

Laxmi wußte, daß Gandhi solche teuren Modelle nicht leiden konnte: Aber meine Freunde bestanden darauf und sagten, ich brauche mir über die Ashram-Regeln keine Sorgen zu machen, da ich nicht mehr im Ashram lebte.

Schließlich gab ich den Sari in Bombay zum Besticken weg und ging Armreifen einkaufen. Jemand sah das, schrieb sofort an Bapuji und stellte es übertrieben dar. Er behauptete, ich hätte einen Sari mit goldenen Fäden besticken lassen und Armreifen im Werte von 100 Rupien gekauft.

Bapuji war natürlich sehr betrübt. Er schrieb mir folgendes: „Du bist die Tochter eines armen Vaters und die Frau eines armen Mannes. Solche Extravaganz geziemt sich nicht für Dich. Wenn Du so sehr darauf aus bist, Dich schön zu machen, solltest Du wilde Blumen pflücken und Girlanden daraus binden, die um Hals und Handgelenke getragen werden. Das kostet kein Geld.“ Ich schrieb sofort zurück, klärte die Tatsachen auf und versicherte Bapuji, daß ich nicht extravagant sei. Bapu fragte Maruti, meinen Mann, ob das stimme, erst dann betrachtete er den Fall als erledigt.

Öfters bemühte ich mich, wenn ich Kasturbai und Gandhiji besuchen ging, ihnen zu Diensten zu sein. Gandhiji zum Beispiel hatte es gern, wenn jemand abends, bevor er zu Bett ging, seine Füße mit etwas Fett massierte.

Eines Tages kam ich zu spät. Ein anderes Mädchen hatte bereits angefangen, seine Füße zu massieren. Kasturbai und zahlreiche andere Personen hielten sich ebenfalls in dem Zimmer auf.
„Laß mich Deine Füße massieren", bat ich Kasturbai.
Sie sah mich an und lachte. „Ich brauche keinerlei Bedienung. So, wie ich bin, fühle ich mich wohl. Aber so wie Du ausschaust, scheinst Du etwas Pflege zu brauchen. Die beiden Geburten haben Deine Gesundheit so sehr mitgenommen, daß man meinen könnte, Du hättest nicht zwei, sondern 22 Kinder."
Kasturbai war sehr wachsam und hatte ein aufmerksames Auge für jeden. Sie war für uns alle mehr als eine richtige Mutter. Aber sie war auch sehr streng und erwartete von uns, daß wir jede Arbeit, die uns aufgetragen war, sorgfältig verrichteten.
Vor meiner Hochzeit gab es eine Zeit, in der ich mein Zimmer mit zwei anderen Mädchen aus dem Ashram teilte. In jenen Tagen waren die Morgenandachten auf fünf Uhr festgesetzt. Von jedem wurde erwartet, daß er teilnimmt. Die Glocke läutete 15 Minuten vor der Gebetszeit, so daß alle, nachdem sie sich gewaschen hatten, anwesend sein konnten. Das war besonders beschwerlich während des Winters, als es sehr kalt war und man trotzdem in aller Herrgottsfrühe aus seinem gemütlichen Bett mußte.
Eines Wintermorgens schlief ich weiter. Bapu und Ba gingen an meinem Zimmer vorüber. Da Ba meine morgendlichen Schwierigkeiten kannte, wollte sie prüfen, ob ich aufgestanden war. Ich war es natürlich nicht. Sie weckte mich auf und bat mich, zum Gebetsplatz zu eilen. Ich erhob mich, griff nach einem Kamm und sagte: „In fünf Minuten werde ich da sein."
Ich setzte mich hin, kämmte meine langen Haarsträhnen und schlief dabei wieder ein. Bapu und Ba und all die anderen warteten fünf Minuten. Als ich nicht auftauchte, begannen sie mit dem Gebet. Eine halbe Stunde später kamen sie zurück.
In einer Art Halbschlaf hörte ich ihre Schritte. Da ich wußte, daß Ba anhalten würde, um herauszufinden, warum ich nicht gekommen war, sprang ich aus dem Bett und griff nach dem Kamm.
Ba stand in der Tür und fragte: „Warum kamst Du nicht zum Morgengebet?"
Ich konnte nicht gut sagen, daß ich zu müde war. Stattdessen sagte ich: „Ich konnte mein Haar nicht rechtzeitig herrichten."

„Wenn Dein Haar Deinem Gebet zu Gott im Wege steht, dann muß etwas damit geschehen", erwiderte Kasturbai kühl, holte eine große Schere aus ihrem Zimmer und schnitt mein ganzes Haar ab.
Kasturbai war aber auch sehr gütig. 1932 hatten wir gemeinsam an der Freiheitsbewegung teilgenommen. Zuerst wurden wir in einem Gefängnis in der Stadt Surat untergebracht, später ins Sabarmati-Gefängnis in Ahmedabad überstellt. Wir waren froh, daß Kasturbai bei uns war. Das Essen, das man uns dort gab, war schrecklich. Wir konnten es nicht hinunterbringen. Andererseits war es sinnlos zu protestieren, weil die Behörden nichts daran ändern würden. Kasturbai galt als eine besondere Gefangene und erhielt daher besseres Essen. Sie wußte um unsere Notlage. Da ihr erlaubt war, sich im Gefängnisgelände frei zu bewegen, bewahrte sie etwas von ihrem Essen auf und brachte es zu uns. —

14. Kapitel

Sozialarbeit in Champaran

Im Kochrab-Ashram wurde Kasturbai schließlich von ihren Kastenvorurteilen für immer frei. Sie erkannte, daß sie töricht waren, und entschloß sich, Mohan dabei zu helfen, die Unberührbarkeit auszurotten und einen gesellschaftlichen Wandel im Lande zustandezubringen.
Seit sie von Südafrika zurückgekehrt war, hatte sie stets der Mangel an öffentlicher Hygiene deprimiert. Selbst die armen Inder zogen es vor, lieber im Dreck zu leben, anstatt einen Besen in die Hand zu nehmen und ihre Umgebung sauber zu fegen. Die meisten hatten außerdem die üble Angewohnheit, überall hinzuspucken. Kasturbai wurde davon ebenso abgestoßen wie Mohan.
„Es gibt, so scheint mir", sagte sie eines Tages im Kochrab-Ashram zu Mohan, „andere wichtige Dinge, für die man in Indien zu kämpfen hat, als die Freiheit."
„Denkst Du an dieselben Probleme, über die auch ich nachdenke?" fragte Mohan.
„Ja! Da sind all die sozialen Probleme, denen die Menschen gegenüberstehen, und die Probleme der Hygiene. Es gibt wahrlich so viele Probleme, daß man nicht weiß, wo man anfangen soll, sie zu lösen", sagte Kasturbai etwas erbittert.
„Du hast völlig recht. Ich habe auch darüber nachgedacht", pflichtete ihr Mohan bei, „und ich meine, was wir in Indien brauchen, ist massive Erziehung und eine völlige Veränderung der Haltung des Menschen. Wir werden unseren Kampf an vielen Fronten kämpfen müssen."
Mit dieser Zielvorstellung hatte Mohan angefangen, nach Leuten zu suchen und Leute anzulocken, die verschiedenartige Lebenswege gegangen waren. Entsprechend wies er jedem eine besondere Aufgabe zu, für die er am besten geeignet war.
Vithal Laxman Phadke war eine solche Person. Phadke war von Geburt Marathe, hatte aber zeitlebens in Baroda in Gujarat gelebt. Er stammte aus einer Familie, die die Nationalisten unterstützte und besuchte deshalb nur solche Schulen, an denen die indische Kultur und Erziehungsform noch bewahrt wurde. Es gab wenige Schulen dieser Art. Phadke war an der Welt ringsum ungemein interessiert. Seit er lesen konnte, verschlang er alle Zeitungen und Bücher, die ihm erreichbar waren.

1906 hatte er zum erstenmal darüber gelesen, was Mahatma Gandhi in Südafrika leistete. Gandhi ist ein seltsamer Mann, war sein erster Eindruck.
„Ich kann nicht verstehen, wie ein Mann in seiner Position, der in England studiert und eine lukrative Anwaltspraxis aufgebaut hat, sich jetzt ganz für die Menschen aufopfert und an der Verbesserung der Gesellschaft arbeitet", sagte er damals zu seinem Lehrer.
Auch der Lehrer hatte kaum etwas über Gandhi gehört. So konnte er dem Jungen nur beipflichten.
Phadke hielt sich in Poona auf, als Mohan und Kasturbai von Südafrika ankamen, um Gokhale zu besuchen. Er traf eine Verabredung mit Gandhi und begegnete so zum erstenmal dem Manne, der ihn so sehr beeindruckt hatte. Von dieser ersten Begegnung sagt er:
„Es war an einem kalten Wintermorgen in Poona. Gandhiji saß auf dem Boden. Das Zimmer war völlig leer, kein Möbelstück, keine Matte. Gandhiji saß auf dem kalten Zementboden, nur mit einem Schal um sich gewickelt.
Ich grüßte ihn mit aneinandergelegten Händen und sagte ‚namaste'. Er erwiderte meinen Gruß und fragte mich nach meinem Namen.
Ich sagte: ‚Vithal Laxman Phadke.'
‚O', sagte er, ‚dann bist Du aus Maharashtra?' — ‚Ja!'
‚Warum grüßest Du mich dann nach Art der Gujaratis, indem Du ›namaste‹ statt ›namaskar‹ sagst, wie es die Leute in Maharashtra tun?' fragte Gandhiji lächelnd. ‚Nun, ich habe mehrere Jahre in Gujarat gelebt', erwiderte ich. ‚Und so bin ich mehr Gujarate als Marathe.'
Nach diesem kleinen Geplänkel fragte ich Gandhi, ob ich bei ihm mitarbeiten könne. Er sagte: ‚Natürlich kannst Du das. Aber laß mich zunächst überlegen, wo Du am besten eingesetzt werden kannst!'
Später, als Gandhiji den Kochrab-Ashram gründete, lud er mich ein zu kommen. Er hatte mich bereits auf seine Weise eingeschätzt. Daher war er zu dem Schluß gekommen, daß ich in dem Harijan-Viertel von Godhra leben und die Unberührbaren unterrichten sollte, um einen völligen Wandel ihres Zustandes herbeizuführen.
Ich übernahm diese Arbeit, brannte aber darauf, am dicksten aktiven Kampf um die Unabhängigkeit teilzunehmen. Als ich hörte, daß Gandhi den Salz-Satyagraha unternommen hatte, schrieb ich ihm, ich hoffte, er erinnere sich dessen, daß ich noch lebte und gern direkt am aktiven Kampf teilnehmen würde.

Sofort erhielt ich seine Antwort: ‚Nicht alle Soldaten müssen auf dem Schlachtfeld kämpfen. Jeder muß tun, was ihm zugewiesen wird. Jegliche Arbeit, so unbedeutend sie auch erscheinen mag, ist wichtig für das Erreichen der Freiheit.'

1918 kamen Kasturbai und Gandhiji nach Baroda. Sie wohnten bei uns, als Gandhiji schwer erkrankte und alle dachten, er müsse sterben. Es war auch eine sehr kritische Zeit. Drei Satyagraha-Kampagnen waren gerade im Gange.

Da war der Kheda Satyagraha, durch den die Bauern aufgefordert wurden, ihre Steuerabgaben nicht zu zahlen, die die britische Regierung trotz der schlechten Ernte und der Dürrezustände forderte.

Dann gab es den Textilarbeiter-Streik in Ahmedabad, mit dem man für bessere Bezahlung und Arbeitsbedingungen eintrat.

Schließlich gab es den Widerstand gegen die Versuche der britischen Regierung, Inder als Soldaten für ihren Krieg zu rekrutieren.

Mitten in diesem Geschehen bekam Gandhiji einen akuten Ruhr-Anfall. Jeder dachte, er würde nicht mehr lange leben.

Er selbst hatte eine ähnliche Vorahnung. Eines Abends rief er alle seine Mitglieder an sein Bett, um uns zu sagen, daß keiner von uns seine Arbeit aufgeben dürfe, auch wenn er sterben sollte.

Kasturbai saß am Ende des Bettes und streichelte seinen Kopf. Wir alle versuchten die Tränen zurückzuhalten, die uns in die Augen traten. An ein Leben ohne Gandhi konnten wir nicht denken. Wenn nun auch er anfing, vom Tod zu sprechen, schien er den Wunsch zu leben aufgegeben zu haben.

Da brachte irgendjemand einen Zeitungsausschnitt aus der Morgenpresse. Darin wurde die Auswirkung des Rowlatt Act (Gesetz zur Beibehaltung strenger Kriegsmaßnahmen, d.V.) im einzelnen dargelegt, den die britische Regierung Indien aufzwingen wollte. Derjenige, der Gandhi den Ausschnitt gab, wollte dessen Aufmerksamkeit von der Schwere seiner Krankheit ablenken. Der Zeitungsausschnitt hatte eine magische Wirkung.

Gandhi las und las ihn immer wieder und wurde gleichsam elektrisiert. Er schien seine Krankheit zu vergessen und sprach auf einmal wieder normal. Er stand auf, verließ sein Bett und sagte, solch eine Beleidigung könne nicht liegend hingenommen werden. Er berief Zusammenkünfte der verschiedenen Führer ein und entwarf Pläne, wie man dem Rowlatt Act die Stirn bieten könne.

Gandhi war zwar durch den Rowlatt Act in große Unruhe versetzt worden, physisch war er aber noch sehr geschwächt. Kasturbai hatte große Mühe, ihn im Bett zu halten. Sie mußte schließlich sehr streng mit ihm sein.
Ein paar Tage danach, wir hatten wie immer zur Abendandacht draußen im Freien gesessen, zumal der Sommer in Baroda sehr heiß war, nahmen an unserer abendlichen Zusammenkunft auch Außenstehende teil. Nach den Gebeten sagte Kasturbai zu Gandhi:
‚Du gehst jetzt und ruhst Dich aus. Ich möchte nicht, daß Du aufbleibst.'
Ihr zulächelnd antwortete Gandhiji: ‚Du bist ein größerer Diktator als die Briten.'
‚Ja, wenn es um Deine Gesundheit geht, werde ich Dir zeigen, daß ich es ernst meine', sagte Kasturbai ritterlich.
Jedenfalls war Gandhiji nicht in der Lage umherzugehen.
‚Aber drinnen ist es zu heiß', protestierte er.
‚Nun gut, ich werde Dir eine Matte unter dem Baum ausbreiten. Darauf kannst Du Dich eine Weile niederlegen und zu Deinen Mitarbeitern sprechen', ließ sich Kasturbai erweichen.
Mirabehn, Vinoba Bhave und andere waren dabei. Die Diskussion wandte sich dem Rowlatt Act zu und den Schritten, die man gegen ihn unternehmen müßte.
Alle vergaßen, wie die Zeit verging und die Dunkelheit sie einhüllte.
Mohan war mit einem dünnen Leinentuch bedeckt, als er plötzlich spürte, daß etwas an seiner Seite entlang kroch, während er sprach.
Er erkannte, um was es sich handelte, und sagte mit sanfter Stimme zu zwei in der Nähe sitzenden Männern: „Geratet bitte nicht in Panik, habt keine Angst! Ich möchte, daß Ihr das Leinentuch, das mich bedeckt, von beiden Seiten hochhebt und über den Zaun werft!"
Die beiden Männer blieben ruhig und taten, wie ihnen gesagt worden war. Jenseits des Zaunes erkannten sie eine etwa zwei Meter lange tödliche Kobra.
Als Kasturbai sah, was passiert war, murmelte sie ein stilles Gebet und bat alle nach drinnen.
Mohans Arbeit interessierte sie jetzt mehr und mehr. Sie folgte den zwanglosen Diskussionen, während sie dasaß, leise spann und gelegentlich ihre eigenen Gesichtspunkte vortrug."
Phadke erinnert sich, wie sie ihn peinlich genau über die Harijans von

Godhra befragte und wie sie oft mit ihm dorthin ging, jedes Haus eines Harijan besuchte und den Frauen ihren Rat anbot und ihnen klarmachte, daß es notwendig sei, nicht nur sich persönlich, sondern auch die Häuser und ihre Umgebung sauber zu halten.
Ein paar Monate später begleitete sie Mohan mit einigen anderen Ashram-Mitgliedern nach Champaran in Bihar, wo die Bauern von den englischen Indigo-Pflanzern ausgebeutet wurden. Sie besuchten Dorf für Dorf. Überall entsetzte sie die große Armut und der Schmutz. Sie erkannte, daß hier eine massive Kampagne notwendig war, um die Menschen aus dem Morast zu ziehen, in dem sie sich befanden.
Während sich Mohan mit den rechtlichen und politischen Problemen und Aspekten befaßte, kümmerten sich Kasturbai und die anderen um die sozialen und gesundheitlichen Probleme.
Kasturbai wollte Frauen- und Kindergruppen organisieren und das ganze Dorf reinigen lassen. Dazu mußte den Dörflern zunächst einmal beigebracht werden, wie man Besen herstellt. Dann wurde jedem Haushalt ein Besen gegeben, und die Frauen wurden gebeten, ihr Haus auszufegen. Schließlich kamen alle zusammen und fegten um die Häuser herum. Den Männern wurde gezeigt, wie man ein Drainage-System baut.
Es war harte Arbeit. Seit Jahren waren die Menschen hier gewöhnt, überall hinzuspucken, überall Abfall hinzuwerfen und, wo immer es ihnen gefiel, ihre großen und kleinen Geschäfte zu verrichten.
Eines Tages sprach Mohan auf einer Versammlung von Dorfbewohnern über persönliche Hygiene und ermahnte sie, mindestens einmal am Tag ein Bad zu nehmen. Dazu wurde er durch die schmutzige Kleidung veranlaßt, die die Leute trugen, und weil er bemerkt hatte, daß keiner im Dorf über Badeeinrichtungen verfügte.
Die Dorfbewohner hörten ihm geduldig zu. Vor lauter Ehrfurcht vor Gandhi wagte jedoch niemand, Fragen zu stellen.
Aber einige beschäftigte der Vortrag nachhaltig. Am nächsten Tag, als die betreffenden Frauen Kasturbai allein sprechen konnten, fragte eine von ihnen:
„Gestern sprach Mahatmaji zu uns über tagtägliches Baden und die Notwendigkeit, die Kleidung zu waschen. Sag uns bitte, wie man das machen soll, wenn man nur ein Kleidungsstück hat und sonst nichts zum Wechseln?“
Das war in der Tat ein Problem, das über Kasturbais Möglichkeiten und das ihrer Mitarbeiterinnen hinausging. Sie hatten mit diesen Menschen

mehrere Monate zusammengearbeitet, aber keine von ihnen hatte die Abgründigkeit und den Ernst der Lage erkannt. Zum erstenmal begriffen Kasturbai und ihre Helfer, daß es die Armut war, die diese Menschen verkommen ließ.

Kasturbai wußte keine direkte Antwort. Nach einer Pause sagte sie: „Wir werden einen Ausweg finden. Gebt mir etwas Zeit zum Nachdenken."

Abends berichtete sie Mohan davon. Auch er wußte auf Anhieb keine Lösung. Beide besprachen sich mehrere Stunden und kamen zu dem Ergebnis, daß man das Problem nur vordergründig löst, wenn man ihnen Kleidergeschenke machte. Das Problem mußte an der Wurzel angegangen werden, so daß es nicht wiederentstand. Das konnte zweifellos nur dadurch geschehen, daß man der Ausbeutung ein Ende bereitete, der die Bauern durch die englischen Indigo-Pflanzer ausgeliefert waren.

Mohan vertiefte sich mit erneuter Kraft in diese Arbeit und beschloß, Champaran nicht eher zu verlassen, als bis das Problem gelöst war.

Kasturbai war den Frauen noch eine Antwort schuldig. Eines Nachmittags versammelte sie die Frauen mit ihren Kindern und nahm sie mit zum Fluß. Es war ein heißer, schwüler Tag. Die Männer waren mit Mohan zum Gericht gegangen, um ihre eidesstattlichen Erklärungen abzugeben, die dem Gericht vorgelegt werden sollten. Andere waren zu ihren entfernten Höfen gegangen, um zu arbeiten.

Kasturbai ließ die Kinder ausziehen und ins Wasser stecken. Die Frauen wurden in zwei Gruppen eingeteilt. Die eine wurde gebeten, die Kleider der Kinder einzusammeln und flußabwärts zu waschen, während die andere Kasturbai half, die Kinder zu reinigen.

In der warmen Mittagssonne trockneten die Kleider rasch. Die Kinder wurden angezogen, gestriegelt und aufgefordert, ins Dorf zurückzugehen und zu spielen.

„Und seht zu, daß Ihr Euch nicht wieder so schmutzig macht!" rief Kasturbai hinter ihnen her, als sie davonrannten.

Dann wandte sie sich an die Frauen und sagte: „Nun seid Ihr an der Reihe!"

Während die erste Gruppe in das bis zum Hals reichende Wasser stieg und die Kleider auszog, wusch die andere die Kleider flußabwärts. Später wurden die Rollen vertauscht. Als es für den ersten Schub an der Zeit war, aus dem Wasser herauszukommen, bildete der andere einen

Schirm, hinter dem sich die Gebadeten abtrockneten und ankleiden konnten.
„Ihr seht, was man mit einem bißchen Zusammenspiel erreichen kann!" betonte Kasturbai. „Vielleicht kann das nicht jeden Tag gemacht werden, aber mindestens jeden zweiten Tag. Wenn Ihr alle zusammenarbeitet, kann sehr viel erreicht werden."
An jenem Abend erfreute sich Mohan des Anblicks lauter sauberer und schmucker Frauen und Kinder. Er fragte sich, wie dieses Wunder wohl zustandegekommen war. Als er es von Kasturbai erfuhr, war er überrascht und froh.
In den Monaten, die sie in Champaran verbrachten, gelang Kasturbai so etwas wie eine kleine Revolution. Alle Dörfer im Distrikt wurden ordentlich und sauber. Die Fliegen und die Moskitos, die Gerüche von Müll und Dreck waren verschwunden. Die Leute waren reinlicher geworden. Sie konnten jetzt mit ihrem Namen unterschreiben, wo sie vorher nur mit ihrem Daumenabdruck gezeichnet hatten.
Kasturbai war zwar über das Erreichte sehr glücklich. Sie erkannte aber, daß es zu wenig und zu unbedeutend war. Leicht könnten die Menschen in denselben Zustand zurückgleiten, in dem man sie vorgefunden hatte, es sei denn, einige würden unbeirrt mit der Arbeit fortfahren, die sie begonnen hatten.
Aber das Land war riesig und die Anforderungen an Mohan und Kasturbai waren gewaltig. Schweren Herzens verließ Kasturbai die Menschen in den Dörfern. Sie versprach, wieder zurückzukommen, wenn sie versprachen, nicht zu vergessen, was man sie inzwischen gelehrt hatte.
Champaran erwies sich in gewisser Weise als ein Testfall. Beiden wurde vieles klarer. Es zeigte sich, daß Kasturbai die Fähigkeit hatte, zu organisieren und zu führen. Hatte sie den Dörflern eine wertvolle Lektion erteilt, so hatte sie selbst bei dem Vorgang gelernt, daß die Leute schlicht, liebevoll, verständig, aber sehr arm waren, daß alles, um was sie baten, Mitleid und Anleitung war.
Als Kasturbai aus Südafrika zurückgekommen war und das Elend und Chaos gesehen hatte, war sie so überwältigt gewesen, daß sie glaubte, niemand werde je in der Lage sein, diese Menschen zu ändern oder ihnen etwas beizubringen. Sie war verzweifelt. Champaran hatte ihr bewiesen, daß noch nicht alles verloren war, sondern daß es den Menschen an Wegweisung und Verständnis fehlte und daß sie selbst mit ein wenig Geduld ihnen das geben könnte.

Tagelang sprachen Mohan und Kasturbai über ihre Erfahrungen in Champaran. Ihre Schlußfolgerung war, daß Indien nicht nur eine politische Bewegung brauchte, um die Unabhängigkeit zu gewinnen, sondern auch eine Art vollständiger Umwälzung, die es aus dem Morast herausziehen würde, in den es gesunken war, und die Menschen wirtschaftlich, gesellschaftlich und kulturell regenerieren ließe.
Die Menschen mußten darauf vorbereitet werden, daß die erstrebte Unabhängigkeit sinnlos ist, solange sie noch zu arm und zu unwissend sind, um ihre Geschicke selbst zu lenken. Unter dem Eindruck dieser Erfahrung entschlossen sich beide, einen Schlachtplan zu entwerfen, der alle Aspekte eines Wandels in der indischen Gesellschaft einschloß.

15. Kapitel

Pyarelal und seine Schwester — Manilal wird verheiratet. Der Salzmarsch. Gefangen in Rajkot.

Wenige Monate nach Gulabs Tod sollte Kasturbai noch eine andere Tragödie erleben: Harilals ältester Sohn starb an Typhus. Er war gerade 16 Jahre alt und soll ein brillanter junger Bursche gewesen sein. In gewissem Sinne Vollwaise, war er ihr wie ein Sohn geworden. Obwohl sie ihn aufmerksam gepflegt hatte, als er krank war, konnte der Junge mit der Krankheit einfach nicht fertig werden.

Große Anforderungen wurden an Kasturbais Zeit und Kraft gestellt. Sie mußte sich um Harilals Kinder kümmern, um den Ashram, Mohans Notwendigkeiten und Besucher und fühlte sich gezwungen, Mohan zu begleiten, wenn er auf Reisen ging.

Nach dem Tode Rasiks beschloß Mohan, nach Nordindien zu reisen, wo er sein Konzept der Nicht-Zusammenarbeit erläutern wollte, das eine Bewegung in Gang setzen sollte. Es schien eine lange und beschwerliche Reise zu werden. So entschloß sich Kasturbai, mit ihm zu fahren.

Zu dieser Zeit beabsichtigte auch ein gebildeter junger Mann namens Pyarelal aus dem Punjab, sein Leben mit Mohans Arbeit zu verbinden und der Freiheit Indiens zu weihen. Mohan brauchte Mitarbeiter. Gebildete junge Leute waren ihm stets willkommen. Als Pyarelal seine Dienste anbot, war Mohan hocherfreut und nahm ihn bereitwillig auf. Schließlich war Pyarelal alt genug, um zu bestimmen, was er wollte, und Mohan hatte ihm seine Forderungen in Bezug auf Genügsamkeit und harte Arbeit hinreichend klargemacht.

Ein paar Monate später, als sie in Lahore waren, erhielt Mohan von einer besorgten Mutter einen Brief. Sie wollte die Tatsache nicht hinnehmen, daß ihr einziger Sohn Pyarelal sie verlassen hatte und einer Bewegung beigetreten war, die einem jungen Manne, für dessen Ausbildung die Familie einen hohen Preis bezahlt hatte, keine Karriere anzubieten hatte. Sie wollte ihren Sohn zurückhaben, damit er dem Indian Civil Service beitrat und eine lukrative Aufgabe der Regierung erhielt, womit er die Familie versorgen könnte.

Mohan war durch den Brief belustigt und schrieb an Pyarelals Mutter, sie solle nach Lahore kommen und mit ihm und Pyarelal als den Beteiligten die Sache besprechen zwecks einer gemeinsamen Lösung. Sie traf an dem verabredeten Tag wohlbehalten ein, mußte aber feststellen, daß Mohan und ihr Sohn zu sehr beschäftigt waren, um mit ihr reden zu können. Sie mußte warten. Kasturbai, die eine gastfreundliche Hausfrau war, nahm sich der Dame an. Nach dem Bad und der Mahlzeit redeten sie miteinander. Pyarelals Mutter schüttete dabei ihr Herz aus. Was hatten sie nicht alles an Bequemlichkeiten geopfert, um Pyarelal eine gute Ausbildung zu bieten, und wie sehr hatten sie gehofft, er werde eine gute Anstellung erhalten und die Familie ernähren. Pyarelal habe außerdem noch eine jüngere Schwester, die ausgebildet und dann verheiratet werden müsse. Wie könne sie mit all diesen Problemen allein fertig werden, wo doch der Vater der Kinder bereits gestorben war.

Kasturbai ließ sie sprechen, solange sie wollte. Erst als sie darum gebeten wurde, erzählte Kasturbai ihre eigene Geschichte und von den Opfern, die sie und ihre Kinder hatten erbringen müssen. Sie sagte, daß sich die Welt ändere und man sich darum mit ihr wandeln müsse. Je mehr Kasturbai sprach, um so mehr fühlte sich Pyarelals Mutter überwältigt. Sie war zu einer Begegnung mit Gandhi gekommen und hatte angenommen, daß ihr ganz allein in aller Welt Unrecht widerfahren sei, daß sie allein ihren Sohn an die Sache der Freiheit verloren habe.

In Kasturbai fand sie eine ganz einfache Frau, mit der sie frank und frei sprechen konnte und deren Weisheit doch ehrfurchtgebietend war. Am Abend, als es endlich zu dem Zusammentreffen mit Mohan und Pyarelal kam, war sie von Kasturbai zutiefst beeindruckt. Anstatt Mohan zu bitten, ihren Sohn zurückzuschicken, sagte sie sofort: „Sie mögen ihn vier oder fünf Jahre behalten, aber schicken Sie ihn danach zu mir. Er ist der einzige Sohn, und nach dem Tode seines Vaters ist er die einzige Person, auf deren Unterstützung ich hoffen kann."

Mohan lächelte und sagte: „Wenn sich das so verhält, warum kommen Sie nicht mit Ihrer Tochter und leben mit uns im Ashram? Auf diese Weise wären Sie alle zusammen."

Pyarelals Mutter fand diesen Vorschlag unannehmbar. Es war schlimm genug, einen Sohn an die Freiheitsbewegung zu verlieren, nun wollte Mohan die ganze Familie. Das sei für sie unvollziehbar, wie sie sagte.

Sie war nicht die einzige Frau, auf die Kasturbai solch starken Einfluß ausübte. Durch ihre einfache Logik und ihr Verständnis hielt Kasturbai alle Menschen im Ashram und draußen zusammen. Die Menschen mochten sich ihr eher anvertrauen als Mohan.

1927 kam Manilal, Kasturbais zweiter Sohn, der in Südafrika zurückgelassen worden war, zu einem seiner periodischen Besuche nach Indien. Er war bereits 35 Jahre alt und sollte, wenn es nach Kasturbai gegangen wäre, längst verheiratet sein. Sie hatte sich darüber mehrere Jahre gegrämt, aber da er so weit weg war, konnte sie nichts dagegen tun. Sie hatte sich vorgenommen, die Angelegenheit bei seinem Besuch zu regeln. Eines Tages, als die Gelegenheit günstig war, stellte sie Manilal und fragte ihn: „Was hast Du hinsichtlich Deiner Verheiratung beschlossen?"

„Was gibt es da für mich zu überlegen?" fragte er schüchtern zurück. „Falls Du und Vater ein Mädchen findet, das mich heiraten will, werde ich es akzeptieren."

Das war genau das, was Kasturbai gern wissen wollte. Da er allein in einem fremden Land lebte, hegte sie den Verdacht, es stünde ihm eventuell jemand nahe, den er heiraten wollte. Aber wie hätte sie ihm eine solche Frage stellen können? Sie war jedoch überzeugt, daß Manilal frei genug sein würde, ihr zu sagen, wen er im Kopf habe, wenn sie einmal das Thema Heirat zur Sprache brächte.

Die Tatsache, daß er sie praktisch gebeten hatte, für ihn ein Mädchen zu finden, ermutigte sie sehr, und sie beschloß, ihn solange damit zu behelligen, bis diese Sache erledigt war, ganz gleich, auf was im übrigen sein Hauptinteresse gerichtet sein mochte.

Ohne viel Zeit zu verlieren, fragte sie Mohan noch am selben Abend: „Hast Du schon an Manilals Hochzeit gedacht? Er ist jetzt 35 Jahre alt und sollte längst verheiratet sein."

Mohan lachte und sagte: „Wahrscheinlich würdest Du jeden bereits verheiratet haben, falls es Dir ganz allein überlassen gewesen wäre."

„Du solltest das nicht auf die leichte Schulter nehmen", tadelte ihn Kasturbai. „Ich möchte ihn verheiratet wissen, bevor er nach Südafrika zurückkehrt. Wenn das nicht geschieht, gestatte ich auch nicht, daß Du ins Gefängnis gehst."

Hier brachen alle im Zimmer Anwesenden in lautes Gelächter aus. Manilal war äußerst peinlich berührt. Er verließ unauffällig das Zimmer und machte einen kleinen Spaziergang.

Einige Wochen später unterhielt sich Mohan mit dem Industriellen Jamnalal Bajaj über Manilals Verheiratung. Bajaj war ein begeisterter Gefolgsmann Mohans geworden. Er hatte viele Beziehungen und kannte alle heiratsfähigen Jungen und Mädchen in seinen Kreisen. Er sagte:

„Ich weiß, daß die Familie Mashruwala in Akola drei Mädchen hat, aber ich weiß nicht genau, ob sie heiraten wollen oder nicht."
„Machen Sie es bitte ausfindig", sagte Mohan zu ihm. „Andernfalls wird Ba mich nicht in Frieden lassen", fügte er lächelnd hinzu.
Ein paar Tage später berichtete Bajaj Mohan, daß eines der Mädchen heiraten wolle, daß er aber nicht den Namen von Gandhis Familie preisgegeben habe. Das überlasse er Mohan.
An jenem Abend berieten Mohan und Kasturbai die Lage. Sie kannten die Familie sehr gut, und das war alles, was für sie zählte.
Kasturbai trug den Vorschlag Manilal vor und fügte hinzu, sein Vater wolle, daß Manilal nach Akola fahre und prüfe, ob er das Mädchen akzeptiert.
„Ich möchte nicht nach dort fahren und sie sehen", antwortete Manilal verlegen. „Das magst Du tun. Wenn Ihr beide sie akzeptiert, habe auch ich nichts dagegen."
Die Sache war auf Mohan zurückgefallen. Er hatte gehofft, er hätte seiner elterlichen Pflicht Genüge getan, da kam Kasturbai erneut zu ihm und meinte:
„Manilal will, daß wir fahren und uns das Mädchen ansehen und, falls wir sie akzeptieren, die Hochzeit vorbereiten." Sie ermunterte ihn, sich für diesen Zweck frei zu machen.
Mohan war damals bereits sehr bekannt und wurde Mahatma genannt. Ungeheuere Verantwortung lastete auf ihm. Er trug die Verantwortung für den Befreiungskampf, für dessen Ausrichtung und für die Verhandlungen mit der Regierung. Doch er konnte dieser familiären Aufgabe nicht entkommen.
So schmiedeten Kasturbai und Mohan einen Plan und reisten mit der üblichen Begleitung nach Akola, 600 km nordostwärts von Bombay.
Kasturbai sah das Mädchen und akzeptierte es sofort. Sie und Mohan sprachen ausführlich mit Sushila und erzählten ihr alles über ihren Sohn.
Sushila, etwa 20 Jahre alt, war begeistert von der Aussicht, den Sohn eines so großen Mannes zu heiraten. Sie willigte sofort ein. Aber Mohan wollte das noch nicht. Er sagte:
„Du solltest darüber nachdenken und mir Deine Entscheidung brieflich mitteilen."
Am nächsten Tag reisten Mohan und Kasturbai nach Ahmedabad zurück.

Wenige Tage später schrieb Sushilas Vater an Mohan und teilte ihm mit, daß seine Tochter bereit sei, seinen Sohn zu heiraten.
Mohan schrieb zurück: „Ich bat Sushila, mir zu schreiben. Ich warte auf ihren Brief." Sushila war es sehr peinlich, einen solchen Brief schreiben zu müssen, aber schließlich überwand sie sich.
Ein paar Wochen später fand die Hochzeit in Akola statt.
Für Kasturbai war es die erste Hochzeit in der Familie. Als ihr ältester Sohn verheiratet wurde, war sie in Südafrika und konnte deshalb nicht an der Hochzeit teilnehmen. Darum war sie diesmal voll Begeisterung. Wie alle indischen Mütter wollte sie eine Menge Geschenke für die neue Braut und den Bräutigam kaufen. Aber Mohan wollte davon nichts wissen. Er bestand darauf, daß die Hochzeit eine schlichte Angelegenheit würde ohne irgendwelche Geschenke, gleich von welcher Seite.
„Aber ich bin die Mutter des Bräutigams. Wie kann ich die Braut mit leeren Händen in unserem Haus willkommen heißen?" widersprach sie.
„Du kannst im Garten ein paar Blumen pflücken und sie ihr geben", sagte Mohan.
Die Auseinandersetzung dauerte mehrere Tage, bis Mohan sich erweichen ließ und Kasturbai erlaubte, Sushila einen weißen Baumwoll-Sari zu schenken, der aus Garn gewebt war, das Kasturbai gesponnen hatte.
In Akola hatte Sushilas Mutter eine Tasche voll neuer Kleider für ihre Tochter zusammengepackt. Auch für sie war dies die erste Hochzeit in der Familie. Mohan hatte ihr zwar etwas über „Einfachheit" und „keine Geschenke" geschrieben, aber sie wollte sich nicht damit abfinden, ihre Tochter mit leeren Händen in die Ehe zu schicken.
Als Mohan und seine Hochzeitsgesellschaft in Akola eintrafen, waren alle Vorbereitungen für die Trauung getroffen. Wie üblich unterhielten sich die Frauen über die Zeremonien und das Hochzeitsprogramm. Als Kasturbai von der Tasche voll neuer Kleider und teurer Saris hörte, die für Sushila gekauft worden waren, erschrak sie.
„Sehen Sie, ich weiß, wie Sie über die Geschenke für Ihre Tochter denken, aber Bapu wird dies nicht gestatten. Wenn Sie dennoch darauf bestehen, wird er alles annehmen und an die Armen weitergeben", sagte sie.
„Aber wie kann ich meine Tochter ohne jedes Geschenk entlassen? Bapu wird mich gewiß verstehen", meinte Sushilas Mutter.
„Nein, er wird es nicht", sagte Kasturbai. „Er ist sehr streng darin. Er hat alles weggegeben, was ich jemals besessen habe. Er hat mir nicht

einmal erlaubt, Geschenke von Freunden zu behalten. Glauben Sie mir, Sie werden alle diese Dinge nur verlieren."

Sushilas Mutter war ganz verwirrt. „O mein Gott, was sollen wir bloß machen?" murmelte sie enttäuscht.

„Wenn Sie mich fragen: Das Beste wäre, Sie behalten dies alles bei sich. Sushila und Manilal werden bald nach Südafrika reisen. Dann können Sie ihr geben, was Sie wollen. Aber was Sie auch machen, sprechen Sie nicht mit Bapu darüber", riet Kasturbai.

So wurden die Geschenke vor Mohan geheimgehalten und Sushila erst gegeben, als sie an Bord des Schiffes ging, das sie nach Südafrika bringen sollte.

Die Hochzeit wurde in bescheidenem Rahmen gefeiert. Einen Tag später reisten alle nach Ahmedabad ab. Manilal und Sushila blieb nur wenig Zeit bis zu ihrer Abreise nach Südafrika. Nicht genug für Kasturbai, um ihre neue Schwiegertochter in die Lebensgewohnheiten der Familie einzuweisen. Trotzdem versuchte sie es.

Sushila erinnert sich an Kasturbai als an eine freundliche alte Dame, die der allgemeinen Vorstellung von einer Schwiegermutter ganz und gar nicht glich. Sie erhob niemals ihre Stimme und sprach nie überheblich, wie es Schwiegermütter in Indien gemeinhin tun. Üblicherweise stellt man sich vor, eine Schwiegertochter sei ein bewegliches Eigentum, das der Schwiegermutter jederzeit auf den leisesten Wink zu gehorchen hat.

Aber Kasturbai glaubte an so etwas nicht. Doch meinte sie, der Lebensstil der Gandhi-Familie habe sich sehr verändert, und jeder Neuankömmling müsse angeleitet werden, um nicht grobe Schnitzer zu machen. So verwandte sie einen großen Teil der Zeit in der Woche nach der Hochzeit für den Versuch, Sushila alle Zusammenhänge zu erklären.

Sushila kam nicht ohne weiteres mit dem Gujarati zurecht. Das sollte sie einmal in eine sehr peinliche Lage bringen. Normalerweise hätte eine Schwiegermutter die Verwirrung ihrer Schwiegertochter ausgenützt und diese verspottet. Nicht so Kasturbai, sie war voll Mitgefühl und Verständnis.

Sushila war in einer Stadt großgeworden, in der man Marathi sprach. Bei ihr zu Hause wurde zwar Gujarati gesprochen, aber ihre Kenntnis dieser Sprache war nur oberflächlich. Hinzu kam, daß Gujarati einen weitverbreiteten Dialekt hat. Das Gujarati, das man im Süden von Guja-

rat spricht, unterscheidet sich beispielsweise beträchtlich von dem, das im Norden gesprochen wird.
Da Kasturbai im Norden von Gujarat geboren und aufgewachsen war, sprach sie die Sprache dieser Gegend. Wenige Tage nach Sushilas Hochzeit fuhr Kasturbai weg und gab ihr zuvor noch ein paar Anweisungen. Sushila konnte sie nicht verstehen, war aber zu schüchtern, das zu sagen.
Als Kasturbai ihre Hütte verlassen hatte, um ihren Rundgang im Ashram zu erledigen und das Mittagsmahl zu überwachen, das in der Gemeinschaftsküche zubereitet wurde, verbrachte Sushila einige Minuten damit herauszufinden, was Kasturbai gemeint haben könnte. Sie konnte aber das Rätsel nicht lösen.
In diesem Augenblick kam ein Junge aus dem Ashram in die Hütte von Kasturbai. Es war der jüngere Sohn von Harilal. Sushila nahm ihn zur Seite und fragte ihn vertrauensvoll, was der Satz denn bedeute. Wie alle Jungen seines Alters war er ein Schlingel und anstatt Sushila zu helfen, brach er in helles Gelächter aus, lief im Ashram herum und posaunte die Neuigkeit über Sushilas mißliche Lage aus. Das hörte auch Kasturbai in der Gemeinschaftsküche. Sie stand auf und ging hinüber, um zu sehen, was es für ein Problem gab.
Sushila saß in einer Ecke und weinte vor Scham, als Kasturbai in die Hütte trat. Sie legte ihren Arm um Sushilas Schulter und sagte: „Du törichtes kleines Mädchen, warum hast Du das Kind und nicht mich gefragt? Das Kind macht Dich nun im Ashram zum Ziel des Spottes."
Sie trocknete Sushilas Tränen und erklärte ihr, sie habe gemeint, Sushila solle das Geschirr vom Frühstück spülen, bevor sie ausgeht.
Kasturbai war äußerst genau und auch sehr rücksichtsvoll. Es gab einen anderen Zwischenfall, in den eine andere Sushila verwickelt war. Es handelt sich um Dr. Sushila Nayyar, die von 1929 an mit Mohan und Kasturbai bis an ihr Lebensende zusammenlebte. Sie war die jüngere Schwester von Pyarelal, der Mohans Privatsekretär während seiner letzten Lebensjahre war.
Sushila Nayyar war noch ein junges Mädchen, als Manilal verheiratet wurde. Da sie die einzige Tochter war, wurde sie sehr abgeschirmt und war deshalb scheu. Pyarelal war bereits in den Ashram eingetreten und wollte gern, daß auch seine Schwester käme.
Einmal fuhr er nach Hause und traf sich mit seiner Mutter und seiner Schwester in Lahore. Seine Mutter dachte nicht daran, auch nur für kur-

ze Zeit im Ashram zu leben. Sie war gegen jede revolutionäre Bewegung, die gegen die etablierte Gesellschaftsordnung vorging. Sie war auch nicht mit Sushilas Eintritt in den Ashram einverstanden, weil sie ihre Tochter nicht verlieren wollte, so wie sie Pyarelal verloren hatte. Aber nach viel Überredung und Versprechungen ließ sie sich erweichen und erlaubte schließlich Sushila, für die Dauer der Sommerferien ihres College den Ashram zu besuchen.

Pyarelal und Sushila reisten mit dem Zug. Es war eine lange und ermüdende Reise. Von Lahore nach Delhi und von dort nach Ahmedabad dauerte damals alles in allem zwei Tage und zwei Nächte. Pyarelal wollte gern, daß seine Schwester auf die anderen im Ashram einen guten Eindruck machte. Er hätte ihr gern alles beigebracht, was ihr im Ashram an Aufgaben auferlegt würde. Das war nicht möglich. Wohl aber konnte er ihr die 17 Gebete beibringen, die alle morgens und abends sangen. Das erwies sich als brauchbare Methode, die Langeweile der langen Reise zu vertreiben, und Sushila, die stets gut lernte, konnte die Gebete auswendig, noch bevor sie auf dem Bahnhof von Ahmedabad ankamen.

Als sie im Ashram eintrafen, schliefen bereits alle. Um niemanden zu stören, breitete Pyarelal sein eigenes Bettzeug und das seiner Schwester auf der Veranda einer der Hütten aus und schlief sofort ein.

Für Sushila war diese erste Nacht eine neue Erfahrung. Sie hatte noch nie im Freien geschlafen und konnte an einem neuen, fremden Ort nie leicht schlafen. Den größten Teil der Nacht fand sie keine Ruhe. Als sie schließlich aus reiner Erschöpfung eindöste, war es bereits vier Uhr morgens, und die Gebetsglocke läutete laut.

Ihr Bruder Pyarelal weckte sie auf und bat sie, sich rasch an der Zapfstelle im Garten zu waschen und in fünf Minuten zur Andacht fertig zu sein.

Sushila war noch taumelig, folgte aber still der Anweisung und nahm an der ersten Morgenandacht im Ashram teil. Nach dem Gebet wurde sie bei Mohan und Kasturbai vorgestellt. Kasturbai nahm sich sofort ihrer an. Nicht selten teilte sie ihre Hütte mit jungen Mädchen, die in den Ashram kamen. Sie wollte ihnen gegenüber eine schützende Mutter sein. Kasturbai bat Pyarelal, Sushilas Gepäck in ihrer Hütte zu lassen. Sie legte ihren Arm um das junge Mädchen und nahm es mit zum Frühstück.

Sushila war es nicht gewöhnt, ihre Wäsche selbst zu waschen. Daheim ließ sie sie im Badezimmer, später kam der Diener, holte sie und wusch sie. Hier machte sie es genauso. Als Kasturbai nach ihr das Bad benutzte, fand sie Sushilas Wäsche auf dem Boden. Sie erkannte das Problem des Mädchens, wollte es aber am ersten Tag nicht in Verlegenheit bringen, hob die Wäsche deshalb stillschweigend auf und brachte sie zum Brunnen, um sie selbst zu waschen. Als Sushila das sah, war sie beschämt und hatte Gewissensbisse. Sie eilte zum Brunnen und half Kasturbai beim Waschen, aber da sie das niemals zuvor getan hatte, wußte sie nicht, wie man das macht.

Von da an machte es sich Sushila zur Aufgabe, ihre Wäsche herauszunehmen, um sie selbst zu waschen. Schon sah sie sich einem neuen Problem gegenüber. Sie wußte nicht, wie man Wasser aus dem Brunnen zieht. Da sie sehr schüchtern war, wollte sie niemanden bitten, ihr zu helfen. Stattdessen lief sie zum nahen Sabarmati-Fluß und wusch ihre Kleider dort. Aber selbst zur günstigsten Zeit ist das Flußwasser sehr lehmig, und alles, was dort gewaschen wird, erhält einen lehmigen Farbton. Sushilas weiße Kleider fingen an, braun auszusehen. Kasturbai bemerkte das eines Tages und fragte: „Hast Du Deine Wäsche im Fluß gewaschen?"

„Ja, Ba!" erwiderte Sushila ängstlich.

Kasturbai hatte Verständnis für Sushilas Schwierigkeit. Das Mädchen war ein zartes Stadtpflänzchen und konnte den Wassereimer nicht aus dem Brunnen ziehen.

„Von morgen an mußt Du alles am Brunnen waschen", sagte Kasturbai und richtete es so ein, daß einer der Jungen aus dem Ashram das Wasser für Sushila heraufzog.

Kasturbai war stets aufmerksam und mitfühlend. Das Gemeinschaftsleben im Ashram verlangte von jedem, für sich selbst zu sorgen. Dennoch übersah Kasturbai niemals die geringste Einzelheit.

Mohan war damals gerade dabei, seinen berühmten Marsch nach dem Dorf Dandi zu organisieren, womit er sich der Salzsteuer der britischen Regierung widersetzen wollte, indem er dem Meer Salz entnahm. Er wollte, daß es ein die ganze Nation erfassendes Satyagraha wurde, und zog umher, um den Menschen die Folgen zu erläutern.

Er suchte Freiwillige für den 180 km langen Fußmarsch von Ahmedabad nach Dandi. Tagsüber würden sie marschieren, nachts pausieren und den ganzen Weg entlang zu den Menschen sprechen und sie anregen, sich der ungerechten Salzsteuer zu widersetzen. Er war darauf be-

dacht, das schlimmstmögliche Bild dessen auszumalen, was den Freiwilligen passieren könnte, die ihn begleiteten. Er sagte jedem, er brauche nur dann mit ihm zu kommen, wenn er bereit sei zu sterben, denn die britische Polizei könne sehr wohl ihre Gewehre benutzen und ein paar Freiwillige töten, um die anderen abzuschrecken.
Kasturbai zog mit ihm umher, sprach zu den Frauen und machte ihnen Mut. „Wir müssen unsere Männer ermutigen, gegen die Briten zu kämpfen", sagte sie. „Wenn wir tapfer sind, werden auch sie tapfer sein."
Mehr als 90 Freiwillige standen bereit, und Mohan hatte die Ehre, drei Generationen von Gandhis beim Marsch dabeizuhaben. Er selbst vertrat die erste Generation, sein Sohn Manilal, der von Südafrika gekommen war, um an diesem Marsch teilzunehmen, repräsentierte die zweite. Und Kanti, Harilals zweiter Sohn, der noch ein junger Bursche war, repräsentierte die dritte.
Am Morgen des Marsches versammelten sich alle im Ashram. Gebete wurden gesungen, und jeder nahm Abschied von seinen Lieben.
Kasturbai sagte den dreien mit tapferer Geste Lebewohl, aber als Sushila, ihre Schwiegertochter, Manilal Aufwiedersehen sagte, konnte sie ihre Tränen nicht mehr zurückhalten. Sie hörte Mohans Worte in ihren Ohren klingen: „Ihr müßt bereit sein zu sterben. Die Briten können ihre Gewehre gegen uns verwenden, und wenn Ihr Euch aus Furcht ergeben würdet, wäre das schändlich. Mir wäre lieber, solche Leute kämen nicht mit mir."
Sushila rannte zu Kasturbai und weinte, während sie ihr Gesicht in den Armen ihrer Schwiegermutter vergrub.
Kasturbai versuchte, sie zu beruhigen. „Willst Du, daß Dein Mann das Bild einer weinenden Frau mit sich trägt?" fragte sie. „Sieh, alle diese Frauen hier werden von ihren Söhnen und Männern getrennt, aber sie weinen nicht. Warum solltest Du es tun?"
Kasturbai war ein Musterbeispiel an Geduld. Sie machte nicht nur all den Frauen Mut. Nachdem der Marsch begonnen hatte und noch Wochen, nachdem Mohan und Tausende anderer ins Gefängnis gesteckt worden waren, ging auch sie in den benachbarten Dörfern umher und sprach zu den Leuten, um ihnen Trost und Kraft zu geben.
Zu dieser Zeit hörte sie, daß Manilal von der Polizei niedergeschlagen worden sei. Mehrere Tage lang war er nicht auffindbar. Schließlich fanden ihn ein paar Arbeiter in einem Krankenhaus in Surat, wo er mit ernsten Kopfverletzungen lag. Viele wurden ähnlich zugerichtet.

Sushila berichtet: „Es war eine veränderte Kasturbai, die ich sah. Sie war erschöpft vom unaufhörlichen Umherziehen zu Fuß und auf dem Ochsenkarren. Die Leiden der Menschen, die sie zu sehen bekam, wo sie auch hinkam, machten sie traurig und unglücklich. Aber bei alledem gab es einen Ausdruck von Festigkeit und Bestimmtheit in ihrem lieben, vom Alter gezeichneten Gesicht. Sie war jetzt ein Kämpfer für Satyagraha und an den schweren Auseinandersetzungen beteiligt. Sie hatte nicht den Anflug eines Zweifels an der Gerechtigkeit der Sache und ihrem endlichen Sieg. Ihr Vertrauen zu Bapus Urteil wurde bedingungslos. Sie verstand nichts von Politik, aber sie kannte Bapu, und die Tatsache, daß er den Kampf führte, reichte für sie aus, um sich selbst mit Herz und Seele in diesen Kampf zu werfen."

Eines Tages brach Kasturbai vom Ashram in Ahmedabad aus auf, um ihre Söhne Manilal und Ramdas sowie andere Satyagrahis zu besuchen. Man hatte sie nach dem Sabarmati-Gefängnis gebracht, wo sie ihre Strafe verbüßen sollten.

Sushila war noch nie in einem Gefängnis gewesen. Starke Beklemmung befiel sie. Kasturbai sah ihre Söhne zum erstenmal nach deren Verhaftung wieder. Sie saß geduldig im Büro des Gefängnisses und wartete darauf, daß sie hereingebracht wurden. Das Gespräch, verlangte die Polizei, müsse in Gegenwart der Beamten stattfinden.

Als Manilal und Ramdas eintraten, konnte man sehen, daß die Unzuträglichkeiten des Gefängnisaufenthaltes ihre Spuren in den Gesichtern hinterlassen hatten. Vor allem Manilal, dessen Kopfwunden geheilt waren, sah noch arg mitgenommen aus.

Kasturbai war oft genug durch die Tortur der Gefängnishaft hindurchgegangen. Die Härten, denen sie in den südafrikanischen Gefängnissen ausgeliefert war, waren nicht leicht zu überbieten.

Sie sah daher die völlig erschöpften Gesichter ihrer Söhne mit Gelassenheit und fragte nach deren Kameraden, die mit ihnen in Haft waren, deren Familien aber nicht gestattet wurde, sie zu besuchen. Kasturbai wußte, daß man sie nach Neuigkeiten fragen würde und wäre dann in der Lage, den Familien etwas zu berichten. Ihr war es so selbstverständlich geworden, um der Freiheit des Landes willen zu leiden, daß ihr die eigene Inhaftierung, die ihres Mannes oder ihrer Kinder nichts mehr ausmachten.

Schließlich gab es mehrere Tausende ihrer Landsleute, die hinter Gittern saßen. Warum sollte sie wegen ihrer Söhne besorgt sein?

Kasturbai mochte weder Wirbel noch Lobhudelei. Sie war eine stille Person, die daran glaubte, daß man seine Pflicht ohne viel Aufhebens zu erfüllen habe. Es war für sie beklemmend, wenn sich die Menschen um sie drängten oder gar speziell kamen, um sie zu sehen.
Irgendwann im Jahre 1930 reiste sie nach der Stadt Gujarat im Punjab. Dort wurde ihr jüngster Sohn Devadas gefangengehalten. Sie machte nur selten Reisen, um eigens Familienmitglieder im Gefängnis zu besuchen, aber sie war zufällig in der Nähe, und eine kurze Reise kostete sie nicht viel.
Es hatte sich herumgesprochen, daß Kasturbai kommen würde. Tausende kamen zum Bahnhof, um sie zu empfangen. Kasturbai war überrascht, eine solche Menschenmenge vorzufinden und fragte einen der örtlichen Führer: „Wer wird denn erwartet? Warum sind denn so viele Menschen hier?"
„Wir sind hierher gekommen, um Sie willkommen zu heißen", antwortete er.
„Mich?" platzte Kasturbai ganz unfreiwillig heraus.
„Ja, ja", sagte der junge Mann. Kasturbai konnte es nicht fassen und wirkte ungemein gehemmt.
Dann sagte sie den Menschen, sie sei niemand Besonderes und sie sollten ihre Zeit nicht mit Warten auf Leute wie sie vergeuden.
„Es ist im Lande viel Arbeit zu leisten, und wir alle sollten jede Minute des Tages dafür nützen."
Man hatte die Absicht, Kasturbai in einem Umzug durch die Stadt zu führen, aber Kasturbai lehnte ab. Schließlich zerstreute sich die Menge.
1931 hatte der Vizekönig Mohan zu Gesprächen nach Simla gerufen und dabei vorgeschlagen, Mohan solle in England an der „Round-Table-Konferenz" teilnehmen. Kasturbai war damals in Ahmedabad, wo sie von Dorf zu Dorf ging, um den Armen zu helfen, und sich darum kümmerte, daß jene, die gerade aus den Gefängnissen gekommen waren, wieder eingegliedert wurden.
Jemand sagte ihr, Mohan befinde sich auf dem Wege nach London und hätte gern gesehen, daß sie ihn begleite.
„Warum sollte ich mitkommen?" fragte sie. „Er geht nur nach dort, um an der Round-Table-Konferenz teilzunehmen. Wie könnte ich ihm dabei von irgendwelchem Nutzen sein?"
Sie hatte ein enormes Verantwortungsgefühl und glaubte, daß Zeit und Geld niemals für unwichtige Dinge vergeudet werden dürften. „Ich habe

hier sehr viel Arbeit", sagte sie. „Bapu soll Leute mitnehmen, die ihm helfen können."
Als Gandhi zurückkam, startete er einen weiteren Satyagraha-Feldzug, und wieder einmal füllten sich die Gefängnisse. Die „Round-Table-Konferenz" war unergiebig geblieben. Beim Verlassen Londons hatte er das Zeichen gegeben: „Der Kampf um die Freiheit geht weiter!" Kasturbai war unter den ersten, die verhaftet wurden. Ihre Mitgefangenen sprechen noch heute begeistert von ihrer Geduld und ihrem Mut, die sie unter Bedingungen aufrechthielt, durch die andere Leute, jüngere als sie, geistig zerrüttet wurden.
In einer Gefängniszelle ohne jede Annehmlichkeit leben und den Raum monatelang mit mehreren Personen teilen müssen, kann sehr nervenaufreibend sein. Viele junge Frauen brachen zusammen. Sie weinten, gerieten in Wut und verloren manchmal das geistige Gleichgewicht. Kasturbai blieb in all diesen Krisen ruhig. Sie machte allen Mut, mit denen sie zusammen war.
Nach ihrer Entlassung Ende 1931 gründete Kasturbai als erstes einen Ashram in Maroli im Navsari Distrikt in Gujarat, wo all diejenigen Männer und Frauen Schutz und Pflege erhalten sollten, die in den Gefängnissen Schocks erlitten hatten. Bis zu ihrem Tode war sie mit dieser Einrichtung unmittelbar verbunden. Später wurde der Ashram als Kasturbai-Ashram bekannt und leistet bis heute viel mit seiner Behandlung und Pflege geistig Behinderter.
Kaum war Kasturbai 1931 aus dem Gefängnis entlassen, als es in Rajkot weitere Schwierigkeiten gab. Diesmal waren es nicht die Engländer, sondern der Regent von Rajkot, der die Leute aufbrachte. Der Regent, der u. a. als Sex-Besessener galt, hatte sich ein besonderes Landhaus als Freudenhaus gebaut. Des öfteren kidnappte er schöne Mädchen, wo immer er sie in seinem Staate fand, behelligte sie und ließ sie dann wieder frei. In vielerlei Hinsicht war er ein Despot, und seine Untertanen waren unglücklich.
Da Mohan ein alteingesessener Einwohner des Staates und ein alter Bekannter der Familie des Prinzen war, schrieb er an den Regenten und bat ihn, seine Untertanen nicht auf diese Art zu mißhandeln. Das blieb aber ohne Wirkung.
Darum sagte Kasturbai: „Das ist eine Sache der Frauenehre. Ich werde die Frauen von Rajkot zu gewaltlosem Widerstand aufrufen und dabei anführen."

Ihre Bestimmtheit und Rückhaltlosigkeit erfreuten Mohan. Er entsandte sie mit seinen Segenswünschen nach Rajkot.
Dort sprach Kasturbai auf mehreren Versammlungen vor Frauen und schärfte ihnen ein, daß es unumgänglich sei, sich für das Recht zu erheben und Gerechtigkeit und Schutz vor Mißhandlung zu fordern.
Als der Regent von der Widerstandsbewegung innerhalb seines Territoriums erfuhr, ließ er Kasturbai verhaften und in jenem Landhaus einsperren, das er im allgemeinen zur Schändung unschuldiger Mädchen benutzte.
Das Landhaus lag etwa 10 km von Rajkot entfernt im flachen Lande und ohne menschliche Behausungen in seiner Nachbarschaft. Damals gab es auch keine Elektrizität. Kasturbai wurde dort zunächst einige Tage allein, dann für mehrere Wochen zusammen mit einer ihrer Kameradinnen festgehalten.
Kasturbais Fähigkeit, um der Wahrheit und um ihres Landes willen zu leiden, wurde legendär. Sie klagte niemals über die Bedingungen im Gefängnis, auch dann nicht, wenn sie grundlos in Einzelhaft gehalten wurde. Ein Beispiel ist der vorliegende Fall ihrer Inhaftierung in dem Landhaus bei Rajkot.
Es war ein hartes Gefangenen-Dasein, aber Kasturbai, die in ihrem Leben nie Angst vor etwas hatte, war an diesem Ort nicht unglücklich, wie es der Regent von Rajkot erwartet hatte. Für hier wie für alle ihre Gefängnisaufenthalte gilt, daß sie nicht nur freundlich blieb, sondern Hoffnung und Freude sogar noch jenen vermittelte, die um sie herum waren.
Erst nachdem Devadas, ihr jüngster Sohn, sie in dem Landhaus bei Rajkot besucht hatte, erfuhr die Welt von den Bedingungen, unter denen sie gefangen gehalten wurde. Die Sorge um sie war um so mehr gerechtfertigt, als sie kränkelte. Sollte sie plötzlich richtig erkranken, würde es niemanden um sie herum geben, der ihr beistehen könnte. Devadas war daher sehr beunruhigt und trug die Sache den Behörden vor, die sich später erweichen ließen und Kasturbai nach Rajkot verlegten, wo sie in einem alten Palast in Haft gehalten wurde.
Hier gestattete man ihr die Gesellschaft zweier Freundinnen, Maniben Patel und Mridula Sarabhai. Kasturbai schrieb aus dem Gefängnis interessante Briefe, in denen sie sich stets nach Mohans Gesundheit erkundigte, dem einzigen, was sie mit Sorge erfüllte.
Während Kasturbai in dem alten Palast inhaftiert war, entschloß sich

Mohan, ein Fasten bis zum Tode auf sich zu nehmen. Mohans Entschluß kam ziemlich plötzlich. Er schickte Sushila Nayyar zu Kasturbai, um ihr die Nachricht zu überbringen, bevor sie es von draußen erfuhr. Als Sushila ihr die Nachricht überbrachte, war Kasturbai erschüttert.
„Ihr hättet mich wenigstens warnen können, daß ein Fasten bevorstand."
„Niemand wußte davon", erklärte Sushila. „Bapu teilte uns die Neuigkeit heute früh mit."
Kasturbai war ratlos. Sie konnte nicht um Entlassung ersuchen, weil das gegen die Grundsätze von Satyagraha verstoßen hätte. Wie stets, wenn Mohan ein Fasten begann, ließ Kasturbai die Frau, die für sie kochte, kommen und bat sie, kein Essen mehr für sie zu kochen.
„Von heute an werde ich nur Früchte und Milch zu mir nehmen", sagte sie. Das machte es ihr möglich, ihre körperliche Kraft in gewissem Umfang zu erhalten, so daß sie Mohan pflegen und doch an dem Protest teilhaben konnte.
Zwei Tage später wurde Kasturbai erlaubt, das Gefängnis zu verlassen und mit Mohan zusammenzusein. In ihrer Sorge um Mohan dachte sie nicht darüber nach, ob es wirklich ratsam sei, das Angebot anzunehmen angesichts der Tatsache, daß ihre beiden Genossinnen, die unter denselben Umständen verhaftet worden waren, nicht mit ihr entlassen wurden.
Als Kasturbai das Haus erreichte, in dem Mohan fastete, ging sie geradewegs zu ihm.
„Wieso bist Du hier?" fragte er überrascht.
„Die Regierung hat mich entlassen", antwortete Kasturbai.
„Und wo sind Mridula und Mani?" wollte er wissen.
„Sie sind noch im Gefängnis", antwortete sie. Erst dann wurde ihr ihre Torheit bewußt.
„Du kannst doch Deine Kameradinnen nicht im Stich lassen!" ermahnte er sie.
„Natürlich nicht", gab Kasturbai zu. „Ich erkenne jetzt, daß ich meine Verantwortung vergaß, weil ich während Deines Fastens bei Dir sein wollte."
„Was wirst Du nun tun?" fragte Mohan.
„Ich werde noch heute abend zurückgehen", erwiderte Kasturbai bestimmt.

„Und was wirst Du machen, wenn sie sich weigern, Dich erneut in Haft zu nehmen?“ fragte Mohan, der sich offenbar daran freute, ihr auf den Zahn zu fühlen.
„Ich werde Satyagraha üben und die ganze Nacht außerhalb des Gefängnisses sitzen, wenn sie mich nicht hereinlassen.“ Kasturbai war nicht zu überlisten.
Mohan war glücklich. Das war es, was er von ihr hören wollte. Heute konnte er stolz auf sie sein.
Kasturbai ging an jenem Abend zurück zum Gefängnis. Die Regierung war gefällig und ließ sie hinein, um sie dann am nächsten Morgen allesamt zu entlassen.

16. Kapitel

Sevagram. Im verbotenen Tempel

1936 waren Mohan und Kasturbai nach Sevagram bei Wardha in Maharashtra umgezogen. In Wardha gab es einen Frauen-Ashram, der sich Mahila Ashram nannte und nach den Ideen Gandhis ausgerichtet war. Man bildete dort junge, mittellose Mädchen in verschiedenen Berufen aus, wodurch sie fähig waren, für sich selbst zu sorgen und in den Dörfern zu helfen.

Für die Mädchen dieses Ashrams war es zur Regel geworden, am 2. Oktober eines jeden Jahres dem Ashram in Sevagram einen Besuch abzustatten, um Mohans Geburtstag zu feiern. Sie kamen ebenso an anderen Tagen, aber an diesem besonderen Tag wollten alle Ashram-Mitglieder einen ganzen Tag in Sevagram verbringen. Entsprechend schrieben sie an Mohan. Mohan schrieb zurück und sagte, sie seien willkommen, aber sie sollten keine besondere Gastlichkeit erwarten. Es gebe nur Wasser vom Brunnen.

Das war bezeichnend für Mohan. Er dachte nicht daran, unnötige Ausgaben zu tätigen. Es war für ihn verschwenderisch, eine Gruppe von 20 oder 30 Frauen zu unterhalten, die nur gekommen waren, um seinen Geburtstag zu feiern.

Die Mädchen gingen auf jeden Fall. Sie packten sich trockenes Mittagessen ein und marschierten früh genug nach dem 8 km entfernt liegenden Sevagram, um zeitig dort zu sein und an der Morgenandacht teilnehmen zu können. Die Entfernung mußte zu Fuß zurückgelegt werden. Im Ashram in Sevagram war man mit den üblichen Hausarbeiten befaßt, als die Mädchen eintrafen. Sie wurden sich selbst überlassen, gingen zum Brunnen und wuschen sich. Irgend jemand legte ihnen nahe, sich auf der Veranda von Kasturbais kleinem Haus niederzulassen, wo sie ihr eingepacktes Mittagessen verzehrten.

Kurz darauf kam Kasturbai. Sie war überrascht, welche Invasion in ihrem kleinen Haus stattgefunden hatte.

„Wo seid Ihr Mädchen denn hergekommen?“ fragte sie. „Und warum eßt Ihr kaltes Mittagessen?“

Man berichtete Kasturbai, welche Bedingungen Mohan genannt hatte. Aber Kasturbai setzte sich darüber hinweg. Sie öffnete die Vorratskammer des Ashram und holte alle Orangen, Früchte, Nüsse und Yogurth, die sie vorfand, und verteilte sie an die Mädchen. Sie sorgte auch dafür, daß ein paar Frauen des Ashrams den Mädchen Kannen mit Trinkwasser brachten.

Da erschien Mohan auf der Bildfläche. „Was geht hier vor sich?“ fragte er.

„Erzähl mir nicht, Dein Ashram sei so bankrott, daß er nicht eine Handvoll Gäste bewirten kann“, schalt ihn Kasturbai.

„Aber all dies war nicht notwendig. Ich habe den Mädchen die Bedingungen erklärt, bevor sie herkamen.“

„Du kannst erklären, was Du willst“, sagte Kasturbai im Spaß. „Jetzt sitzen sie auf meiner Veranda und sind meine Gäste. Als Gastgeberin lasse ich niemanden, der zu mir kommt, hungrig fortgehen.“

Trotz ihres Alters und ihrer Lage hatte Kasturbai es sich angewöhnt, alles für Mohan und für sich selbst zu machen.

Sushila Nayyar erinnert sich, wie sie in Kasturbais Haus untergebracht wurde und mit ihr auf der Veranda schlief, als sie zum Ashram in Sevagram gekommen war.

Im Ashram stand man früh auf, um zur Morgenandacht um fünf Uhr fertig zu sein. An ihrem ersten Tag im Ashram war Sushila aufgestanden und mit ihren morgendlichen Hausarbeiten beschäftigt, ohne vorher ihr Bett gemacht zu haben. Sie wußte nicht, daß das von jedem Ashram-Mitglied verlangt wurde. Ein paar Tage später sah sie, wie Kasturbai es für sie tat, und war beschämt.

Kasturbais peinliche Genauigkeit war eine weitere Eigenschaft, der niemand gewachsen war. Sie wollte, daß alles sauber und ordentlich war und setzte sich selbst voll dafür ein.

Gewöhnlich stand sie um vier Uhr in der Frühe auf. Nach ihrer Morgentoilette bereitete sie Mohan das Früstück. Zahlreiche junge Leute im Ashram, vor allem die jungen Mädchen, rissen sich um die Gelegenheit, das Frühstück zu bereiten. Hatte Kasturbai schon damit angefangen, erlaubte sie, daß man ihr half, hielt aber ein wachsames Auge darauf, daß alles ordnungsgemäß getan wurde.

Sie nahm das fertige Frühstück und ging zu der Hütte, in der Mohan schlief.

Während er seine Mahlzeit einnahm, saß sie an seinem Bett. Nach den Morgengebeten machte Mohan gewöhnlich einen Spaziergang, während Kasturbai für einige Stunden im Ramayana und in der Gita las. Vormittags ging sie dann in die Gemeinschaftsküche, wo sie die Zube-

reitung des Mittagessens für Mohan und für alle anderen im Ashram überwachte.
Sie aß etwas später und spülte dann mit den anderen zusammen das Geschirr. Gewiß hätte jeder im Ashram das Geschirr für Mohan und Kasturbai gespült. Aber Kasturbai wollte es gemäß dem besonderen Geist des Ashrams gern selbst tun. Außerdem traute sie niemandem so leicht zu, daß er es so machte, wie sie es gemacht haben wollte. Selbst wenn jemand ihr Geschirr gespült hätte, hätte sie es erneut gespült, bis es glänzte.
Dann ging Kasturbai zu Mohan und rieb ihm die Fußsohlen mit Öl ein, während er dalag und seinen Mittagsschlaf hielt. Das zog die Hitze aus seinem Körper und linderte sehr.
Sie machte ein kurzes Nickerchen und stand dann auf, um für etwa zwei Stunden zu spinnen, obwohl sie schwach war und mehr Ruhe benötigt hätte. Wenn ihr das jemand sagte, machte sie sich darüber lustig und sponn weiter, bis es Zeit war, das Abendessen zu bereiten. Dann ging sie wieder zur Küche und überwachte das Kochen. Sie selbst aß abends niemals, sie trank lediglich eine Tasse Kaffee. Sie bediente aber Mohan und machte danach ihre kurzen Besuche bei den Kranken und Alten, während er seinen Abendspaziergang machte.
Die einzige Zeit am Tage, in der sie sich entspannte, war nach den Abendgebeten, wenn sie und die anderen Frauen im Garten saßen und plauderten. Irgend jemand massierte währenddessen ihre Füße, und ein anderer rieb ihr den Rücken.
Bald war es dann an der Zeit, ins Bett zu gehen. Zuerst sah sie nach Mohan, ob er für die Nacht gut versorgt war, bevor sie ihr eigenes Nachtlager herrichtete und sich zum Schlafen zurückzog. Das war Kasturbais tägliche Routine.
Damals kümmerte sich Kasturbai auch um den kleinen Kanu, Ramdas' dritten Sohn. Das Kind hing sehr an seiner Großmutter. Ramdas' Frau studierte noch. Trotz all der Arbeitslast und ihres Alters bewältigte Kasturbai diese zusätzliche Aufgabe mit bemerkenswerter Gewandtheit.
1938 wurde eine Satyagraha-Aktion gestartet. Kasturbai konnte nicht umhin, daran teilzunehmen.
Sie überließ Kanu der Obhut Mohans.
Als sie ins Gefängnis mußte, war das Kind ganz untröstlich und weinte dauernd nach seiner Großmutter. In seiner Not gab Mohan dem Kind ei-

nes Tages einen Rosenkranz und sagte: „Wenn Du die Perlen zählst und dabei mit genügend Konzentration jedesmal den Namen Deiner Großmutter aufsagst, kommt sie bestimmt wieder."
Das Kind hörte auf zu weinen, hockte sich mit gekreuzten Beinen auf den Boden, schloß die Augen und begann, den Namen seiner Großmutter zu singen. Eine halbe Stunde später kam es weinend zu Mohan gelaufen und sagte, daß seine Großmutter noch nicht gekommen sei. Mohan mußte seine Niederlage eingestehen. Er schickte das Kind zu seiner Mutter nach Dehra Dun.
In jenen Tagen war Mohans Gesundheitszustand schlecht. Sein Blutdruck veränderte sich sprunghaft, was alle im Ashram mit ernster Besorgnis erfüllte, mit Ausnahme Kasturbais, die überzeugt war, daß er wieder genesen würde.
Dezember 1937. Es war bitterkalt in Sevagram. Aber Mohan war entschlossen, bei jedem Wetter im Freien zu schlafen. Seine Hütte war daher ohne jede Schlafmöglichkeit gebaut worden. Zu der Zeit war sein Blutdruck unregelmäßig. Der Arzt riet ihm, drinnen zu schlafen. Das war leichter gesagt als getan.
Als Mohan bereit war, dem Rat des Arztes zu folgen, erhob sich die Frage, wo er untergebracht werden sollte. Daraufhin räumte Mirabehn (Madeleine Slade) ihre Hütte, ohne Mohan zu fragen. Das störte ihn unendlich, denn er war nicht willens, andere um seinetwillen zu belästigen. Nun waren alle mit ihrer Weisheit am Ende. Jemand ging zu Kasturbai und bat sie um Hilfe. Sie lächelte nur. „Seid unbesorgt", tröstete sie. Abends nach dem Essen kündigte sie an, daß Mohan künftig in ihrer Hütte schlafen werde. Die Entscheidung war gefallen. Sie war endgültig, Kasturbai duldete keinen Widerspruch.
Mohan beugte sich lächelnd ihrem Wunsch. Die Betten für ihn und seine Helfer wurden in ihrem Zimmer aufgeschlagen. Folglich war da kein Platz mehr für Kasturbai und den kleinen Kanu. Sie zogen auf die Veranda aus.
Nach einer ruhigen Nacht erhob sich Mohan am nächsten Morgen in einer Laune der Erinnerung und rief: „Die arme Ba hatte niemals ein Zimmer für sich!"
„Dieses kleine Häuschen", fügte er hinzu, „wurde eigens für sie gebaut. Ich habe selbst den Bau beaufsichtigt. Ich war der Ansicht, sie sollte etwas mehr Bequemlichkeit und Ruhe in ihren alten Tagen haben. Aber jetzt habe ich selber von der Hütte Besitz ergriffen!"

Kasturbai konnte tatsächlich die Hütte nie ganz für sich nutzen. Sie hatte sie stets mit dem einen oder anderen geteilt, aber, so sagte Mohan, „mein Kommen nach hier bedeutet, daß sie die Hütte überhaupt aufgegeben hat. Es verletzt mich zwar, aber ich muß zugeben, daß Kasturbai niemals darüber geklagt hat. Ich kann ihr wegnehmen, was ich will, ich kann ihr jeden Gast aufhalsen, den ich will, ich kann ihr auftragen, was ich will, sie macht es stets freundlich und bereitwillig".
Kasturbai kam in den Raum, als er den Satz vollendete. Mohan blickte zu ihr auf und sagte mit einem Lächeln auf den Lippen: „Es ist, wie es sein sollte. Würde der Mann dies und die Frau etwas anderes sagen, wäre das Leben elend. In diesem Fall braucht nur der Mann etwas zu sagen, und die Frau ist dazu bereit, es zu tun."
Kasturbai lachte laut, und alle im Raum lachten mit ihr.
Obwohl Mohan drinnen schlief und den Anweisungen des Arztes gehorchte, blieb sein Blutdruck unregelmäßig. Die Ärzte rieten ihm, an die Küste zu fahren, um noch mehr Ruhe zu finden. Mohan war bereit, es damit zu versuchen. Die Menschen im Ashram waren bestürzt.
Einige fragten: „Ist er ganz schlimm krank?"
Andere wollten wissen: „Wird er je zu uns zurückkommen?"
Aber Kasturbai blieb gelassen. Sie gab sich völlig seiner Pflege hin und kümmerte sich um all seine Bedürfnisse. Sie blieb überzeugt, er werde durchkommen. Sie begleitete ihn zum Landhaus seines Freundes am Juhu Beach bei Bombay.
Nach zwei Monaten Ruhe und Erholung an der Küste war Mohan wieder bei guter Gesundheit. Mohan kehrte nach Sevagram zurück. Später mußte er wegen gewisser Arbeiten nach Kalkutta. Er fragte Kasturbai, ob sie mitkommen werde. „Ich würde gern hierbleiben", sagte sie, „es sei denn, ich sei erforderlich."
Wenn Mohan gesundheitlich auf der Höhe war, widmete sich Kasturbai lieber ihrer eigenen Arbeit. Sie hatte Kalkutta erlebt und kein Verlangen, wieder nach dort zu fahren. Aber etwas später im selben Jahr, als Mohan planmäßig nach Delang in Orissa ging, schlossen sich ihm Kasturbai und einige andere Frauen an.
In Delang ist der Jagannath Puri Tempel, der von den Hindus als einer der fünf wichtigsten Schreine der Welt betrachtet wird. Kasturbai brannte darauf, nach dort zu kommen, hielt es aber nicht für notwendig, das Mohan zu erklären.

Mohan hatte bereits eine Kampagne zum Boykott aller Tempel eingeleitet, die den Harijans keine gleichen Rechte beim Gottesdienst einräumten. Er hatte darüber gesprochen und geschrieben und eine nationale Kampagne in Gang gesetzt, damit solche Tempel boykottiert wurden. Einer der Tempel, die nicht bereit waren, das Kastentabu zu brechen, war der Puri-Tempel. Mohan schloß darum aus, daß ein Hindu, der Selbstachtung hat, dorthin geht.
Kasturbai wußte, was Mohan empfand, und wollte ihn nicht verletzen. Aber Gottesverehrung von außerhalb des Tempels würde niemandem Leid zufügen, redete sie sich ein.
Vermutlich ahnte Mohan nicht, warum Kasturbai und die anderen Frauen sich der Reisegesellschaft so gern anschlossen. Und wenn er es tat, glaubte er doch keinen Augenblick lang, daß jemand, der ihm so nahe stand, seine Sache verraten würde. Seine Ansichten über den Gottesdienst im Tempel waren wohlbekannt, und es gab keinen Grund, sie ständig zu wiederholen.
In dieser Atmosphäre gegenseitigen Vertrauens brach die Gesellschaft nach Delang auf. Wie üblich war Mohan völlig in seine politische Arbeit vertieft. Kasturbai und die anderen waren weitgehend sich selbst überlassen.
Eines Morgens machte sich Kasturbai zum Jagannath Puri Tempel auf. Sie wurde begleitet von der Frau und dem Sohn Mahadev Desais, Mohans vertrautestem Sekretär, sowie von Sushila, ihrer zweiten Schwiegertochter. Sie alle lebten in der Vorstellung, sie unternähmen lediglich eine Besichtigungstour und würden höchstens die Gottheit von außerhalb des Tempelbezirks verehren.
Wie alle Frauen ihres Alters war Kasturbai stets eine äußerst religiöse Person. Als sie den Tempel erreichten und einige Minuten lang draußen in stummer Huldigung standen, kündigten Kasturbai und Mrs. Desai an, sie würden hineingehen. Die Anziehungskraft war unwiderstehlich. Kasturbai konnte sich dem nicht entziehen.
„Du weißt, Bapu ist dagegen, daß wir hineingehen“, erinnerte sie Sushila zaghaft.
„Ja, ich weiß“, war alles, was Kasturbai erwiderte. Dann ging sie in den Tempel.
Die Nachricht darüber erreichte unabwendbar Mohan. Er war zutiefst verletzt und ärgerlich wie nie zuvor. Abgesehen davon, daß er die Beteiligten ausschimpfte und seinem Zorn bei der Zusammenkunft zum Ge-

bet öffentlich Luft machte, tadelte er sich selber, Kasturbais Ausbildung vernachlässigt zu haben, was seiner Meinung nach allein sie veranlaßt haben könnte, seine Wünsche zu mißachten.
Die meisten Teilnehmer seiner Reise-Gefolgschaft wurden nach Sevagram zurückgeschickt. Kasturbai entschuldigte sich überschwenglich für ihre Unvernunft. Sie hatte keine Ahnung, daß er so tief empfand und von solch heftigem Zorn und Schmerz gepackt würde. Wahrscheinlich hatte sie angenommen, ihr kurzer Tempel-Besuch werde unbemerkt vorübergehen; sollte aber jemand Mohan die Sache zutragen, werde er nicht so heftig reagieren. Es war eine Fehlkalkulation, die als Kasturbais größter Fehler bezeichnet werden kann.
Mohan war tagelang niedergeschlagen. Er tadelte wegen des Vorfalls auch Mahadev Desai. „Ich weiß, daß ich mit der Ausbildung Kasturbais nachlässig war, aber wie und warum versagtest Du bei Ausbildung Deiner Frau?" wollte Mohan wissen.
Mahadev wußte keine Antwort. Er war ein sehr sensibler Mensch, sah sein Versagen ein und richtete an Mohan einen Brief, in dem er auf seinen Posten als Sekretär verzichtete.
Das schmerzte Mohan um so mehr: „Wenn Du so etwas wie mein Sohn bist, darf ich Dich dann nicht für eine Untat zurechtweisen?"
Mahadev und Mohan bereinigten schließlich die Sache und befreiten ihr Gemüt, indem sie alles über den Vorfall und ihr Versagen in dem Wochenblatt „Harijan" schriftlich niederlegten.

17. Kapitel

Krankheiten. Mohans Verhaftung — Kasturbai als Stellvertreter

Von dem Augenblick an, als Kasturbai das Gefängnis in Rajkot verlassen hatte, übernahm sie Mohans Betreuung, bis er sein Fasten beendete. Danach begleitete sie ihn auf seiner Reise nach Kalkutta und Brindaban, von da nach Delhi, wo Kasturbai erkrankte und Fieber bekam. Die Ärzte rieten, daß man Kasturbai nicht reisen lassen dürfe, aber Mohan meinte, daß sie schneller genesen würde, wenn sie bei ihm sei, als wenn man sie in Delhi zurückließ. So setzte er gegen den ärztlichen Rat die Reise mit der Eisenbahn nach Rajkot fort. Während der Fahrt kletterte Kasturbais Temperatur auf 105 Grad Fahrenheit. Das versetzte Sushila Nayyar in große Unruhe. Kasturbai selbst sagte nichts. Sie machte nicht viel Aufhebens um ihre Krankheit. Und tatsächlich wurde sie bald gesund.

Nach ein paar Tagen Aufenthalt in Rajkot unternahm die Gruppe um Mohan mit seinen Gefolgsleuten noch einmal eine Tour in das Nordwestliche Grenzgebiet. Als man Bombay erreichte, erkrankte Kasturbai jedoch wieder an Lungenentzündung.

Mohan war in großer Sorge. Er schickte ein Telegramm an Sushila, die sich in Sevagram aufhielt. Sie möchte sofort zur Gruppe stoßen, damit sie Kasturbai mit der notwendigen ärztlichen Hilfe versehen könne.

Obwohl Kasturbai häufig krank wurde, hatte sie doch auch die bemerkenswerte Fähigkeit, auf Behandlung schnell zu reagieren und rasch zu genesen. Mohan wartete in Bombay, bis Kasturbais Temperatur zurückging. Dann brach er ins Nordwestliche Grenzgebiet auf.

Kasturbai war entschlossen, ihn zu begleiten. Aber Mohan meinte, sie sei zu schwach für die anstrengende Reise.

„Ich möchte keine Last für Dich sein“, sagte sie.

„Das bist Du niemals“, entgegnete er und lachte. „Aber Du mußt etwas Kraft zurückgewinnen, bevor Du reisest. Wenn Du so sehr darauf bedacht bist, bei mir zu sein, schlage ich vor, Du ruhst Dich acht bis zehn Tage aus und kommst dann nach.“

So kam es, daß Kasturbai in den Grenz-Provinzen wieder mit Mohan zusammentraf. Doch die Reise war anstrengend, und nach der Rückkehr nach Sevagram wurde Kasturbai erneut krank.

Diesmal hielt sich Sushila Nayyar in Delhi zur Promotion auf. Sie konnte nicht nach Sevagram gerufen werden. Kasturbai hatte jedoch großes Vertrauen zu ihr und erklärte, sie habe den Wunsch, nach Delhi zu fahren, wo sie zwei Dinge erreichen könnte: erstens von Sushila Nayyar behandelt zu werden, ohne deren Studien zu stören, und zweitens bei ihrem jüngsten Sohn Devadas und dessen Familie zu wohnen, die sich in New Delhi niedergelassen hatte.

Mohan sandte an Sushila und Devadas Telegramme. Beide willigten ein. So stimmte Mohan Kasturbais Reise nach Delhi zu.

Sushila Nayyar war entsetzt, festzustellen, daß Kasturbai von Wardha nach Delhi ganz allein gereist war. In ihrer Verärgerung schrieb sie einen langen Brief an Mahadev Desai, Mohans Sekretär, in dem sie erklärte, er hätte wissen müssen, daß man Kasturbai in ihrem Alter und körperlichen Zustand nicht ganz allein auf eine so lange Reise schickt. Mahadev Desai schrieb zurück, er sei in dieser Sache frei von Schuld, da das Mohans Anweisung gewesen sei.

Sushila wollte nun in ihrer Verärgerung an Mohan schreiben und ihm sagen, daß er falsch gehandelt habe. Doch Kasturbai beruhigte sie und sagte:

„Du machst viel Aufhebens um nichts. Ich wurde in Wardha in den Zug gesetzt, und die anderen Fahrgäste wurden gebeten, mir zu helfen, falls ich Beistand benötigte. Hier in Delhi wart ihr alle am Bahnhof, mich zu empfangen. Warum sollte ich also eine Begleitmannschaft haben?"

Die Angelegenheit war damit erledigt. Kasturbai wohnte im Hause ihres Sohnes, während Sushila sie zwei- bis dreimal täglich besuchte, um sie zu untersuchen. Bei so viel Ruhe und Behandlung konnte sie rasch genesen. Aber sobald sie wieder auf den Beinen war, vermißte sie die Ashram-Atmosphäre, vor allem die Morgen- und Abendgebete, die in Devadas' Haus nicht gesungen wurden.

Eines Tages sagte sie zu Sushila: „Laß mich für ein paar Tage bei Dir wohnen, so daß wir beide wie im Ashram jeden Morgen und Abend die Gebete singen können."

Sushila stimmte zu und nahm Kasturbai in ihr Gästezimmer auf. Das war Anfang April. Um diese Zeit ist es in Delhi mitunter sehr heiß. Obwohl sich Kasturbai bei Sushila wie daheim im Ashram fühlte, da die Morgen- und Abendgebete gesungen wurden, überwältigte sie doch die Hitze, und sie verbrachte des öfteren schlaflose Nächte.

Sushila schüttete ein paar Eimer Wasser auf den Zimmerfußboden und

stellte den Fan die ganze Nacht auf Höchstgeschwindigkeit, um die Atmosphäre im Zimmer kühl zu halten. Dennoch bekam Kasturbai einige Tage später eine schwere Lungenentzündung. Ihr Zustand wurde bedenklich. Man brachte sie in das Haus ihres Sohnes Devadas, wo sie nach intensiver Pflege langsam genas.
Mohan war in diesen Wochen äußerst besorgt und rief jeden Tag an, um sich nach ihrem Befinden zu erkundigen. Er schrieb auch lange und liebevolle Briefe an Kasturbai, die ihr von Sushila oder von Devadas oder einem anderen Familienangehörigen vorgelesen werden mußten.
Kasturbai sammelte die Briefe unter ihrem Kopfkissen. Wenn sie allein war, holte sie sie hervor und las sie wieder und wieder, indem sie jede Silbe mühsam entzifferte.
Die Briefe gaben ihr ungeheuren Mut. Sie dürften zweifellos mehr als alles andere zu ihrer Wiedergesundung beigetragen haben.
Als sie sich erholt genug fühlte, wollte sie so bald wie möglich zurück nach Sevagram und zu Mohan. Devadas begleitete sie mit seiner Familie ...
Durch alle seine Kämpfe hindurch stand Kasturbai an Mohans Seite. Wenn sie nicht ihren eigenen gewaltlosen Widerstand leistete, kämpfte sie mit Mohan und folgte ihm überall hin, wenn unumgänglich, auch ins Gefängnis.
Sie war ungebildet, aber nicht unwissend. Sie hatte eine klare Vorstellung von dem, was gerecht und was nicht gerecht war. Sie hatte auch eine sehr klare Vorstellung von dem, was über den Kampf um die Freiheit des Landes hinaus getan werden mußte. Es gab zahlreiche Gruppen von Frauen, die sie organisierte und in die Dörfer schickte, um dort einen sozialen Wandel zustande zu bringen. Die Erfahrungen von Champaran waren noch frisch in ihrem Bewußtsein. Außerdem war sie darauf bedacht, daß die Frauen, die sich um Mohan scharten, ihre eigene Arbeit nicht schleifen ließen.
Im Falle von Sushila Nayyar zum Beispiel, die zu Mohan kam, bevor sie ihren Abschluß in Medizin hatte, war es Kasturbai, die das junge und ungestüme Mädchen ständig ermunterte, sich nicht durch die Kämpfe, die Mohan führte, vom Studium abhalten zu lassen, sondern sich darauf zu konzentrieren. Kasturbai war sich der Bedeutung der Medizin bewußt und wollte, daß Sushila so viel studierte wie sie nur aufnehmen konnte, um dann den armen Menschen in den Dörfern helfen zu können.

Damit gab sie Sushila eine wichtige Entscheidungshilfe. Nach ihrem ersten akademischen Grad überredete Kasturbai sie, zu promovieren und das Studium damit abzuschließen. 1942, als Mohan die „Quit-India“-Bewegung in Gang setzte, drängte Kasturbai darauf, daß Sushila in Delhi blieb, wo sie die letzten praktischen Übungen absolvierte, bevor sie den Doktorgrad erwarb.
Die Bewegung hatte noch nicht angefangen. Entschlüsse waren gefaßt und Pläne ausgearbeitet worden. Die Exekutive des Allindischen Kongreß Komitees hatte die Resolution angenommen. Sie sollte auf einer öffentlichen Versammlung in Bombay vorgelegt und verabschiedet werden.
Das zentrale Anliegen der Resolution und des Kampfes, den Mohan auf sich nehmen sollte, war bereits jedem bekannt. Man schrieb den 4. August, das ganze Land befand sich in einem Spannungszustand. Sushila hatte Berichte über den Beschluß gelesen und war besorgt. An jenem Abend traf sie einen Bekannten, der bei der Regierung von Indien beschäftigt war und ihr vertraulich mitteilte, daß bereits Befehle ergangen seien, Mohan und die anderen Kongreß-Führer zu verhaften.
Sushila wurde von panischem Schrecken erfaßt. Sie ging zum Leiter des medizinischen Krankenhauses und bat um Urlaub. Dann nahm sie den nächsten Zug nach Bombay. Als sie am Birla-Haus ankam, befanden sich Mohan und Pyarelal auf einer Versammlung des Kongresses. Die anderen waren freudig überrascht, Sushila zu sehen. Nur Kasturbai war in Unruhe versetzt.
„Warum gefährdest Du Deine Ausbildung wegen Aufruhr?“ protestierte sie.
„Ich hatte erfahren, daß alle verhaftet werden sollen. Ich wollte nicht davon ausgenommen sein“, erklärte sie zu ihrer Entschuldigung.
„Die Kämpfe werden immer weitergehen. Du solltest Deine Ausbildung deswegen nicht unterbrechen“, beharrte Kasturbai.
Aber nun, da das Kind in den Brunnen gefallen war, war nichts mehr daran zu ändern. Auch Mohan und Pyarelal meinten das, als sie am Abend Sushila trafen.
Mohan war jedoch überzeugt, er werde nicht verhaftet werden. Und ebenso, wie er schon früher Befürchtungen Sushilas als „wilde Gerüchte“ abgetan hatte, wies er auch Mahadev Desais Bedenken am Morgen des 10. August zurück.

Die Resolution „Quit India" („Verlaßt Indien") hatte Mohan auf der öffentlichen Versammlung in Bombay eingebracht. Dennoch war seine Rede am vorherigen Abend konziliant. Es hatte keine Zornesausbrüche und keine Drohungen gegen die Briten gegeben, die sich damals gerade mitten im Zweiten Weltkrieg befanden.
Am 10. August um vier Uhr morgens, als die ganze Gesellschaft, die mit Gandhi im Birla Haus wohnte, zum Morgengebet aufbrach, schimpfte Mahadev Desai, weil die Leute ihm bis etwa ein Uhr nachts nicht gestattet hatten zu schlafen.
„Warum?" fragte Mohan, „Was war der Grund?"
„Die Telefone läuteten ununterbrochen. Jeder wollte wissen, ob Du verhaftet worden seiest. Dann, gegen ein Uhr, hörte es plötzlich auf."
Mohan lachte. „Die Regierung ist nicht so töricht, den Mann zu verhaften, der heute ihr bester Freund in Indien ist", bemerkte er.
Als die Morgengebete beendet waren, machten sich alle an ihre Arbeit. Nur Mahadev Desai ging hinunter, weil er von einem Diener gerufen wurde.
„Da ist jemand, der Sie sprechen möchte", wurde ihm gesagt.
Polizei war mit einem Haftbefehl gegen Mohan gekommen. „So waren also die Gerüchte zutreffend", dachte Mahadev Desai bei sich. Er bat die Polizisten, ihm etwas Zeit zu lassen, um das Notwendige zu packen.
„Sie haben eine halbe Stunde!" sagte der Sprecher des Polizeitrupps.
Mahadev rannte die steilen Stufen zum oberen Stockwerk hinauf, ging in Mohans Zimmer und verkündete dort atemlos: „Sie sind gekommen, um Dich zu verhaften."
„Nun gut", erklärte Mohan überrascht. „Wieviel Zeit haben wir?"
„Eine halbe Stunde", antwortete Mahadev.
„Werden alle verhaftet?" fragte Mohan.
„Nein", erwiderte Mahadev. „Sie haben nur Haftbefehle gegen Dich, mich und Mira."
„Gut, dann müssen wir uns fertigmachen", sagte Mohan.
Schnell wurden ein paar wichtige Dinge zusammengepackt. Dann setzten sich alle zu einer weiteren Gebetsrunde zusammen.
Kasturbai war betrübt, daß sie erneut von Mohan getrennt werden sollte, aber sie wußte, wo ihre Pflicht lag. Inbrünstig betete sie zu Gott, daß er ihren Mann beschütze und ihr die Kraft gebe, ihre Pflicht zu erfüllen, die darin bestand, den Kampf, den Mohan begonnen hatte, fortzuführen.

Die Nachricht von Mohans Verhaftung verbreitete sich wie ein Lauffeuer. Tausende von Menschen strömten in die Gärten des Birla Hauses in Bombay, um Zeuge seiner historischen Stunde zu sein.
Kasturbai war den ganzen Vormittag über beschäftigt. Sie sprach mit den Menschen und gab denen, die wissen wollten, was zu tun sei, ihre Anweisungen. Durch die verschiedenen Krankheiten war sie jedoch geschwächt, und ihr Gesicht spiegelte die schwere Belastung. Nur ihr Geist war stark.
Abends kamen einige Kongreß-Führer zum Birla Haus und sagten: „Bapu sollte diesen Abend im Shivaji-Park auf einer öffentlichen Versammlung sprechen. Nun ist er verhaftet worden. Was sollen wir tun?"
Bezeichnenderweise antwortete Kasturbai: „Es gibt keinen Grund zur Verzweiflung. Ich werde zu der Versammlung sprechen!"
Viele waren zutiefst erschrocken, weil Kasturbai sich entschlossen hatte, zu der Versammlung zu sprechen. Sie waren zu sehr gewöhnt, sie als eine sanfte und fügsame Frau zu betrachten, die nur beiläufig ein Mitarbeiter Mohans war. Sie bildete sich nicht ein, noch hatte sie die Fähigkeit, die Führungsrolle auszufüllen. Was sie auch tat, verrichtete sie still und ohne viel Aufhebens, so daß vieles davon unbemerkt blieb.
Nun kam Kasturbai und erklärte ohne Zögern, daß sie zu der Versammlung sprechen werde. Die ihr nahestanden, waren gespannt, ob sie die Fähigkeit habe, körperlich wie geistig, die riesige Aufgabe zu bewältigen.
Bei denen, die erfreut waren, handelte es sich um einfache Menschen, für die Kasturbai ebenso bedeutend war wie Mohan und die von ihr erwarteten, so kühn Stellung zu beziehen.
Von Seiten derer, die ihr nahestanden, gab es sanften Einspruch. „Deine Gesundheit ist nicht den Härten einer Inhaftierung gewachsen", wandten sie ein.
„Unsinn!" sagte Kasturbai. „Erwartet Ihr, daß ich draußen bleibe, wenn die ganze Nation inhaftiert wird?"
Es wurde beschlossen, daß Sushila Nayyar Kasturbai begleitete, damit im Falle einer Verhaftung beide zusammen ins Gefängnis kämen und Sushila sich um Kasturbai kümmern könnte.
Kasturbai nahm Sushila beiseite und diktierte ihr eine Botschaft. Dann wies sie Sushila an, mehrere Abschriften von der Botschaft zu machen und sie verschiedenen Leuten zu geben.

Falls sie verhaftet würde, konnte somit einer, der der Aufmerksamkeit der Polizei entging, die Botschaft verlesen. Das war eine beispiellose Voraussicht und charakteristisch für einen geborenen Führer. Sushila tat, wie ihr geheißen.

In ihrer Botschaft an das Volk von Indien sagte Kasturbai: „Letzte Nacht auf der Versammlung des All-Indischen Kongreß-Komitees schüttete Euch Gandhi zweieinhalb Stunden lang sein Herz aus. Was kann ich dem hinzufügen? Alles, was uns bleibt, ist, nach seinen Idealen zu leben. Die Frauen in Indien haben ihren Mut zu beweisen. Sie sollten alle, unerachtet der Kaste oder des Glaubens, in diesen Kampf eintreten. Wahrheit und Gewaltlosigkeit müssen unsere Parole sein."

Es war nachmittags viertel vor fünf, als Kasturbai die Stufen der riesigen, palastartigen Villa herabstieg, um zu der Versammlung zu gehen. Am Fuße der Treppe wartete ihr Neffe Kanu Gandhi mit ein paar eilig hergestellten Abzeichen, auf denen „Do or Die" („Handle oder Stirb") stand. Mohan hatte auf der Versammlung des Kongresses gesagt, daß jeder freiwillige Teilnehmer am Kampf dieses Abzeichen auf seiner Brust tragen sollte, so daß er von der Polizei identifiziert werden könne. Der Gedanke dabei war, daß unschuldige Bürger, die nicht am Kampf teilnehmen wollten, nicht unnötigerweise belästigt wurden oder in Verdacht gerieten.

Kanu trat vor, um das Abzeichen an Kasturbais Sari zu heften.

„Was ist das?" fragte sie.

„Es ist das ‚Do or Die'-Abzeichen, das alle Freiwilligen tragen sollten", erläuterte Kanu.

„Aber diese Botschaft ist meinem Herzen eingeprägt. Warum sollte ich noch ein Papier-Abzeichen benötigen, um mich daran zu erinnern?" fragte Kasturbai belustigt.

Als sie zum Säulengang weiterschritt, gefolgt von Sushila Nayyar und anderen, trat ein Polizeibeamter respektvoll vor und sagte: „Mutter, Sie sollten das nicht tun. Sie sollten zu Hause bleiben und sich um Ihre Gesundheit kümmern."

„Wie kann ich zu Hause bleiben, wenn alle mein Söhne und Töchter von den Briten verfolgt werden!" fragte sie und schritt auf den Wagen zu, der sie zu der Versammlung bringen sollte.

Als sie mit Sushila in den Wagen eingestiegen war, folgte der Beamte und sagte wiederum respektvoll: „Mutter, bitte vergeben Sie mir, aber ich muß meine Pflicht tun."

„So tue sie, mein Sohn!“ erwiderte Kasturbai, und schon befand sie sich auf dem Wege zum Arthur-Road-Gefängnis, in dem Kasturbai und Sushila eingesperrt wurden.
Mittlerweile hatte man im Birla Haus erfahren, daß Kasturbai und Sushila verhaftet worden waren. Pyarelal, der eine Abschrift der Botschaft besaß, versuchte zur Versammlung zu gelangen. Aber die Polizei hatte mitangehört, wie er Kishorelal Mashruwala von seinem Vorhaben unterrichtete, und Minuten später war auch er verhaftet.
Kurshid Captain, eine der wenigen Parsinnen, die dem Kampf beigetreten waren, und Enkelin des berühmten Staatsmannes Dadabhoy Naoroji, hatte ebenfalls eine Abschrift. Als sie sah, daß Pyarelal von der Polizei abgeführt wurde, schlich sie zu einer Hintertür hinaus und entkam unauffällig aus dem Birla Haus. Sie machte sich auf den Weg zum Shivaji-Park. Aber die Polizei war bereits dort und zerstreute die Menge, indem sie die Menschen mit Polizeiknüppeln schlug und mit Tränengas beschoß.
Es wurde nicht gestattet, die Versammlung abzuhalten. Aber Kasturbais Botschaft wurde in allen indischen Tageszeitungen veröffentlicht und über die Untergrund-Sender der Widerstandsbewegung verbreitet.
Im Polizeiauto sah Kasturbai erschöpft aus, Tränen glänzten in ihren Augen. Sushila fühlte ihren Puls und glaubte, Kasturbai habe etwas erhöhte Temperatur. Sie nahm an, das sei die Folge der Erschöpfung, ändern konnte man nichts daran. Aber seltsam war, daß Kasturbai Tränen in den Augen hatte.
„Was ist, Ba?“ fragte Sushila.
Einen Augenblick lang verharrte Kasturbai schweigend. Sie schaute auf alles und jeden mit liebendem Blick. Dann wandte sie sich Sushila zu und sagte:
„Ich habe das Gefühl, ich werde nicht lebend wieder herauskommen.“
„Warum sagst Du solche Dinge, Ba?“ fragte Sushila geängstigt.
„Es ist nur so ein Gefühl“, erklärte Kasturbai. „Wie dem auch sei, diese Regierung ist vom Übel und würde vielleicht gern jeden von uns irgendwie tot haben wollen.“
„Ihr Übel wird ihr eigenes Verderben sein“, prophezeite Sushila. „Schließlich werden wir aus allem siegreich hervorgehen.“
An der Polizeistation stieg Kasturbai aus. Dort waren ein paar Menschen in ihre Arbeit vertieft. Sie schauten nicht einmal auf die kleine Gruppe, die zum Gefängnis eskortiert wurde.

Sushila war erstaunt: „Was ist los mit diesen Leuten? Erkennen sie Ba nicht?"
Ein weiblicher Aufseher begleitete die beiden Frauen ins Gefängnis, wo schnell ein komisches eisernes Ding zu einem Bett zusammengesetzt und mit einer schmutzigen Kokusmatte und noch schmutzigeren Bettüchern versehen wurde. Sushila behielt die kleine Matte, gab aber die Tücher zurück. Sie breitete Kasturbais eigene Matte über jene, die das Gefängnis bereitgestellt hatte, und bat Kasturbai, sich hinzulegen und auszuruhen.
Minuten später war Kasturbai eingeschlafen.
Es dauerte nicht lange, bis auch Sushila in Schlaf fiel. Etwa gegen zwei Uhr morgens wurde sie durch ein schlürfendes Geräusch geweckt und stand auf. Sie fand Kasturbai, wie sie ihren Weg von der Toilette zum Bett tastend suchte.
Kasturbai hatte sich den Magen verdorben. Sie hatte etwas Durchfall. Mehrere Male war sie auf der Toilette gewesen und fühlte sich nun sehr schwach. Sushila tröstete sie, darüber hinaus konnte sie nicht viel tun. Am Morgen, als der Gefängnisarzt auf seinem Rundgang kam, bat Sushila um einige Medikamente und Früchte für Kasturbai.
„Das alles können Sie kaufen", sagte er. „Wir können es Ihnen nicht geben."
„Aber wir haben nicht das Geld dafür", erklärte Sushila.
„Nun, das ist Ihre Sache", sagte der Arzt kurz angebunden.
„Können Sie nicht unsere Freunde draußen anrufen und bitten, die Dinge zu bringen?" fuhr Sushila unbeirrt fort.
„Nein", lautete die kurze Antwort des Arztes.
Nach vielem Hin und Her willigte der Arzt später ein, etwas Medizin und Äpfel aus dem Krankenhaus zu schicken. Aber es kamen nur spät abends zwei Äpfel an.
Kasturbais schlechter Zustand dauerte unterdessen an. Das lag teils an den dürftigen sanitären Bedingungen in der Zelle. Die Abwasserrohre waren leck und verursachten üblen Gestank, indem sie das Gas in die Zelle austreten ließen. Am nächsten Tag stellten die beiden Frauen ihre Betten auf die Veranda hinaus und verbrachten die meiste Zeit dort.
Einige Tage später kam eine neue Zellengenossin hinzu. Es war eine junge Frau, die der Bewegung beigetreten war, wobei sie ihre vier Kinder, das jüngste war gerade zwei Jahre alt, verlassen mußte. Kasturbai

unterhielt sich sogleich mit ihr und vergaß dabei ihre eigenen Leiden. Das war bezeichnend für sie, sobald sie den Leiden anderer gegenüberstand.
An einem Abend, etwa eine Woche später, war es soweit. Kasturbai schlief auf der Veranda. Sushila und die andere Zellen-Genossin unterhielten sich leise, um sich die Zeit zu vertreiben. Sie warteten darauf, daß Kasturbai aufwachte, damit sie die Abendgebete sagen konnten. Aber Kasturbai war offenbar zu müde gewesen und tief eingeschlafen. Sie wollten sie nicht stören.
Etwa gegen neun Uhr kam ein Gefängniswärter und sagte, Kasturbai und Sushila sollten um 11 Uhr verlegt werden. Sushila beeilte sich, ihre Sachen zusammenzupacken. Als sie damit fertig war, weckte sie Kasturbai, damit sie ihre Gebete singen konnten. Kaum waren sie damit fertig, als der Polizeiwagen vorfuhr. Kasturbai hatte unterdessen herumgefragt, wo sie hinkommen sollten, aber niemand wollte ihre Frage beantworten.
Da kam der Gefängnisdirektor, um Kasturbai zum Wagen zu begleiten. „Verlegen Sie uns jetzt in ein anderes Gefängnis, oder bringen Sie uns zu Bapu?" fragte sie ihn.
Der Gefängnisdirektor lächelte freundlich und sagte: „Wir bringen Sie zu Bapu."
Das genügte, um Kasturbai aufzuheitern. Am Bahnhof, wo sie auf ihren Zug warteten, beobachtete Kasturbai alles, was draußen vor sich ging, mit großem Interesse. Die Menschen kamen und gingen. Das Leben schien ganz normal abzulaufen. Es gab kein Anzeichen für die politische Unruhe, die die Menschen im Lande ergriffen hatte. Nach einigen Augenblicken bemerkte Kasturbai laut:
„Die Welt geht weiter, als ob nichts geschehen wäre. Ich bin gespannt, ob Bapu je Erfolg haben wird und die Freiheit gewinnt."

18. Kapitel

Im Aga Khan Palast in Poona

Früh am nächsten Morgen kamen sie in Poona an. Aber sie wurden auf einer früheren Station aus dem Zug gebracht und zum Aga Khan Palast gefahren, wo Mohan und seine Gruppe gefangengehalten wurden. Niemand im Palast wußte von ihrer Ankunft. Als Kasturbai und Sushila aus dem Wagen stiegen, trafen sie nur jemanden, der die Veranda fegte.
„Wo ist Bapus Zimmer?“ fragte ihn Sushila.
„Am Ende rechts“, antwortete er.
Sushila führte Kasturbai langsam die Veranda entlang. Kasturbai litt noch an ihrer Diarrhöe und fühlte sich sehr schwach.
In ihrem Zimmer waren Mohan und Mahadev damit beschäftigt, den Entwurf einer Erklärung an die Regierung zu überarbeiten. Sie waren so in ihre Arbeit vertieft, daß sie die Neuankömmlinge nicht recht bemerkten, bis sie neben ihnen standen.
Als Mahadev aufblickte und Kasturbai sah, war er hocherfreut. Mohan zeigte Zeichen von Besorgnis. Kasturbai sah ganz und gar nicht gut aus, und außerdem wollte er gern wissen, ob Kasturbai die Regierung ersucht hatte, sie hierher zu verlegen, was einer Verletzung der Prinzipien der Bewegung gleichgekommen wäre.
Bevor er jedoch seine Frage aussprechen konnte, las Kasturbai seine Gedanken in seinen Augen.
„Nein, sei ganz beruhigt“, sagte sie, „ich habe die Regierung nicht gebeten, mich nach hier zu verlegen. Sie haben es aus eigenem Antrieb getan.“
Mohan war zufrieden und schließlich froh, daß sie zusammengeführt worden waren.
Der Polizeibeamte, der die beiden Frauen von Bombay hierher begleitet hatte, stand an der Tür und wartete auf eine Gelegenheit, das Wiedersehen zu stören und zu empfehlen, daß jemand das Gepäck an sich nahm.
Sushila erbot sich, das Gepäck zu übernehmen, um Kasturbai die Mühe zu ersparen, unnötig hinauf- und hinunterzugehen. Aber Kasturbai war zu eigen und stets entschlossen, ihre Dinge selbst zu erledigen. Sie humpelte hinter dem Polizeibeamten her und brachte ihren kleinen Beutel in das Zimmer, das ihr zugewiesen worden war.

In diesem Spezialgefängnis erhielt Kasturbai sofort medizinischen Beistand und die besondere Diät, die sie von ihren Beschwerden innerhalb von zwei Tagen befreite. Auch in der Nähe von Mohan zu sein, trug wieder einmal zu ihrer raschen Genesung bei.

Sobald sie wieder auf den Beinen war, nahm sie Mohans Arbeit auf. Sie sah, daß er wegen der Fliegen und Moskitos, die ihn plagten, während der Morgen-Massage nicht schlafen konnte, was er üblicherweise tat. Wenn Mahadev nichts Wichtigeres zu tun hatte, saß er da und verscheuchte die Insekten mit einem Wedel. Jetzt übernahm Kasturbai diese Aufgabe. Jeden Morgen saß sie neben Mohan und hielt ihm fleißig die Insekten vom Leibe, so daß er ungestört schlafen konnte.

Die Tage im Aga Khan Palast gingen rasch vorüber. Die hier zusammengekommen waren, bildeteten eine glückliche Familie. Es war für sie eher so, als ob sie in einem Haus festgehalten würden, ihrem Zuhause. Vom 9. bis 15. August hatte Mohan alle damit beschäftigt, Briefe an den Gouverneur von Bombay zu schreiben, in denen sie sich über Greueltaten gegenüber einem jungen Mann auf dem Bahnhof von Chinchwad an dem Tag, an dem Mohan nach Poona gebracht wurde, beschwerten. Mohan war Zeuge des Vorfalls und meinte, daß die Gewalt, die von der Polizei angewandt wurde, ungerechtfertigt war. Er ersuchte auch den Gouverneur, Sardar Patel in den Aga Khan Palast zu überstellen, gleich wo er jetzt war. Patel sei krank und vor seiner Verhaftung in Mohans Behandlung gewesen.

Als diese Aktion abgeschlossen war, entwarf er einen Brief an den Vizekönig, wobei er wiederum die Hilfe aller in Anspruch nahm. Mehrere Tage lang wurde diskutiert, geändert und neu entworfen. Dank Mahadev war die Last, Belege zu finden und Anmerkungen zu machen, erträglich. Am 14. August wurde der Brief abgeschickt. Alle seufzten vor Erleichterung.

Obwohl Kasturbai mit diesem Vorgang nichts unmittelbar zu tun hatte, empfand sie doch die Spannung, die in der Luft lag, und sah sie die Erschöpfung, die jedem deutlich im Gesicht geschrieben stand. Auch sie fühlte sich befreit, als der Brief aufgegeben war, und freute sich auf ein paar erholsame Tage.

Der Garten des Palastes war wohl gepflegt. Zwar beeinträchtigte der eiligst errichtete Stacheldrahtzaun seine Schönheit ein wenig. Aber die bunten Blumen, die frische, von Geräuschen und Gerüchen reine und kühle Luft und die kühle Brise waren belebend.

Für Mohan war es ein Tag wie jeder andere. Er stand wie gewöhnlich auf. Die Gebete wurden wie üblich gesungen. Dann machte er wie üblich seinen Spaziergang in Begleitung von Mahadev, und nach dem Frühstück begab er sich wie üblich zur Massage.

Unüblich war nur, daß Kasturbai sich nicht in dem Zimmer befand, in dem Mohan massiert wurde. Sie half Sarojini Naidu, alle Zimmer mit Blumen zu versehen. Ungewöhnlich war auch die nervöse Aktivität draußen. Da waren vier oder fünf Männer mit Ginsterbesen, die um die Wette den ganzen Hof und die Veranda fegten. An diesem Tage sollte der Generalinspekteur der Gefängnisse, Oberst Bhandari, zu Besuch kommen.

Als Bhandari eintraf, kamen Mahadev, Kasturbai und einige andere Insassen heraus, um ihn willkommen zu heißen. Mohan wurde gerade von Sushila massiert. In dem improvisiert am Ende der Veranda gebauten Raum wurde die Massage fortgesetzt. Mohan hielt es nicht für nötig, wegen Oberst Bhandari seinen gewohnheitsmäßigen Tagesablauf zu unterbrechen. Der Oberst kam nicht, um ihn, sondern um die Zustände im Gefängnis zu inspizieren.

Genau in dem Augenblick, als Mahadev Oberst Bhandari die Hand gab, brach er zusammen, griff an seine Brust und wurde bewußtlos. Der Oberst und alle ringsum waren sprachlos vor Erschütterung. Jemand rief nach Sushila. Sushila aber glaubte, man wolle, daß sie herauskommt, um Oberst Bhandari zu begrüßen. Dazu war sie nicht in der Stimmung. Auch wußte sie, daß Mohan es nicht gern sah, wenn sie die Arbeit verließe. So verhielt sie sich still und setzte die Massage fort.

Minuten später stürzte Kasturbai ins Zimmer.

„Komm schnell, Mahadev ist bewußtlos!" schrie sie aufgeregt.

Sushila konnte es nicht glauben. Sie eilte hinaus und fand Mahadev auf dem Boden der Veranda liegend. Sie fühlte den Puls. Es gab keinen. Die Herzschläge waren schwach, er atmete nur noch vereinzelt.

Man trug ihn auf ein Bett, während Sushila ihre Medikamente holte und versuchte, Mahadev eine Stärkungsspritze zu geben. Aber nichts wirkte. Noch bevor Mohan an seine Seite trat und „Mahadev, Mahadev!" rief, verstarb er.

Mahadevs Tod verbreitete eine schwermütige Atmosphäre im ganzen Gefängnis. Der Tag, der wie ein großes Versprechen begonnen hatte, war plötzlich tragisch geworden. Die Blumen, mit denen die Zimmer geschmückt worden waren und die den Insassen Freude bringen sollten,

schmückten nun Mahadevs leblosen Körper, während alle an seiner Seite weinten.
Kasturbai empfand den Verlust am stärksten. Abgesehen von der langjährigen Verbindung hatte sie angefangen, Mahadev wie einen Sohn zu betrachten. Sie wußte auch, wie sehr Mohan in seiner Arbeit von ihm abhing. Sie war traurig in der Überzeugung, daß Mohan niemals wieder einen so hingebungsvollen, pflichtbewußten Sekretär haben würde.
Der Tod Mahadevs erweckte in ihr die frühere Angst, daß es ihre letzte Inhaftierung sei. Sie war nun überzeugt, daß sie nicht lebend herauskommen werde, daß auch sie bald in der Gefangenschaft sterben müsse.
Mahadevs Verbrennung sollte eine intime Angelegenheit werden. Da sich das Unheil nicht angekündigt hatte, konnten weder seine Frau noch seine Kinder herbeigerufen werden. Die Mitgefangenen sprachen ein Gebet.
Es war Mohans Wunsch, daß die Totenfeier für Mahadev in den Anlagen des Aga Khan Palastes stattfinden sollte. Wenn er als Lebender ein Gefangener war, war es nur recht, daß er ebenso ein Gefangener im Tode war. Im Tode aber würde er ein Symbol für das erwachende Verlangen des Volkes nach Freiheit und Frieden.
Normalerweise ist es Frauen nicht erlaubt, den Totenfeiern beizuwohnen oder anwesend zu sein, wenn der Körper eingeäschert wird. Das ist eine reine Männersache. Aber keine der Frauen, die damals mit Mohan im Gefängnis waren, wollte wohl in ihrem Zimmer sitzen, während Mahadevs sterbliche Überreste den Flammen überantwortet wurden. Sie alle fühlten sich gezwungen hinzugehen und Zeuge der Auslöschung von Mahadevs sterblichen Überresten zu sein.
Kasturbai war krank und verwirrt. Man legte ihr nahe, sich im Zimmer zu ruhen, aber sie willigte nicht ein. Sie bestand darauf, an der Trauerfeier teilzunehmen. Das war ein weiterer Fall, wo sie selbst Mohan die Stirn bot. Schließlich schlug Mohan vor, in der Nähe der Verbrennungsstelle einen Stuhl aufzustellen, auf dem Kasturbai sitzen und den Vorgang verfolgen konnte. Dagegen hatte sie nichts.
Mahadevs Körper wurde auf einer Bahre hinausgetragen, die man aus Bambusstöcken montiert hatte. Die Polizeiwache, die diensthabenden Beamten, die Diener und alle Insassen des Gefängnisses bildeten den Trauerzug, der seinen Weg bis etwa 100 Meter von der Unterkunft der Gruppe entfernt nahm.

Die Nachricht vom Tode Mahadevs verbreitete sich über das ganze Land und die Welt. Innerhalb weniger Stunden waren Tausende von Menschen draußen vor dem Aga Khan Palast, die geduldig auf die Trauerfeier oder einen flüchtigen Anblick des toten Führers warteten. Sie konnten nicht wissen, was drinnen geplant war. Sie warteten geduldig, trockneten ihre Tränen, und erst als der schwarze Qualm zum Himmel aufstieg, begriffen sie, daß Mahadev niemals wieder in Fleisch und Blut vor ihnen erscheinen würde. Ein gedämpftes Klagen entfuhr der emotional geladenen Versammlung draußen. Mit den Gebeten auf den Lippen beobachteten die Menschen, wie der Rauch höher und höher stieg und sich in den Wolken auflöste und mit ihm der Mann, den sie alle so sehr lieben gelernt hatten.

Mohan und seine Gruppe saßen um das Feuer und sangen Gebete, bis die letzten Funken den Körper verzehrt hatten und dann erloschen. Die Asche wurde in großen irdenen Töpfen gesammelt und ehrfurchtsvoll zwischen den Blumen im Garten aufgestellt, um zu einem späteren Zeitpunkt in den heiligen Flüssen versenkt zu werden.

Das Leben im Gefängnis war nicht mehr dasselbe. Wochenlang empfanden alle den Verlust Mahadevs und brachen immer wieder in Schluchzen aus. Es war, als ob das Lachen aus ihrem Leben gegangen war.

Mohan sah ein, daß etwas geschehen müsse, um die düstere Stimmung zu heben, die alle peinigte. Er wußte, das beste Mittel war, sie den ganzen Tag in Anspruch zu nehmen, so daß sie keine Zeit hatten, über Mahadevs Verlust zu klagen.

Er legte für jeden einen Stundenplan fest, der jede Minute abdeckte, die sie wach verbrachten. Dabei erreichte er das Ziel seines Lebens: Kasturbai auszubilden. Er legte eine bestimmte Zeit fest, in der er sie in Gujarati, Geographie, über die Gita und in Geschichte unterrichten und ihr ferner interessante Artikel oder Bücher vorlesen und den Sinn erklären würde.

Das erfreute Kasturbai sehr. Jeden Tag wartete sie schon darauf. Sie wünschte nur, sie wäre in ihren jüngeren Jahren empfänglicher für solche Unterrichtsstunden gewesen, dann hätte sie so manches mehr gelernt.

Für die 74 Jahre alte Kasturbai war das Lernen schwierig. Sie konnte einfach nicht alles behalten. Oft, wenn Mohan sie bat zu wiederholen, was sie am Vortage gelernt hatte, hatte sie alles wieder vergessen.

„Die langwierigen Kraftproben mit der Krankheit haben mein Gehirn erstarren lassen“, klagte sie.
Trotzdem setzte Mohan die Lektionen fort, schon um alle in Anspruch genommen zu wissen. Am meisten erfreute sich Kasturbai der Lehrstunden über die Gita. Hier hatte sie auch am wenigsten Gedächtnisschwierigkeiten.
Eines Tages fand Mohan ein Gujarati-Lesebuch des 4. Schuljahrs, mit dessen Hilfe er versuchte, Kasturbai einige Poesie beizubringen, die zugleich gesungen wird. Jeden Abend nach den Gebeten saßen beide auf der Veranda und sangen zusammen. Es war ein rührender Anblick. Sarojini Naidu, der damals einer der Kongreß-Führer war und später Gouverneur von West-Bengalen wurde, foppte sie, indem er sagte: „Das alte Paar erfreut sich eines zweiten Honigmondes.“ Mohan und Kasturbai lachten über den Scherz und sangen weiter.
Aber manchmal konnte Kasturbai auf Späße sehr empfindlich reagieren und sich beleidigt fühlen.
Im Verlaufe ihrer Ausbildung wollte ihr Mohan auch das Schreiben beibringen. Sie konnte bereits jeden Buchstaben schreiben, aber eher wie ein Kind. Die Worte wurden mit weiten Abständen zwischen den einzelnen Buchstaben geschrieben, so daß sie als solche unkenntlich wurden. Mohan meinte, dieser Irrtum könne korrigiert werden, wenn man Kasturbai viel schreiben ließ. Er sagte ihr, sie solle jeden Tag üben. Da alle ein Notizbuch beantragt hatten, schloß sich Kasturbai dem Gesuch an.
Als Mohan davon erfuhr, sagte er in der für ihn charakteristischen Schroffheit: „Ich werde Dir ein Notizbuch geben, wenn Du gelernt hast, ordentlich zu schreiben. Bis dahin mußt Du auf Papierfetzen üben.“
Mohan wollte das nicht als Beleidigung aufgefaßt wissen. Er wollte lediglich zum Ausdruck bringen, daß gute Notizbücher, die Geld kosten, nicht für Kritzelei verschwendet werden dürfen. Sie sind für eine bessere Verwendung gedacht. Da er dies aber Kasturbai nicht erläuterte, fühlte sie sich gedemütigt. Mohan sah das, als der Schaden angerichtet war, konnte aber machen, was er wollte, es gab Kasturbai keine Genugtuung. Er nahm seine Worte zurück, entschuldigte sich, erklärte, was er eigentlich gemeint habe, aber nichts konnte Kasturbai besänftigen.

Da entschloß sich Pyarelal, der nach Mahadevs Tod Mohans Sekretär geworden war, ein Notizbuch zu beschaffen und es Kasturbai zu schenken. Vielleicht würde sie sich dann beruhigen. Er brachte das Notizbuch und gab es ihr. Aber sie nahm es und legte es sofort auf einen Stoß Bücher und Papier in Mohans Zimmer. Nichts und niemand konnte sie seitdem zum Gebrauch eines Notizbuches bewegen. Wenn man sie fragte, war alles, was sie sagte: „Wozu brauche ich ein Notizbuch?" Das Notizbuch blieb bis zu ihrem Tode unbenutzt in Mohans Besitz, und er behielt es noch Jahre danach, um immer an jene Unklugheit erinnert zu werden.

Nach Mahadevs Tod hatte Kasturbai darauf bestanden, Mohan bei seinen täglichen Spaziergängen am Morgen und am Abend zu begleiten. Sie wollte neben ihm gehen und seinen Arm um ihre Schulter gelegt wissen. Aber Mohans Ausschreiten erwies sich als zu schnell für Kasturbai. Nach einem Monat gemeinsamer Übung empfand sie Schmerzen in ihrer Brust und mußte die Spaziergänge aufgeben. Stattdessen drehte sie eine oder zwei gemächliche Runden auf der Veranda des Palastes, während Mohan und die anderen unten im Garten spazierengingen. Nach den zwei Runden saß sie dann auf der Veranda und beobachtete die anderen.

Kasturbais Gesundheit ließ stetig nach. Trotz Ruhe und medizinischer Behandlung brauchte sie immer längere Zeitspannen zur Regeneration. Das erfüllte alle mit Besorgnis, aber niemand konnte etwas daran ändern.

Bei der Abendandacht rezitierte Mohan jetzt Teile des Ramayana. Anschließend wollte er Kasturbai den Sinn in Gujarati erläutern, weil ihre Kenntnis des Hindi unzureichend war. Um die Dinge zu erleichtern, sollte Kasturbai jeden Nachmittag mit einer Abschrift des Ramayana dasitzen und die Stanzen, die am Abend rezitiert wurden, auswendig und verstehen lernen. Dann stellte Mohan fest, es sei das Beste, wenn wichtige Abschnitte des Ramayana samt ihrer Bedeutung für Kasturbai ins Gujarati übersetzt würden. Er kennzeichnete die wichtigsten Passagen und bat Pyarelal, sie für Kasturbai zu übersetzen und in großen Buchstaben herauszuschreiben, damit sie sie täglich lesen könne. Das dauerte einige Wochen an, mußte erst aufgegeben werden, als Mohan sein Fasten bis zum Tode anfing und es mit Kasturbais Gesundheit weiter bergab ging.

Aber trotz ihrer religiösen Einstellung und ihres Mangels an formaler Ausbildung war Kasturbai schlau genug, um den Wundergeschichten über die fürstliche Pracht, die das Ramayana verschönern, geringen Wert beizumessen. Jedesmal, wenn solche Wunder beschrieben wurden, lächelte sie und sagte: „Nun geht der Poet wieder mit seiner Phantasie durch."

Im Dezember 1942 ging es mit Kasturbais Gesundheit rasch weiter bergab. Sie wurde beinahe bettlägerig. Sie schaffte nicht einmal mehr die üblichen Runden auf der Veranda. Das ließ sie rasch ärgerlich werden. Aber sie wollte wieder gesund werden und ihre Gelassenheit zurückgewinnen.

Auch Mohan fing an, unruhig zu werden. Er wußte um die Leiden, denen die Menschen ausgesetzt waren, und um die Lügen, die die britische Regierung verbreitete, und glaubte, etwas dagegen unternehmen zu müssen. Eines Tages entwarf er einen Brief an den Vizekönig. Kasturbai kam ins Zimmer. Sie hatte ihn viele Tage beobachtet und wußte, daß er sich auf ein weiteres Fasten vorbereitete.

„Was schreibst Du da?" fragte sie Mohan.

„Einen Brief an den Vizekönig", erklärte er.

„Ich hoffe, das bedeutet kein weiteres Fasten", sagte Kasturbai mit Besorgnis in ihrer Stimme.

Mohan brach in Lachen aus. „In der Tat, das bedeutet es", sagte er. „Woher weißt Du das?"

„Glaubst Du, daß ich Dich nach so vielen Jahren nicht kenne?" erwiderte sie.

Die Neuigkeit bezüglich Mohans Fasten beunruhigte alle im Aga Khan Palast. Sie disputierten mit Mohan und brachten ihn schließlich dazu, den Hinweis auf sein Fasten in dem Brief zu streichen, indem sie ihm klarmachten, daß der Vizekönig einen solchen Hinweis als eine Drohung auffassen und dann den ganzen Brief zurückweisen könnte.

Die Sache wurde daher aufgeschoben. Es kam zu einer ausgedehnten Korrespondenz zwischen Mohan und dem Vizekönig, aber die Briten waren wegen ihrer Machtstellung zu arrogant, um die Freiheit für das Land auch nur in Erwägung zu ziehen, geschweige denn darüber zu sprechen.

Als es immer klarer wurde, daß sich Mohan in ein neues Fasten begeben würde, lag wieder über allen der Schatten düsterer Stimmung.

Auch Kasturbai war dagegen. Sie versuchte mit Mohan vernünftig zu re-

den, was die anderen auch versuchten. Pyarelal fragte seine Schwester Sushila, welche Auswirkungen ein verlängertes Fasten auf Mohans Körper haben werde.
Das letzte Mal hatte Mohan vor zwei Jahren gefastet. Nach fünf Tagen war er ernstlich erkrankt. Seit damals war er noch älter geworden. Die verlängerte Inhaftierung hatte den größten Teil seiner Energie verbraucht. Die Wahrscheinlichkeit, einer solchen Strapaze gewachsen zu sein, war für ihn viel geringer geworden.
Mohan sagte seinen Mitarbeitern, er suche Gottes Rat und Führung und werde Gottes Antwort gehorchen.
Jeden Tag versank er für eine halbe Stunde in tiefe Meditation. Mirabehn meinte, er brauche mehr Ruhe, und legte nahe, ihm eine kleine Strohhütte im Garten zu bauen, wo er ungestört sitzen könne. Als Kasturbai davon erfuhr, sagte sie: „Mohan findet seine Ruhe, gleich wo er auch ist. Er braucht keine Absonderung."
Mohan selbst wies den Gedanken, daß Kasturbai nicht zu ihm kommen könnte, wann immer sie wolle, von Grund auf zurück. Er wollte auch nicht für einen Augenblick von ihr weg sein. Es setzte seine Meditationen fort, während alle anderen über das Ergebnis spekulierten.
Eines Tages meinte Sarojini Naidu: „Es ist gut, daß er eingewilligt hat, auf Gottes Befehle zu hören. Angesichts seines gegenwärtigen Gesundheitszustandes wird selbst Gott ihn nicht bitten zu fasten." Kasturbai hörte zufällig diese Bemerkung. „Ja", erwiderte sie scharf, „aber vergiß nicht, daß er es ist, der Gottes Befehle interpretieren wird."
Als alle Argumente verbraucht waren, durch die Mohan dazu gebracht werden sollte, seine Idee des Fastens aufzugeben, glaubten sie, es sei am besten, ihm zu sagen, wie gefährlich sein Fasten für Kasturbai sei. Sie fühlte sich gesundheitlich sehr schwach. Die zusätzliche Sorge um Mohans Zustand konnte fatal für sie sein. Als Mohan auf diesen Zusammenhang aufmerksam gemacht wurde, lachte er nur und sagte: „Keiner von Euch kennt Kasturbai so gut wie ich. Sie hat ungeheure Kraft und wird die Anstrengung besser ertragen als irgendeiner von Euch."
Niemand glaubte daran. Am nächsten Tag hatten Mohan und Kasturbai eine vertrauliche Besprechung. Als sie nach einer halben Stunde aus dem Zimmer kamen, war Kasturbai überzeugt, daß Fasten der einzige Weg war, auf dem Mohan sein Mißfallen an dem, was die Briten machten, zeigen konnte.

„Wie kann Bapu ein stummer Zeuge all der Lügen und Halbwahrheiten sein, die propagiert werden? Er muß mit Fasten beginnen, um gegen den Terrorismus der Regierung zu protestieren“, sagte sie; alle waren sprachlos.
Am 10. Februar 1943 begann Mohan nach dem Frühstück mit seinem 21-Tage-Fasten. Wie üblich machte er seine Morgen- und Abendspaziergänge. Am Morgen begleitete ihn Kasturbai. Sie ging mit ihm zu der Stelle, wo Mahadev verbrannt worden war. Sie sprachen ein kurzes Gebet und kehrten zurück.
Wie stets kündigte Kasturbai an, daß sie während Mohans Fasten nur von einer Früchte- und Milchdiät leben würde und dies, wie stets, nur einmal am Tag. Alle protestierten dagegen. Kasturbai sei zu schwach, die Diät würde sie noch mehr schwächen. Auch Mohan redete vernünftig auf sie ein. Schließlich ließ sie sich erweichen und erklärte sich bereit, alle 24 Stunden zwei Mahlzeiten aus Milch und Früchten bestehend zu sich zu nehmen. Zwischendurch trank sie drei oder vier Gläser heißes Wasser mit Honig.
Von dem Augenblick an, da das Fasten begann, saß Kasturbai an Mohans Bett und schlürfte an ihrem heißen Wasser mit Honig. Wenn Mohan um etwas bat, stellte sie ihre Tasse hin und ging, den Auftrag zu erfüllen. Danach schlürfte sie wieder an ihrem Getränk.
Mr. Kateli, der Generalinspekteur der Gefängnisse, sah das und bemerkte, das sei nicht gut, weil einige Beamte annehmen könnten, daß sie Mohan heimlich zu trinken anbiete. Das wagte er ihr zu sagen! Kasturbai wies ihn sofort mit den Worten zurück: „Das ist Unsinn! Niemand kann, wenn er gerecht ist, Bapu einer solchen Unehrenhaftigkeit zeihen.“
Am sechsten Tag seines Fastens wurde Mohans Zustand schwächer. Es bereitete ihm Schwierigkeiten, Wasser zu schlucken. Er litt an Übelkeit und Erbrechen.
„Meinst Du nicht, daß Du ein paar Tropfen Zitronensaft hinzufügen solltest, um das Wasser trinkbarer zu machen?“ fragte ihn Kasturbai.
„Nein, jetzt nicht!“ erwiderte Mohan. „Wenn es dazu an der Zeit ist, sage ich Dir Bescheid.“
An den folgenden Tagen ließ Mohans Gesundheit mehr und mehr nach. Da er kein Wasser mehr trinken konnte, verdickte sich sein Blut, seine Nieren versagten, sein Puls wurde schwach und sein Körper feuchtkalt. Alle, auch Kasturbai, waren aufs höchste besorgt.

Aber sie fragte Mohan nicht wieder wegen dem Zitronensaft. Sie war überzeugt, daß er sich melden würde, wenn er ihn wollte. Es hatte keinen Zweck, mit ihm darüber zu streiten und seinen Entschluß zu schwächen. Sie hatte sehr großes Vertrauen in Gott.
Am 13. Tag war der Höhepunkt erreicht. Mohans Kräfte fielen rasch ab. Jeder war mit seiner Weisheit am Ende. Seit Beginn des Fastens hatte die Regierung die Tore zum Aga Khan Palast geöffnet und das Gefängnis für jeden zugänglich gemacht. Hunderte von Menschen strömten herein und zogen an dem Zimmer vorüber, in dem Mohan mit geschlossenen Augen auf seinem Bett lag. Er hatte nicht einmal mehr die Kraft, die Augen zu öffnen. Nur das kaum wahrnehmbare Zeichen des Atems verriet einem, daß noch Leben in ihm war. Früh am Morgen hatte Kasturbai ein Bad genommen und ihre Kleidung gewechselt. Jetzt hockte sie vor der glückverheißenden Tulsi-Pflanze auf der Veranda in stilles Gebet vertieft. Sie war so vollständig in ihrer Vereinigung mit Gott, daß sie die Menschen, die an ihr vorüberzogen, gar nicht wahrnahm. In ihrem Gesicht gab es so etwas wie Heiterkeit, die sich mit dem Vertrauen in jemanden, der die Allmacht ist, einstellt. Es gab auch etwas Leidenschaftliches in ihrer Ruhe.
Sushila beobachtete sie aus der Türöffnung jenes Zimmers, in dem Mohan zwischen Leben und Tod lag. Als Ärztin wußte sie, daß Mohan unter diesen Umständen nicht mehr lange am Leben bleiben konnte. Sie war fast überzeugt, er werde vor Einbruch der Nacht sterben, es sei denn, ein Wunder geschehe. Unterdessen verharrte Kasturbai in ihrer stillen Meditation, wobei sie Gott bat, das Leben Mohans nicht nur zu retten, weil er ihr Mann war, sondern mehr noch, weil er so sehr für das Land gebraucht wurde.
Am Fußende von Mohans Bett befand sich Sushila in einem Dilemma. Was sollte sie tun? Wie konnte sie Mohan erlauben, sich zu töten, während jede Regung in ihr und all die Jahre medizinischer Berufsausübung ihr auferlegt hatten, Leben zu retten.
Auf eine Eingebung hin beugte sie sich zu Mohan und flüsterte ihm ins Ohr: „Ist es nicht an der Zeit, dem Wasser etwas Zitronensaft hinzuzufügen?“ Es kam zu einer sanften Bewegung auf Mohans Augen, so als ob er sie zu öffnen versuchte, aber nicht konnte. Dann tat er durch Nikken beinahe unmerklich seine Zustimmung kund.
Sushila rannte zur Küche und ließ sich ein Glas Orangensaft geben. Sie mischte ihn mit derselben Menge Wasser und gab ihn Mohan schluck-

weise zu trinken. Kasturbais Gebet war erhört worden. Sie ging leise in das Zimmer, als Mohan der Saft und das Wasser gereicht wurden. Niemand brauchte ihr zu sagen, was er trank. Sie wußte es. Sie wußte auch, daß die Krise vorüber war.
Die 21 Tage des Fastens gingen vorüber. Am letzten Tag sagte die Regierung, niemand außer Mohans Söhnen werde gestattet, dabei zu sein, wenn Gandhi sein Fasten abbricht. Aber Mohan und Kasturbai hatten seit langem damit aufgehört, zwischen ihren Söhnen und anderen zu unterscheiden. Wenn die Öffentlichkeit nicht kommen konnte, um Zeuge der Beendigung des Fastens zu sein, dann bestand auch keine Notwendigkeit für die Söhne.
An dem Tag, als die Besucher aus dem Ashram sich verabschiedeten, sagte Kasturbai zu ihnen: „Das ist unser letzter Abschied. Wir werden uns nicht wiedersehen."
Die Mitgefangenen machten ihr Vorwürfe: „Sag nicht so etwas, Ba! Wir alle werden bald freigelassen werden."
„Ihr werdet freigelassen werden. Ich aber nicht. Ich werde hier sterben", sagte sie mit der Endgültigkeit dessen, der weiß, wie, wann und wo das Ende kommt.
Die ganze Fastenzeit über hatte Kasturbai ihre Kraft und ihr Gleichgewicht bewahrt. Sie war den ganzen Tag auf den Beinen gewesen. Aber seit dem Tage, da das Fasten beendet war, begann sie merklich abzubauen.
Am 16. März hatte sie eine zwei Stunden andauernde Attacke mit Atemnot und Husten, am 24. März erneut eine vierstündige.
Einmal saßen alle im Zimmer und sprachen über die politische Lage im Lande. Früher war Mohan optimistischer gewesen. Da pflegte er zu sagen, daß die Regierung jeden innerhalb von sechs Monaten freilassen werde, entweder weil die Bewegung vollständig vernichtet war und es keinen Unterschied machte, ob die Führer im Gefängnis oder draußen waren, oder weil die Bewegung so erfolgreich war, daß sie bereit war, aufzugeben und mit den Führern zu verhandeln.
Aber jetzt, nach dem Fasten, hegte er nicht mehr denselben Optimismus. Bei dieser Gelegenheit sagte er: „Ich fürchte, wir werden für viele Jahre im Gefängnis leben müssen."
Kasturbai hörte das und sagte: „In dem Fall habe ich keine Hoffnung, hier lebend herauszukommen. Ich werde hier bleiben und Mahadev Gesellschaft leisten."

Um das Gespräch aufzuheitern, fragte jemand, der eine Besprechung über eine Verfilmung des Ramayana mit den Titel „Bharat Milap“ gelesen hatte, ob Kasturbai den Film gern sehen würde.
Er handelte von dem Teil des Ramayana, in dem Rama sein vierzehnjähriges Exil beendet und in das Königreich seines Vaters zurückkehrt, wo sein jüngerer Bruder Bharat widerstrebend regiert bis zu eben jenem Tage, an dem sein älterer Bruder aus dem Exil zurückkommt. Die Wiedervereinigung der beiden Brüder ist sehr gefühlsbeladen und mit großem Pathos angefüllt. Es ist bei weitem eine der rührendsten Stellen des Ramayana.
Kasturbai leuchtete bei dem Gedanken sichtlich auf. „Oh, ja. Ich würde es gern sehen“, sagte sie und fügte sofort hinzu: „Aber ich kann nicht. Wenn Bapu keine Filme sieht, wie kann ich es?“ „Dies ist ein ungewöhnlicher Film“, behauptete Sushila. „Ich bin sicher, Bapu hätte nichts dagegen, wenn wir uns den Film das nächste Mal, wenn wir in Delhi sind, ansehen.“
Es ist schwer zu sagen, wer hier wen belustigte. Sushila setzte diese Unterhaltung in der Hoffnung fort, daß Kasturbais Gemüt von ihrer Krankheit abgelenkt würde. Aber Kasturbai wußte bereits, bevor sie ins Gefängnis kam, daß sie nicht wieder lebend herauskäme. Vielleicht regte sie auch das müßige Gespräch an, die Spannung zu lösen, die die Anwesenden in ihrer Besorgnis um Kasturbai empfanden.
Bald darauf fühlte sich Kasturbai besser. Sie war wieder in der Lage, ein wenig umherzugehen. Ein paar Mal am Tag ging sie zu Mohan. Vor allem zu den Mahlzeiten ging sie zum Eßzimmer und prüfte, ob jeder ordentlich aß. Öfter ging sie zu den Köchen hinüber in die Küche und plauderte mit ihnen ein wenig. Mittlerweile betrachtete sie alle als ihre Kinder. Wer mit ihnen lebte, wurde von ihr bemuttert.
Da die Haft im Aga Khan Palast verlängert werden sollte, verschafften sich die Gefangenen einige Spiele, damit sie in der Übung blieben und gleichzeitig etwas Zerstreuung hatten. Zum erstenmal sah man, wie stark Kasturbai an Spielen interessiert war. Zunächst wurde ein Federballspielplatz, dann ein Tennisplatz abgesteckt. Dann beschafften sie einen Billardtisch und einen Tisch für Tischtennis.
Kasturbai wollte alle diese Spiele spielen, aber das ging natürlich nicht. Sie saß auf der Veranda und schaute zu, wenn die anderen spielten. Billard war nicht so anstrengend. So kam sie oft mit Dr. Gilder, Mr. Kaloli und Mirabehn zusammen, die regelmäßig Billard spielten. Sie

wurde bald so sehr davon engagiert, daß sie sich täglich auf das Spiel freute. Sie spielte es bis zu dem Tage, bevor sie starb.
Sie war sehr an einem fairen Spiel interessiert, und oft, wenn die anderen spielten, saß sie da und beobachtete, ob jemand ein Foul machte.
Mit Kasturbais Unterrichtsstunden sah es jedoch schlecht aus. Mohan war seit seinem Fasten in umfangreiche Korrespondenz mit der Regierung vertieft. So hatte sie Verständnis dafür, daß er keine Zeit hatte, obwohl sie sich auf den Unterricht freute.
Kasturbai war eine ausgezeichnete Köchin. Aber wegen der Ashram-Gelübde konnte sie nichts mit ihrem Talent anfangen. Im Gefängnis bereitete sie jedoch gelegentlich den Mitgefangenen besondere Gerichte.
Eines Tages bildete sie sich ein, sie müsse einen süßen Pfannkuchen, der in Indien Puran Poli genannt wird, essen. Auch Mohan mochte ihn sehr. Aber es ging ihr gerade nicht gut. Sie hatte mehrere Herzattacken hinter sich, und sowohl Sushila Nayyar als auch Dr. Gilder meinten, sie würde einen weiteren Herzanfall erleiden, wenn sie nach dem Essen dieses Pfannkuchens keine Verdauung hätte. Aber wie sollten sie sie bremsen?
Sie ließ Mohan melden, daß sie diese Pfannkuchen backte und er gern einen essen könne. Mohan erkannte, daß dies die Chance war, ihr Einhalt zu gebieten. Er antwortete: „Ich werde den Pfannkuchen essen, wenn Du darauf verzichtest."
Ohne zu zögern, willigte sie ein, und Mohan hatte seinen Pfannkuchen zu essen.
Im Oktober des Jahres 1943 feierte Mohan seinen zweiten aufeinanderfolgenden Geburtstag im Gefängnis. Um sich etwas Arbeit zu verschaffen, beschlossen die Mitgefangenen, die Zimmer mit Lichtern und Fähnchen zu schmücken.
Auch Kasturbai wurde von den lustigen Einfällen begeistert und nahm in dem Umfang teil, in dem sie es körperlich vermochte. Aber aus einem bestimmten Grund geriet sie außer sich. Sie hatte einen rotgeränderten weißen Baumwoll-Sari, der aus Garn gewebt war, das Mohan gesponnen hatte. Den Sari hatte sie sorgsam aufbewahrt mit der Anweisung an alle, daß sie in diesen Sari gehüllt zu werden wünschte, bevor sie verbrannt wird.
Nun wollte sie unbedingt diesen Sari zu Mohans Geburtstag tragen. Sie hatte deshalb an jene, die noch frei im Ashram lebten, wegen des Saris geschrieben, aber keiner konnte ihn finden. Schließlich erinnerte sich

ihre Großnichte Manu, wo der Sari bestimmt zu finden war. Kasturbai gab schriftlich genaue Anweisung, und der Sari wurde ihr zeitig vor dem Geburtstag zugesandt.
Vom Dezember 1943 an ging es mit Kasturbais Gesundheit wieder bergab. Sie litt unter häufigen Herzattacken und Atemlosigkeit. Lange hatte sie es mit allopathischer Medizin versucht. Nun begehrte sie ayurvedische Medizin und Naturheilbehandlung. Aber die Regierungsbürokratie war so langsam und kompliziert, daß es nicht vor Februar 1944 klappte, einen Arzt der ayurvedischen Medizin und einen Spezialisten der Naturheilkunde zuzulassen, um sie zu untersuchen.
Sie wurde zunächst ayurvedisch behandelt, fühlte sich aber bis zum 15. Februar nicht besser. Dann, am Morgen des 15., stand sie nach einer guten Nacht auf und hatte den Wunsch, in einem Rollstuhl auf die Veranda hinausgebracht zu werden. Mohan machte im Garten einen Spaziergang und war erfreut, sie zu sehen.
Man brachte Kasturbai zu Mirabehns Zimmer, wo sie sich vor der Statue Krishnas verbeugte und mit geschlossenen Augen ein kurzes Gebet sprach. Als sie die Augen öffnete, stand Mohan lächelnd neben ihr.
„Was machst Du hier?“ fragte sie mit gespielter Überraschung. „So gehe und mach einen Spaziergang!“ fügte sie gutgelaunt hinzu.
Alle waren erfreut zu sehen, daß Kasturbai auf die Behandlung ansprach und vielleicht wieder gesund würde. Aber in der folgenden Nacht erlebte sie einen Rückfall und war wieder ganz unten.
Am 17. Februar hatte sie einen überraschenden Besuch von ihrem ältesten Sohn Harilal, den sie jahrelang nicht gesehen hatte, seitdem er seine Kinder zurückgelassen und weggegangen war. Der Besuch erfreute sie riesig. Aber sie war beunruhigt, weil die Regierung Harilal nur erlaubt hatte, seine Mutter einmal zu treffen, während sie ihrem jüngsten Sohn gestattet hatte, so oft er wollte zu kommen.
Um sie zu beruhigen, sagte Mohan, er werde an die Regierung schreiben und sie bitten, auch Harilal zu erlauben, täglich zu kommen. Das geschah auch, und die Erlaubnis wurde gegeben. Aber Harilal verschwand, und niemand konnte ihn aufspüren.
Am 19. Februar kam der ayurvedische Arzt zu Mohan und gestand seine Niederlage ein. Er sagte: „Ich glaube, sie sollte nun auf Allopathie umschalten und sehen, ob das hilft.“
Mohan dankte ihm für alle Mühe, die er sich gemacht hatte, und als die Ärzte Sushila Nayyar und Gilder hinzutraten, sagte Mohan: „Ich glaube,

daß jetzt jegliche Medizin abgesetzt werden und alles der Hand Gottes überlassen werden sollte."
Der jüngste Sohn, Devadas, wünschte jedoch unbedingt, daß es noch mit Penicillin versucht würde. Es gab einen langen Disput zwischen Ärzten und Devadas. Schließlich war es Mohan, der sich mit Devadas auseinandersetzte.
„Warum willst Du die Qualen Deiner Mutter verlängern?" fragte er ihn eindringlich.
Schließlich gab Devadas nach. Der Gedanke, Penicillin zu spritzen, wurde aufgegeben.
Am 29. Februar gelang es der Polizei nach längerer Suche, Harilal zu finden. Er hatte so fleißig Alkohol zu sich genommen, daß er die Aufrufe weder in den Zeitungen lesen, noch im Radio hören konnte.
Als Harilal von der Suche nach ihm erfuhr, war er im Zustand der Trunkenheit zur nächsten Polizeistation gegangen. Jeder wußte, wie sehr Mohan und Kasturbai Alkohol verabscheuten und wie sehr sie sich verletzt fühlten, wenn Harilal in diesem Zustand zu ihnen gebracht würde.
Niemand tadelte die Polizei, weil sie unfähig war, Harilal zu finden, denn jeder wußte um Harilals Eigenheiten.
Man hatte bloß erbeten, Harilal aufzuspüren, weil eine sterbende Mutter ihn noch einmal zu sehen begehrte. Sie war aber damals ebenso darauf bedacht, ihren zweiten Sohn Manilal und dessen Familie zu sehen, die sie viele Jahre nicht mehr gesehen hatte, weil Manilal in Südafrika gebunden war, wo er sich um den Phönix-Ashram kümmerte.
Kasturbai hatte auch seinen Namen genannt. Aber damals war Reisen nicht so einfach wie heute. Manilal konnte nicht so rasch kommen. Außerdem waren Mohan und Kasturbai den Familienbanden entwachsen. Für sie war das ganze Universum eine einzige Familie, und jeder darin war so wichtig wie das eigene Kind.
Die Polizei hatte Eifer gezeigt, Harilal aufzuspüren, aber die Regierung zeigte keine Diplomatie gegenüber einer frommen Mutter in ihrer letzten Stunde, indem sie ihr nicht die plötzlichen Qualen beim Anblick eines betrunkenen Sohnes ersparte.
Man hätte leicht ein paar Stunden bis zur Ernüchterung Harilals gewartet haben können, so daß er bei einer feierlichen Gelegenheit wie dieser würdevoller vorzeigbar gewesen wäre. Aber die Regierung wollte die Gelegenheit, Mohan und Kasturbai mit Schmutz zu bewerfen, nicht ungenutzt vorübergehen lassen.

Triumphierend brachte man Harilal in dem Zustand, in dem er sich gerade befand, in schmutzigen Kleidern und stinkend nach Alkohol, zum Aga Khan Palast. Er war nicht in der Lage, sich aufrecht zu halten, noch war er irgendwelcher Gefühle fähig mit Ausnahme des Zornes bei dem Gedanken, seine nette kleine Gesellschaft abgebrochen zu haben.
Beim Anblick Harilals machte Kasturbai eine Geste des Ekels und weinte. Sie wurde so sehr durcheinander gebracht, daß die Ärzte meinten, es wäre besser, wenn Harilal aus dem Zimmer gebracht und Kasturbai ein Beruhigungsmittel gegeben würde, damit sie etwas schlafen könne. Niemand sprach mit Harilal. Der Polizei dankte Mohan für ihren Eifer und bat höflich, Harilal wegzubringen.
Es war das erstemal und gewiß die letzte Gelegenheit, daß Kasturbai ihren Sohn Harilal in diesem Zustand sah. Sie hatte vieles über ihn gehört. Sie hatte versucht, mit ihm vernünftig zu reden, und ihn angefleht, seine Gewohnheiten aufzugeben, aber er hörte nicht hin. Und obendrein kam er auch noch in betrunkenem Zustand an ihr Totenbett.
Mohan tröstete sie, so gut er konnte. „Denk an Gott und überlaß alles weitere ihm!“ riet er.
Die letzten Tage saß sie oft aufrecht im Bett, an Mohans Brust gelehnt. Das war die behaglichste Stellung, in der Kasturbai öfters für eine oder zwei Stunden döste. Da ihre Gesichter dabei so nahe beieinander waren und Lungenentzündung medizinisch als ansteckende Krankheit betrachtet wird, waren die Ärzte darüber nicht glücklich. Dr. Gilder beklagte das oft gegenüber Sushila Nayyar und bat sie dringend, mit Mohan zu sprechen. Aber keiner von beiden hatte den Mut, das zu tun.
„Nach 62 Jahren des Zusammenseins, wollen Sie da, daß ich sie jetzt im Stich lasse?“ hatte Mohan oft gesagt. Da er alles in Gottes Hand gelegt hatte, beschlossen auch die Ärzte zu beten, daß er sich nicht anstecken möge.
Am Morgen des 22. Februar stand Kasturbai nach einer unregelmäßigen Nacht wie üblich auf. In ihrem Zustand gab es keine Veränderung, abgesehen davon, daß sie wieder sehr darauf aus war, eine Dose Rizinusöl zu nehmen.
Medizinisch, glaubten die Ärzte, wäre es verhängnisvoll. Aber Kasturbai war hartnäckig, und Sushila meinte, es wäre besser, auf ihre Forderung einzugehen, als sie noch mehr zu beunruhigen, was sie ohnehin schon war. Dann fiel ihr ein, daß sie ein wenig Rizinusöl mit flüssigem Paraffin vermischen könnte. Die Mischung gab sie Kasturbai.

Mohan kam und sah sie in ihrem Zimmer, bevor er seinen Spaziergang antrat. Es bestand kein ersichtlicher Grund zur Unruhe. Sie befand sich in einem ernsten Zustand, jeder wußte das, aber das tat sie seit mehr als 20 Tagen.
Den Tag verbrachte sie ohne Probleme. Aber spät am Abend wurde das Atmen schwieriger. Mohan war bei ihr. Wie üblich ruhte sie an seiner Schulter.
Devadas, ihr jüngster Sohn, war ebenfalls da und hielt die Hände seiner Mutter.
In einem Augenblick der Erleichterung sagte sie zu Devadas: „Du wirst Dich um die Familie kümmern müssen. Dein Vater ist ein Sadhu und hat allen Bindungen entsagt. Ich verlasse mich darauf, daß Du Dich um alles kümmerst!"
„Natürlich, Mutter", sagte Devadas. „Aber warum sprichst Du so? Dir wird es bald besser gehen, und Du wirst bald dieses Gefängnis verlassen."
Kasturbai lächelte sanft und flüsterte: „Nein, meine Zeit ist um."
Sie deutete dann an, daß sie gern mit ihrem Kopf in Mohans Schoß liegen würde. Sobald es ihr entsprechend bequem gemacht worden war, schloß sie ihre Augen und hörte Augenblicke später auf zu atmen. Sie war für immer gegangen.
Mohan und jeder andere im Zimmer sah, daß Kasturbai schließlich den Lebenskampf aufgegeben hatte.
Devadas jammerte untröstlich. Er rief zu seiner Mutter: „Ba, Ba, warum hast Du mich verlassen und bist fortgegangen?"
Ebenso gab es ein paar Tränen in Mohans Augen. Aber er beherrschte sich und ordnete an, daß der Raum von allen Möbeln entleert würde.
Die ganze Nacht hindurch blieb er in einer Ecke sitzen und sang Gebete. Einige der Frauen wuschen Kasturbais Körper und bekleideten ihn mit dem rotgeränderten weißen Sari, der von Mohan gesponnen und gewebt war.
Andere reinigten das Zimmer, machten einen Platz in der Mitte aus, wo ihr Körper bis zum nächsten Tag liegen sollte. Sarojini Naidu wand ein paar Blumengirlanden und legte sie um Kasturbais Hals, zwei kleinere legte er um ihre Handgelenke.
Mirabehn sammelte alle Blumen, die sie zu dieser späten Stunde finden konnte, und streute sie über Kasturbais Körper. Eine Öllampe wurde neben Kasturbais Kopf gestellt. Sobald die übrigen Mitgefangenen ihre

Arbeiten verrichtet hatten, gesellten sie sich zu Mohan und beteten mit ihm.
Die Nachricht vom Tode Kasturbais verbreitete sich über das ganze Land und die Welt. Die Regierung befand sich in einer peinlichen Lage. Zu Mohan wurde eiligst ein Bote gesandt, der heraushören sollte, welche Vorkehrungen Mohan für die Totenfeier seiner Frau wünschte. Mohan sagte dem Betreffenden, er stelle der Regierung drei Möglichkeiten zur Wahl.
Entweder werde der Leichnam den Söhnen zu einer ordentlichen Trauerfeier außerhalb des Gefängnisses übergeben. Das würde bedeuten, daß die Öffentlichkeit teilnehmen würde, und er und seine Söhne würden dafür garantieren, daß es zu keiner Gewaltanwendung käme.
Oder die Trauerfeier würde im Aga Khan Palast abgehalten und denen, die gern beiwohnen würden, gestattet, in den Aga Khan Palast zu kommen und an der Verbrennungszeremonie teilzunehmen.
Die dritte Möglichkeit wäre, falls die Regierung nicht willens sei, jeden zum Aga Khan Palast zuzulassen, sollten sie auch nicht seine Söhne hineinlassen. Dann sollte es ihm und seinen Mitgefangenen überlassen werden, Kasturbai zu verbrennen, wie sie es im Falle Mahadevs getan hatten.
Die Regierung überdachte diese Vorschläge und entschied sich für die zweite Möglichkeit. Entsprechend wurden im Aga Khan Palast Vorbereitungen für Kasturbais Verbrennung getroffen. Shantikumar Morarji, ein Industrieller aus Bombay und Gefolgsmann Mahatma Gandhis, bot an, Sandelholz für Kasturbais Verbrennung zu kaufen. Mohan lehnte diesen Vorschlag jedoch ab, indem er sagte:
„Die Frau eines armen Mannes wie mich kann sich den Luxus einer Sandelholz-Verbrennung nicht leisten."
Der Leiter des Gefängnisses bekam diese Unterhaltung zufällig mit und sagte: „Bapu, ich habe ein bißchen Sandelholz, das verwendet werden kann."
„Woher haben Sie das?" fragte Mohan.
Für einen Augenblick schwieg der Gefängnisleiter. Er versuchte auf diese peinliche Frage im stillen eine Antwort zu formulieren, bevor er unbesonnen etwas sagte, das undiplomatisch war. Aber dann kam er zum dem Schluß, daß man Mohan gegenüber nicht unwahrhaftig sein konnte.

„Das Holz wurde für Ihre Totenfeier zur Zeit Ihres 21-Tage-Fastens gekauft. Die Regierung wollte nicht unvorbereitet dastehen."
Trotz der Bitterkeit des Augenblicks konnte Mohan nicht umhin zu lachen. „In diesem Falle können wir es für Kasturbai verwenden."
Früh am Morgen wurde Kasturbais Leichnam zu der Stelle getragen, an der zuvor Mahadev verbrannt worden war. Ihr Körper wurde auf den Scheiterhaufen gelegt. Nach einem letzten Ritual wurde der Holzstoß von Devadas angezündet.
Es dauerte lange, bis der Körper verbrannte. Den ganzen Tag über saß Mohan neben der Verbrennungsstätte und betete. Am Abend, als die Asche kalt war, wurde sie in irdenen Töpfen gesammelt. Jemand fand zwei der gläsernen Armringe Kasturbais in der Asche. Sie waren unbeschädigt durch die tobenden Flammen geblieben, die den Leichnam verzehrten.
Da dies ungewöhnlich war, brachte man sie mit sichtlicher Erregung zu Mohan.
„Es überrascht mich nicht", sagte er. „Denn sie war eine der größten Frauen, die dieses Land je hervorgebracht hat."

Bibliographie

Kasturba Memorial, herg. vom Gandhi National Memorial Trust, Indore 1962.
R. K. Prabhu (Herg.), Kasturba, Hind Kitabs, Bombay 1944.
Dewan Ramprakash, Kasturba, Dewan's Publications, Lahore o. J.
Sushila Nayyar, Kasturba, Jayam & Co., Madras 1962
Sushila Nayyar, Kasturba — a personal Reminiscence, Navajivan Trust, Ahmedabad 1962.
Mukulbhai Kalarthi, Ba and Bapu (Compilation), Navajivan Trust, Ahmedabad 1962.
K. P. Thomas, The Great Little Woman Of India, in: Orient Illustrated Weekly, Calcutta 1944.
Dhan Chandra, Kasturba Gandhi, Free India Publications, Lahore o. J.
R. Karim (Herg.), Mother Kasturba Gandhi, C. C. & Co., Calcutta o. J.
Ganpat Rai, Mahatma Gandhi and Kasturba — The story of their life, Kasturba Memorial Publication, Lahore o. J.
D. P. Ranade, Kasturba Jivan Katha (Marathi), Chitrashala Prakashan, Poona o. J.
Vanmala Parikh and Sushila Nayyar, Amchya Ba (Marathi), Navajivan Trust, Ahmedabad 1946.
V. S. Vakil, Vishal Sansaar (Marathi), Pradip Prakashan, Bombay 1944.
Nirmala Kirane, Kasturba (Marathi), Anandban, Bombay o. J.
Sushila Joshi, Ashi Hoti Kasturba (Marathi), India Publishing House, Bombay o. J.
Manuben Gandhi, Bapu aur Baki Antim Zankhi (Hindi), Navajivan Trust, Ahmedabad 1963.
Yespal Jain, Kasturba Gandhi (Hindi), Sasta Sahitya, Bombay 1962.
Vanmala Parikh and Sushila Nayyar, Hamari ba (Hindi), Navajivan Trust, Ahmedabad 1949.
Vanmala Parikh and Sushila Nayyar, Amara Ba (Gujarati), Navajivan Trust, Ahmedabad 1949.
Labhuben Mehta, Premmurti Kasturba (Gujarati), Jivan Sahitya Mandir, Bombay o. J.
Dayashankar Kavi, Kasturba (Gujarati), N. M. Thakkar & Co, Bombay o. J.
"Strijivan", special issue on "Ba" (Gujarati), Bombay 1959, 20/5.

Vinoba Bhave

Dritte Macht

Aus dem Englischen übertragen von Rolf Hinder

Paperback DM 18,—

„Dritte Macht" ist eine authentische Auswahl von Reden und Aufsätzen Vinobas, die der Verfasser selber traf. Er setzte sich darin mit den verschiedenen Aspekten der Sarvodaya-Ideologie und -Bewegung auseinander. Er verlangt in ihm nach der „Dritten Macht":
„Im Vokabularium der Weltpolitik besteht die ‚dritte Macht' aus jenen, die weder den Amerikanern noch dem Russischen Block angeschlossen sind. Aber in meinem Vokabular ist die ‚dritte Macht' jene, die der Macht der Gewalt entgegensteht und selbständig ist gegenüber der Macht des Staates. Diese ‚dritte Macht' gehört zum Menschen als Menschen, und wir suchen sie in weitestem Umfang zu verwirklichen."

Vinoba Bhave

Gespräche über die Gita

Aus dem Hindi übertragen von Hema Anantharaman

271 Seiten, Leinen DM 24,—

An 18 aufeinanderfolgenden Sonntagen, vom 21. Februar bis zum 19. Juni 1932, sprach Acharya Vinoba Bhave zu seinen Mitgefangenen im Gefängnis von Dhulia, West Kandesh, Bombay, über die Bhagavad Gita. Er hielt seine Ansprachen in Marathi, seiner Muttersprache, in der sie auch niedergeschrieben und erstmals veröffentlicht wurden. Später wurden sie, nach Überprüfung durch Vinoba, in die Sprachen Hindi, Bengali, Gujarati, Tamil, Telugu, Malayalam, Oriya, Sindhi, Urdu, Kannada, Konkani und Englisch übersetzt. Mehr als eine Million Exemplare davon wurden bisher verkauft. Die vorliegende deutsche Übersetzung basiert (dem Wunsche des Verfassers gemäß) auf der Hindi- und der englischen Ausgabe der „Talks on the Gita".

Vinoba Bhave

Struktur und Technik des inneren Friedens

Aus dem Englischen übertragen von Irene Köpfer, Ellen Tessloff und Rolf Hinder

174 Seiten, Paperback DM 18,—

Vinoba Bhave hat in diesem Buch den inneren Frieden des einzelnen, jene wesentliche Voraussetzung des äußeren Friedens, gemäß seiner Struktur dargelegt und die Technik seiner Gewinnung entwickelt. Formal gesehen stellt das Buch ein Stück Kommentar zur Bhagavad Gita dar. Inhaltlich bietet es eine Anleitung zum Erlangen der Grundlagen von Selbstdisziplin, Gleichmut und Gelassenheit als höchster Stufen yogischer Intelligenz.

INDISCHE REIHE

Sri Aurobindo

Licht auf Yoga

63 Seiten, geb. DM 12,—

Dieses Buch enthält Auszüge aus Briefen, die Sri Aurobindo an seine Schüler in Beantwortung der von ihnen gestellten Fragen schrieb. Sie wurden ausgewählt und zusammengestellt, um eine Hilfe zum Verständnis und zur Ausübung des Yogas zu geben.

Die Mutter

Über sich selbst

56 Seiten, geb. DM 9,80

Die Texte dieses Buches wurden aus den Schriften der Mutter (Mira Alfassa) ausgewählt. Sie vermitteln einen autobiographischen Abriß, der an die tiefsten Schichten eines außergewöhnlichen Lebens rührt und vielsagenden Einblick in das sendungsbewußte Selbstverständnis der Mutter gewährt. Mit Quellenverzeichnis und einer Chronologie von Ereignissen im Leben der Mutter.

S. Radhakrishnan

Indisches Erbe

128 Seiten, geb. DM 18,—

In diesem Buch betrachtet der große indische Philosoph und Staatsmann wesentliche Quellen indischer Kultur und Gesellschaft, ihre Bedeutung für das künftige Indien und eine gemeinsame Weltkultur. Dabei betont er die Einheit und Zielgleichheit aller Weltreligionen. Ferner wird das spirituelle Vermächtnis von Mahabharata und Bhagavadgita, Shankaracharya und Buddha, Ramakrishna und Vivekanada, Mahatma Gandhi und Jawaharlal Nehru herausgearbeitet und als geistiger Auftrag für die zeitgenössische Weltfamilie verbindlich gemacht.

Swami Vivekanada

Meditation und ihre Methoden

64 Seiten, geb. DM 9,80

Der Mensch von heute wird von den Spannungen und Sorgen, Versuchungen und Enttäuschungen seiner Umwelt erschüttert. Gleichzeitig findet er in sich nur eine große Leere. So befindet er sich mitten in einer Krise. Es ist ihm nicht möglich, die dauerhaften Werte des Lebens zu bestimmen. Was er wirklich sucht, vielleicht ohne es selbst zu wissen, ist Freiheit, Freude, Gleichgewicht, innerer Friede. Wie kann er dies alles erreichen? Die Antwort lautet: durch Meditation!